Pension Photo Essay

경주 미호 펜션

임실 레인포그 펜션

양평 에버그린 펜션

남양주 깊은산속 옹달샘

단양 동강한울 펜션

양양 흐르는 강물처럼 펜션

평창 에델바이스 펜션

안 성 퓨 전 펜 션

제주 미라지 펜션

제주 미라지 펜션

평창 에델바이스 펜션

이 학 순 지음

한국경제신문

새로운 펜션 문화의 확산을 위해

　내가 펜션 사업을 처음 구상하기 시작하여 착수하기까지 7년 여의 세월이 흘렀으며, ㈜렛츠고월드를 설립하여 본격적으로 펜션 문화를 국내에 보급하기 시작한 지 1년 8개월이 지났다. 누구나 처음 시작할 때는 미래에 대한 불확실성에 대해 상상해 보고는 한다. 나 또한 진정 펜션이 국내에 제대로 뿌리를 내릴 수 있을 것인지에 대해 나름대로 불안감을 가지고 있었다.

　해마다 국내 시장에는 새로운 업종이나 문화가 누군가에 의해 수없이 들어오고 시도되고 있지만 성공하는 경우는 매우 드물다. 따라서 내가 과연 펜션을 하나의 좋은 레저 문화로 정착시킬 수 있을지에 대한 대답은 아직도 내리기 쉽지 않다. 지금까지 펜션의 전도사를 자처하며 수많은 사람을 만나서 펜션을 홍보하고 실제로 펜션을 개발하여 운영을 해오면서 나름대로 성과를 거두고는 있지만, 전국적인 확산까지는 아직 가야 할 길이 너무도 험난하다는 것을 잘 알고 있다.

　펜션은 이제 인터넷상에서 문화의 한 범주로서 다루어지고 있다. 또한 각종 언론매체나 연구기관 등에서 새로운 유망업종으로 자주 거론되고 있고 몇몇 후발 경쟁업체도 생겨났다. 주위에서는 나를 1980년대 초 콘도미니엄이 국내에 들어와 레저 숙박문화의 새 장을

연 이후 20년 만에 펜션이라는 새로운 레저 숙박시설을 도입한 사람
이라는 평가를 하기도 한다. 내가 앞으로 펜션을 건전한 문화로서,
전국민 모두가 사랑하는 레저 숙박시설로 정착되도록 하기 위해 얼
마나 노력하고 헌신하느냐에 따라 펜션의 미래가 달려 있다고 생각
하면 잠이 잘 오지 않는다.

아직 펜션이 국내에 완전히 정착된 것도 아니고 전국적인 확산에
있어서도 걸음마 단계에 지나지 않는다. 그럼에도 불구하고 펜션 사
업에 대한 단행본을 서둘러 내기로 한 데는 나름대로의 이유가 있다.

먼저 펜션에 대한 기본 개념과 이념을 정확히 규명해 나름대로 펜
션에 대한 합리적 개발 방향을 제시하고자 함이며, 또한 펜션이 단순
한 숙박시설이 아닌 저마다 다양한 테마를 갖춘 하나의 좋은 레저 문
화로서 전국에 하루 빨리 확산되기를 바라는 마음에서다. 하지만 펜
션이 돈벌이 수단으로 전락해 무분별하게 개발되고 운영된다면 좋은
레저 문화로 꽃을 피우기도 전에 시들어버릴 것이다.

나는 펜션 사업을 국내에 도입하면서 여섯 가지 목표를 세웠다.

먼저 가족단위에 알맞은 건전한 레저 숙박문화를 널리 보급하겠다
는 것이고, 둘째는 모든 펜션을 다르게 설계하여 이용고객들에게 항
상 새로운 펜션을 경험하게 하자는 것이다. 셋째는 전국 곳곳에
1,000여 개의 펜션 가맹점을 신축하여 문화 네트워크를 형성하는 것
이다. 넷째는 이렇게 형성된 전국의 모든 펜션을 인터넷을 통하여 전
국민 누구나 실시간으로 자유롭게 예약, 이용이 가능하도록 하는 것
이고, 다섯째는 이러한 펜션에 외국인 관광객을 대거 유치하여 국내
관광산업을 한 차원 높이겠다는 것이다. 그리고 마지막으로 이러한
좋은 레저 문화를 후손들에게 물려주겠다는 것이다.

　　펜션은 자연을 사랑하는 사람들끼리 만나는 건전한 만남의 공간이며, 가족이나 친구, 연인들이 조용히 쉴 수 있는 휴식공간이다. 그리고 풀 한 포기, 나무 한 그루, 각종 생명체들이 함께 하는 생태공간이며, 영농이나 지역문화 등을 경험할 수 있는 체험공간이기도 하다. 따라서 펜션은 전문적인 숙박업소라기보다는 대부분 자연과 전원이 좋아 문화적인 취미생활을 겸해서 주인이 직접 거주하며 운영하고, 이에 공감하는 다양한 사람들이 서로 예약하여 이용하는 자연과의 문화공동체라 할 수 있다.

　　이제 펜션은 스스로 자생력을 갖춘 하나의 생명체로 탄생하고 있다. 문화의 확산이나 흐름은 어느 정도의 단계를 지나면 스스로 자신의 길을 찾아간다. 최근 들어 회사 홈페이지 게시판에 올라오는 글을 보면 회원들 스스로가 펜션에 대한 평가를 내리기도 하고 서슴없이 비판을 하기도 한다. 또 다양한 검색 사이트에 펜션 동호회가 생겨나고 있어 펜션에 대한 정보를 서로 주고받는다.

　　이제는 펜션 이용자들이 스스로 펜션을 평가하고, 펜션의 운영자는 이들의 요구에 걸맞은 펜션을 탄생시킬 것이다. 인터넷이라는 새로운 환경이 펜션이라는 새로운 레저 문화와 자기만의 독특한 문화를 스스로 만들어갈 것이다. 나는 이러한 변화된 환경 앞에 두려움을 느끼며 나아가 펜션 문화의 확산을 위해 내가 어떠한 노력을 해야 할 것인지, 어떠한 각오를 해야 하는지, 이 책을 쓰면서 절실히 느끼게 되었다.

2002년 3월

이학순

제5부   전국 펜션 안내

제1부
자연 속의 쾌적한 문화공간 펜션

1.

펜션이란 무엇인가?

유럽풍의 고급민박 펜션

펜션은 유럽이나 일본 등지에 널리 분포되어 있는 유럽풍의 소규모 별장식 고급 민박이라 할 수 있으며 서양식 구조와 설비를 갖추고 객실수는 보통 5~9개 정도로 관광지 주변이나 자연 경관이 빼어난 곳이면 어디에나 설립이 가능하다.

프랑스에서는 이를 팡시온(pension)이라 부르며, 미국이나 캐나다의 경우 B&B(bed & breakfast), 호주나 뉴질랜드에서는 로지(lodge)가 펜션과 유사한 형태다.

유럽의 경우 중세시대부터 관광지를 중심으로 발달했으며 현재는 유럽 전체에서 호텔 총 객실수보다 펜션의 총 객실수가 3배나 많을 정도로 대중적인 레저 숙박시설로 인식되고 있다.

일본의 경우, 1970년대 초에 처음으로 유럽으로부터 도입된 이후 당시 일본의 사회·경제적 배경과 맞물리면서, 불과 10년 만에 전국에 약 3,000여 곳이 생겨날 정도로 폭발적인 성장을 했다.

또한 일본의 경우 펜션이 급속하게 확산된 배경에는 부동산 개발 공급업자들이 대거 펜션을 신축해 창업 수요자에게 분양한 사실이 자리하고 있다. 펜션이 급속히 확산·보급되어 기존의 낡은 민박들이 많이 사라졌고 오랜 전통을 지닌 독특한 민박만이 명맥을 유지하고 있다.

가족중심 경영체 펜션

펜션은 주로 퇴직자나 은퇴자들이 도시를 벗어나 경치 좋은 곳에 예쁜 집을 짓고 전원생활과 취미생활을 겸해서 4~5개 정도의 방을 관광객들에게 빌려주는 형태이므로, 부부가 함께 거주하며 운영하는 것이 보통이다. 그래서 펜션과 별장 임대업의 성격은 매우 다르다. 최근 국내에서 펜션에 대한 개념을 정확히 모르는 사람들이 별장 단지를 개발해 펜션이라는 상호를 걸고 민박으로 운영하는 사례가 많아지고 있다. 이는 펜션에 대한 개념을 잘못 인식한 것으로 이미지를 흐릴 우려가 있다.

별장이나 전원주택 단지를 주인이 직접 거주하지도 않으면서 임대하는 형식으로 운영하는 경우도 있다. 어찌 보면 주택을 가지고 숙박시설로 변칙 운영하는 성격이 강해 법적 제재를 받을 수도 있으므로 이런 개발이나 투자 방식은 주의가 요망된다.

　퇴직한 부부가 함께 전원생활을 하면서 텃밭도 가꾸고 취미생활도 즐기며 찾아온 고객들과 자유로운 교류를 형성해간다면 풍요한 노후생활을 즐길 수 있을 것이다.

자연 속의 건전한 레저시설 펜션

　도시에 사는 사람이라면 누구나 조용하고 경치 좋은 곳에 예쁜 집을 짓고 텃밭이나 가꾸면서 살고자 하는 소망이 있을 것이다. 그러나

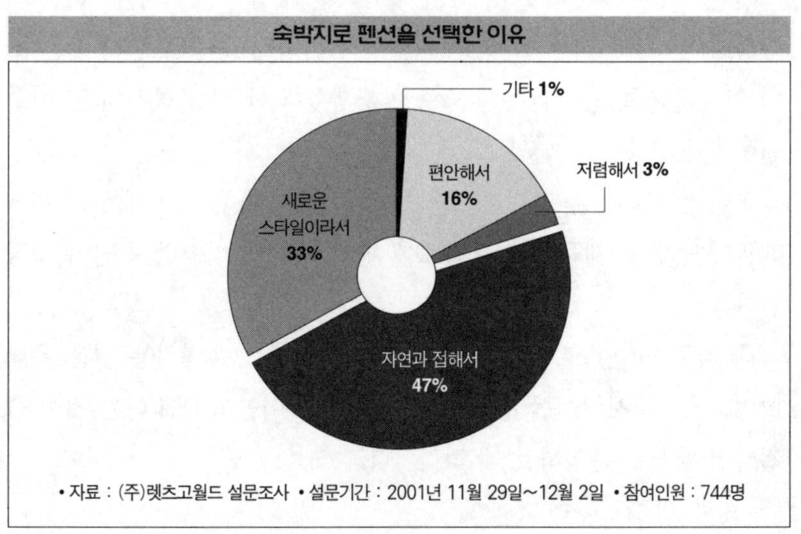

시골에 내려가 전원생활을 한다는 것이 그리 쉬운 일만은 아닐 것이다. 펜션은 도시가 아닌 자연 속에 위치해 있는 건전한 레저시설로 운영해야 하므로 먼저 자연을 사랑하고 즐길 줄 알아야 한다. 풀 한 포기, 나무 한 그루도 소중히 여길 뿐만 아니라 벌레들과도 친숙해져야 한다.

이런 자연주의를 바탕으로 펜션을 건전하게 운영할 때 전원생활이 즐겁고, 또한 자연을 사랑하는 마음을 바탕으로 찾아오는 고객들과도 즐거운 교감이 이루어질 수 있을 것이다.

전원주택과 펜션의 차이점

전원주택이 단순히 도시를 벗어나 시골에 집을 짓고 사는 단순 거주형태의 주택이라면, 펜션은 시골이나 관광지 주변의 경치 좋은 곳에 위치해 가족 공간과는 별도로 여행객을 위한 객실 공간이 있는 주택형태다.

또한 전원주택은 일정한 소득을 창출할 수가 없으나 펜션은 여행객들에게 방을 제공하고 숙박료를 받기 때문에 일정한 수입이 보장된다.

내 가족끼리만 조용히 살고자 한다면 펜션을 운영하는 것은 무리이며, 새로운 사람들을 만나는 것이 반갑고 이들과 대화하는 것이 즐겁다면 펜션을 운영하는 데 적격이다.

민박과 펜션의 차이점

펜션을 설명하다 보면 대부분의 사람들은 펜션이 결국 시설만 고급일 뿐 민박이 아니냐는 질문을 자주 한다. 그러나 민박과 펜션은 여러 가지 면에서 엄연히 다르다. 일본에서도 펜션과 민박을 분명히 구분하고 있다. 펜션이 민박과 다른 점을 들어보면 다음과 같다.

첫째, 펜션은 유럽풍의 아름다운 별장식으로 건축되어야 한다. 또한 그 나름대로 독특하고 화려한 외양을 갖추고 있어야 하며, 내·외부가 아무리 잘 되어 있다 해도 조립식 패널이나 황토흙집, 콘크리트 슬라브 구조를 가지고 있다면 펜션이라 할 수 없다.

둘째, 내부시설이 고급화되어 있어 룸마다 개별 화장실과 개별 취사시설을 갖추고, 침대를 비롯한 제반 가구와 집기들이 여행객들이 이용하는 데 편리하도록 비치되어 있어야 한다.

셋째, 성수기에는 바가지 요금 등을 씌우지 않는 연중 일정한 합리적인 숙박요금 체계를 가지고 있어야 한다.

넷째, 자기만의 문화나 테마가 있어야 하며, 오너와 투숙객들 간의 교류의 기회가 있어야 한다. 단순히 잠자리만 제공하는 공간이라면 그 펜션은 이용객들로부터 외면당하게 될 뿐만 아니라 단순히 고급 시설을 갖춘 민박과 다를 바가 없을 것이다.

다섯째, 외국인 관광객들을 유치할 시스템을 갖출 수 있어야 한다. 외국 관광객들은 대부분 펜션에 익숙하기 때문에 대규모 호텔보다는 한국의 지역문화를 직접 체험할 수 있는 특색 있는 소규모 펜션을 더욱 선호한다.

내가 국내에 펜션을 도입하게 된 취지 중의 하나도 소규모 펜션을 전국에 활성화해 외국인 관광객들을 대거 유치하자는 의도였다.

콘도와 펜션의 차이점

콘도미니엄이 국내에 처음 도입된 것은 1980년대 초반으로, 관광지에 아파트를 지어서 한 채를 10인이 공동으로 소유하고, 연간 30일씩 나누어 공동으로 이용하자는 취지에서 출발했다.

그래서 콘도를 이용하려면 고액의 회원권을 구입해야 가능하고 회원권이 없으면 비싼 사용료를 지불해야 한다. 또 성수기에는 예약 이용마저 어려운 단점이 있다.

그럼에도 가족 단위의 건전한 여행에 적합하고 독립적인 개별 취사가 가능해 그 동안 레저 숙박시설의 대명사로서 많은 사람들로부터 인기를 누려왔다. 그러나 최근 몇몇 부실업체에서 저가 회원권을 남발해 처음의 좋은 이미지가 많이 훼손되었다.

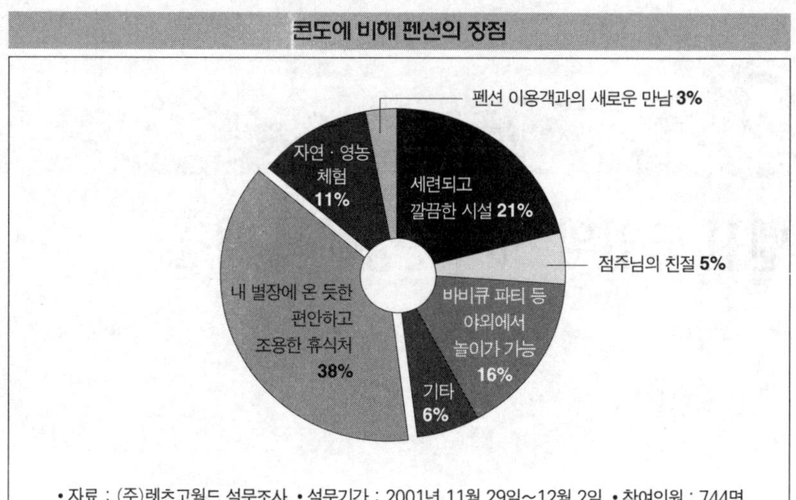

콘도와 펜션은 가족 단위의 여행에 적합한 건전한 레저시설이라는 공통점이 있으나, 콘도가 아파트 구조의 대형 콘크리트 건축물이라면 펜션은 자연 속의 목조나 통나무로 된 고급별장의 형태라는 점에서 차이가 있다.

또한 펜션은 콘도와는 달리 고액의 회원권 없이 누구나 손쉽게 예약해 이용할 수가 있다.

규모 면에서도 콘도의 경우는 관광진흥법상 최소 50실 이상의 객실을 갖추어야 하기 때문에 사업 규모가 크다. 또 각 지역의 소규모 관광지에는 입지할 수 없어 지역문화와 접목하기가 어려운 단점을 가지고 있었다.

그러나 펜션은 소규모로 건축에 소요되는 기간이 3개월 정도로 짧고, 전국 구석구석 소규모 관광지에도 입지할 수가 있어 지역문화와 접목해 지역경제 활성화에 기여할 수 있다는 것이 장점이다.

2.
펜션 도입의 사회 · 경제적 배경

레저 환경의 변화가 펜션을 불러온다

소득수준 향상에 따른 자동차의 빠른 보급과 여가생활 증대로 삶의 질을 중시하는 시대가 되었다. 그리고 1997년 말, IMF를 겪으면서 레저 시장이 급속히 위축되었다. 그러나 재벌 기업의 해체와 대기업의 분화, 인터넷의 발달로 단체 문화가 사라지고 개인이나 가족 중심 문화가 발달하면서 레저 시장에도 새로운 변화가 일어나게 되었다. 직업이 세분화되면서 다양한 자유직업 종사자가 늘어났으며 인터넷의 급속한 보급으로 게임 문화가 발달하다 보니 개인이나 소그룹 단위의 여행객이 늘어났다. 그뿐만 아니라 가족 단위의 여행문화도 발달하게 되었다. 여행의 형태 또한 단순한 행락문화에서 건전한 여가 문화로 변화했다. 복잡한 대규모 관광지보다는 조용히 쉬면서 자연 체험을 다양하게 겸할 수 있는 장소를 선호하는 사람들이 늘어났다.

이러한 사회적 변화와 소비자들의 변화된 욕구에 가장 적절한 레저 형태가 바로 펜션이다. 왜냐하면 펜션은 자연 속에서 가족이나 연인, 소그룹 단위의 친구들끼리 조용히 쉬면서 이용하기에 적합하며, 인터넷 예약이 가능해 전국의 어느 곳이라도 손쉽게 이용정보를 얻을 수 있기 때문이다.

저금리 시대 ··· 펜션으로 돈이 몰린다

최근 경기침체에 따른 증권 시장의 위축으로 시중의 자금이 금융권으로 몰려들면서 금융 기관마다 자금이 넘쳐나고 있다. 그러나 이를 운용할 곳이 마땅치 않아 예금 금리가 계속 하락해 현재 1년 만기 정기예금 금리가 3~4%대인 상황이다. 이에 따라 퇴직금과 같은 여유 돈을 금융 기관에 예치해 이자소득을 얻으려던 많은 사람들이 이보다 더 나은 투자 수익을 얻기 위해 다양한 노력을 기울이고 있다. 이런 시점에서 펜션은 가장 안정적이고 수익성이 뛰어난 투자 대상임에 틀림이 없다.

펜션은 경치 좋은 곳에 토지를 매입하고 자기 명의로 주택을 건축해 운영하는 것인 만큼 충분한 안전성을 갖추고 있다. 현재 펜션을 운영 중인 곳의 사례를 볼 때 연간 투자 수익률이 평균적으로 20%를 넘고 있어 은행 예금 금리에 비해 그 수익이 6~7배에 이른다. 이에 따라 펜션에 투자하거나 아예 전원에 내려가 살면서 펜션을 직접 운영하려는 사람들이 늘어나고 있다.

전원주택의 환상이 깨진 후 펜션이 각광받는다

1990년대 중반부터 붐이 일었던 전원주택 시장이 IMF를 기점으로 한없는 침체기에 접어들었다. 처음 전원주택에 대한 붐이 일었을 때 대부분의 사람들은 복잡한 도시를 떠나 전원에서 텃밭이나 가꾸면서 살면 얼마나 좋을까라는 환상에 젖어 있었다. 그러나 막상 땅을 구입하고 목조주택이다, 통나무주택이다, 흙집이다 하면서 전원에 내려가 살기 시작하면 여러 가지 문제점에 부딪치게 된다. 처음 몇 달 간은 아는 사람도 찾아오고 부러워하는 친구들도 많겠지만, 얼마가 지난 후부터는 찾아오는 사람도 없고 할 일마저 없어 소외감을 느끼기도 한다. 또 농사를 짓고 살자니 농사에 대한 지식이나 경험이 없을 뿐만 아니라 생각보다 너무 일이 힘들어 도시 생활에 익숙해 있던 이들에게는 무리가 아닐 수 없다. 결국 일정한 소득이 없다 보니 생활이 힘들어지면서 많은 사람들이 집을 비워놓고 도시로 되돌아오는 경우도 많다. 그리고 전원주택 관리비용도 만만치 않다. 오히려 전원주택은 애물단지 취급을 받기도 한다.

이러한 전원주택의 문제점을 모두 극복할 수 있는 것이 펜션이다. 펜션을 지어 직접 살면서 운영하게 되면 일단은 할 일이 생기고, 매

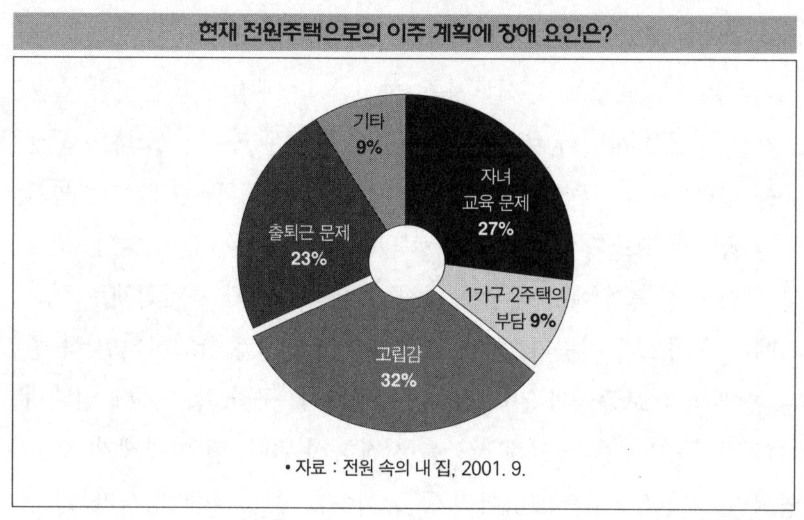

월 일정한 수입을 얻을 수 있으며, 찾아오는 고객들과 서로 대화하고 어울리면서 상호교류가 가능해져 도시와의 단절로 오는 고립감에서도 벗어날 수 있다. 또한 텃밭에 무공해 채소를 가꾸거나 자신의 취미를 살려서 고객들과 동호회를 구성해 운영할 수도 있다. 이처럼 전원생활을 꿈꾸는 사람에게는 펜션이 새로운 인생을 실현할 수 있는 기회가 될 것이다.

펜션 속에 퇴직자들의 탈출구가 보인다

IMF 이후 대량 부도와 정리해고 등으로 수많은 40~50대 퇴직자들이 생겨났으며, 이들의 대부분이 재취업이 어려워 한때 사회문제로 떠오르기도 했다.

　이들은 퇴직금으로 주식투자를 하거나, 소매점이나 음식점 같은 소자본 창업을 하거나, 은행에 퇴직금을 넣어두고 이자 소득으로 생활을 꾸려나갔다. 주식에 투자했던 대부분의 사람들은 2000년 들어 주가 폭락과 코스닥 시장의 붕괴로 많은 투자금 손실을 입었다. 소자본 창업을 한 경우에도 대부분 장사 경험의 부족과 경기침체로 성공 사례를 찾아보기 어렵다. 대개 소자본으로 가게를 창업하려면 목 좋은 곳에 임대 보증금과 권리금을 주고 점포를 구하고, 여기에 인테리어와 집기·비품을 구입해 장사를 시작하게 된다. 만일 가게가 잘 운영되면 권리금이나 인테리어비 등을 회수할 수 있지만, 장사가 잘 안 되고 한 달 유지 경비도 마련하지 못하게 되면 적자가 발생할 뿐만 아니라 점포 매각시에 권리금이나 시설 투자비를 회수하지 못해 투자원금을 날릴 수도 있다. 이렇게 되면 금융기관에 예치해 두고 이자 소득을 얻어 생활하던 사람들이 가장 안전한 투자를 한 것으로 보인다. 그러나 최근 초저금리 시대를 맞이해 1억 원을 맡겨봐야 월 이자가 30여만 원 정도밖에 되지 않아 이제는 새로운 투자처를 찾아다닐 수밖에 없는 실정이다.

　펜션은 현재 살고 있는 도시의 주택을 처분해 전원으로 주거 환경만 옮겨도 별도의 투자비 없이 펜션을 신축해 운영할 수 있다. 월 수익은 규모에 따라 달라지겠지만 대략 살펴보면, 연면적 60평을 기준으로 가족들이 20여 평 정도를 사용하고 나머지 40여 평을 펜션 객실로 꾸며 운영한다고 할 때 객실 가동률 50%를 기준으로 400만~500만 원 정도의 수익을 올릴 수 있다. 이처럼 펜션은 퇴직자들에게 인생의 새로운 전환점이 될 수 있다.

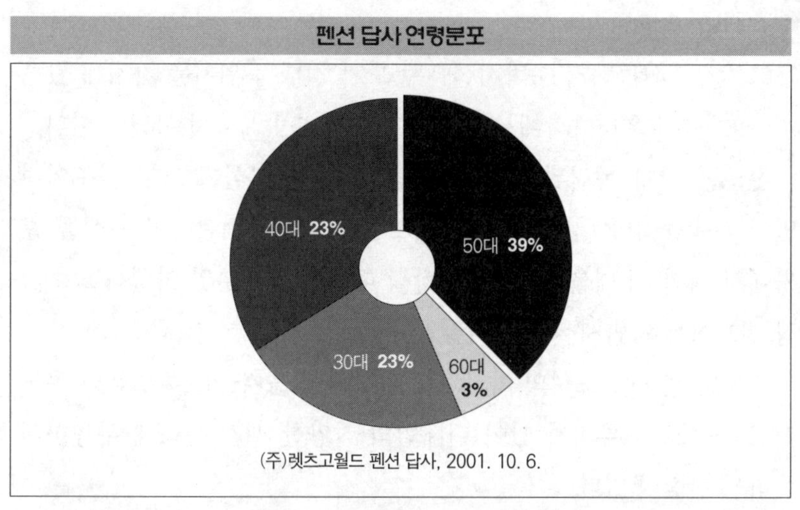

펜션 답사에 참여하게 된 동기

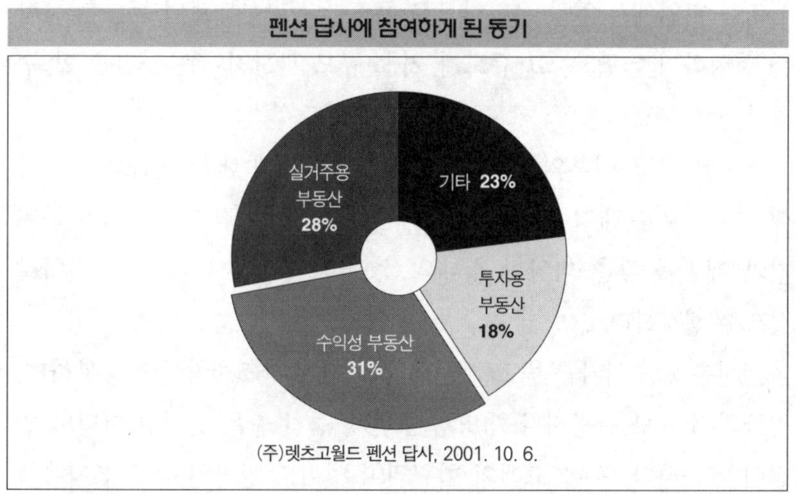

지는 콘도, 뜨는 펜션

그 동안 국내 레저 숙박시설은 콘도가 절대적 위치를 차지해 왔으며, 세계에서 우리나라에서만 유독 발달한 숙박시설이 아닌가 한다.

콘도는 각기 독립된 세대로 구성되고 취사시설이 모두 갖추어져 있어 가족들이나 여러 명이 단체로 이용하기에 적합하며 음식을 콘도에서 직접 해 먹을 수 있다는 장점 때문에 대부분의 여행객들이 가장 선호하는 숙박시설로 자리잡았다.

그러나 콘도는 도시의 아파트를 관광지에 옮겨놓은 획일적인 콘크리트 구조로 이루어져 있어 현대인의 다양한 레저 문화에 부응하지 못하는 단점이 있다.

또한 기업에서 일괄 운영하므로 콘도마다 나름대로의 독특한 문화를 형성하기 어렵고, 그 규모가 커 소규모 관광지에는 입점을 할 수 없다.

펜션은 콘도 이후의 새로운 레저 숙박시설에 대한 대안으로 등장했으며 새로운 레저 환경의 변화에 맞는, 규모는 작지만 독특한 분위기와 테마를 갖춘 다양한 형태의 선진국형 숙박시설로 자리잡아갈 것으로 생각한다.

펜션은 인·허가를 받고 개업을 하기까지 3~5개월이면 충분하며, 전국의 소규모 관광지나 대도시 주변의 경치 좋은 곳이면 어디나 입점이 가능하다. 또한 고액의 회원권이 없어도 일반인 누구나 자유롭게 이용할 수 있다. 펜션은 각 주인이 자기만의 특성이나 취미를 살려 독특하게 운영할 수 있을 뿐만 아니라 투숙객과의 자유로운 교류

가 가능하다. 또한 다양한 스타일의 아름다운 별장 형태로 자유로운
개성을 추구하는 요즘의 사회 흐름에 가장 잘 어울리는 숙박시설이
라 할 수 있다. 그러므로 펜션은 콘도 이후의 새로운 대중적인 레저
시설로서 전국에 급속히 확산될 것으로 전망된다.

정부의 관광정책을 살펴보면 펜션이 보인다

　　과거 오랫동안 관광 산업은 향락 산업 또는 사치성 산업으로 치부
되었으며, 최근까지도 일부 관광 레저시설은 사치성 산업으로 분류
되어 중과세되었다. 그러나 요즘 들어 관광산업을 굴뚝 없는 공장으
로 인식해, 관광 산업이 외화 획득 및 국가 경제 발전에 매우 중요하
다는 생각이 폭넓게 확산되었으며 이는 매우 바람직한 일이다.

　　문화관광부 제2차 관광개발 기본계획(2001. 7)에 따르면 『민박 이
용 활성화를 통해 다양한 문화 체험을 원하는 개별 외래 관광객을 유
치하고, 농어촌 민박 활성화를 위해 각 지역별 관광지와 지역 축제
등과 연계가 가능하도록 다각적인 홍보 및 지원을 강화하며, 통합적
인 숙박 예약 이용 서비스 시스템을 구축해야 한다』라고 되어 있다.
또한 『농어촌 지역의 자연과 전통 문화를 체험할 수 있는 관광 마을
을 지정 육성하고 농림부에서 추진하고 있는 그린 투어리즘과 어촌
체험 관광마을 조성사업과 연계해 시행하겠다』는 내용도 담고 있다.

　　펜션은 이런 정부의 관광 개발 정책에 가장 잘 부합하는 숙박시설
로서 전국의 각 지역문화와 접목해 나름대로의 테마를 갖춰 특색 있

게 개발할 수 있다. 또 인터넷을 통한 전국적인 네트워크를 형성하고 홍보와 예약 시스템을 가동함으로써 누구나 손쉽게 이용 정보를 얻을 수 있다. 뿐만 아니라 외국관광객을 대거 유치해 국내의 관광 산업을 획기적으로 변화시키고 국가 경제 발전에 크게 기여할 수도 있을 것이다.

제2부

펜션과 함께 하는 인생

펜션을 국내에 도입하게 된 과정

누구나 한 번쯤 현실에서 벗어나 산속이나 외딴 바닷가와 같이 조용한 곳에서 며칠쯤 머물면서 책을 읽고 지나온 길을 되돌아보며 휴식을 취하고 싶을 때가 있다. 나 또한 1991년에 다니던 생명보험회사를 그만두고 부동산 개발 컨설팅 회사를 차려 운영하면서 복잡한 일이 생기거나 생각을 정리해야 할 필요가 있을 때마다 혼자서 조용히 쉴 곳을 찾곤 했다.

마침 외국의 레저 개발사례를 소개하는 자료에서 펜션을 알게 되었고 평소에 내가 생각하던 것이 바로 이것이란 생각이 들었다. 이때부터 펜션에 대한 구체적인 자료 수집에 들어갔고 이를 사업화할 수 있는 방향을 모색하기 시작했다. 그리고 1993년 건전한 레저 숙박시설로 자리잡은 일본의 펜션 단지를 둘러볼 기회를 갖게 되면서 언젠가는 펜션을 한국에 도입해야겠다는 생각을 굳히게 되었다.

한국은 대기업에서나 할 수 있는 대규모의 콘도나 호텔 등이 레저 숙박시설의 주류를 이루고 있지만 일본의 경우에는 소규모의 독특한 펜션 문화가 레저 숙박시설의 대부분을 차지하고 있다. 일본은 펜션을 1970년대 초에 유럽에서 처음으로 도입한 후 10년 만에 전국적으로 3,000여 개로 늘어났으며 이후에도 꾸준히 증가해 현재에는 전국에 4,000여 개소가 성업 중에 있다.

한 가지 두드러진 특징은 일본 사람들은 펜션을 호텔 수준의 고급스런 레저 문화형태로 인식하고 있으며, 펜션의 경영자 또한 그 자부심이 대단하다는 것이다.

그 후 펜션을 사업화하기 위한 법적 제도와 국내 여건 등에 대한 검토에 들어갔고 컨설팅 사업을 하면서 수시로 지방의 주요 관광지 등을 둘러보기 시작했다. 주로 주말을 이용해 안 가본 곳을 지도책을 펼쳐들고 답사하면서 국내 레저산업의 현황이 어느 정도 수준인지를 유심히 파악했다. 주변 지가 조사도 병행하며 펜션을 사업화하기 위한 준비작업을 서둘렀다. 또한 그 후 틈나는 대로 일본을 방문해 테마 공원이나 펜션 주변의 먹거리 명소 등을 돌아다니고는 했다.

드디어 모든 사업 준비를 완료하고 카탈로그를 제작해 사업에 돌입한 때가 1996년 5월경으로, 이미 진행 중이던 평촌 신도시의 테마상가 건축과 펜션 사업을 동시에 병행하게 되었다. 그러나 두 가지 사업을 동시에 진행하는 것이 너무 벅차 테마상가 공사를 완료한 후 펜션 사업을 다시 하기로 작정하고 잠시 중단했다. 그런데 상가가 완공되어 가던 1997년 말, IMF 사태가 터져 더 이상 사업을 진행할 수 없었다. 결국 1998년 4월에 테마상가를 완공하고 같은 해 9월까지 임

대를 어느 정도 완료한 후 당시에 국내 경제상황과 주변의 사업여건
이 너무 열악해 사업을 잠시 쉬기로 했다.

그 해 10월 초, 잠시 쉴 생각으로 미국으로 건너가 3개월 간 로스
앤젤레스에서 영어 연수를 받으며 틈나는 대로 고급주택단지 시공
현장이나 테마 파크, 비벌리힐스 등을 다니며 견문을 넓혀갔다. 한국
에 돌아와서 앞으로 어떠한 분야에 나머지 인생을 걸 것인가를 심사
숙고한 결과 레저사업과 영화에 관심을 둔 엔터테인먼트 사업에 초
점을 맞추었다. 또한 이 둘 중에서 그 동안 관련 분야에서 일해왔던
경험을 최대한 살릴 수 있는 레저사업을 먼저 하는 것이 순서라는 결
론을 내리고, 레저 사업 중에서도 오랫동안 준비해 왔던 펜션 사업을
추진하게 되었다.

이렇게 해서 펜션에 대한 구체적인 사업 계획을 가다듬고 새로운
경제 환경 변화에 맞는 사업의 시스템을 보완해나갔다. 그러던 중 외
국 대부분의 펜션 건축이 목조나 통나무로 지어진 것을 보고 목조주
택에 대한 공부의 필요성을 절감하게 되었다. 1999년 10월쯤 뉴질랜
드에 있는 한국인이 운영하는 목조주택 학교에 들어가 그 곳에서 3개
월 과정으로 목조주택 이론과 시공 실습을 수강했다. 뉴질랜드에서 3
개월을 머물면서 수업이 없는 주말마다 그 곳의 여러 관광지를 다니
면서 모텔(시설은 한국의 콘도와 비슷하나 규모는 한국의 모텔 규
모), 로지(펜션과 흡사한 소규모 고급 숙박시설), 백패커(베낭 여행객
들이 주로 이용하는 저렴한 민박집) 등을 직접 보게 되었다. 또 오클
랜드의 고급주택단지들을 답사하며 목조주택의 아름다움과 자연 지
형 그대로 이용한 자연친화적인 도시형성을 인상 깊게 살펴보았다.

그 후 프랜차이즈 개념과 인터넷 홈페이지를 통한 정보제공, 예약

시스템을 도입하고 설계 시스템을 구축해, 펜션 창업에 대한 모든 컨설팅을 실시할 수 있는 준비를 완료했다. 드디어 2000년 5월 9일 ㈜렛츠고월드를 정식으로 창업하고 펜션 사업에 박차를 가하게 되었다. 같은 해 6월에는 펜션 건축을 전담할 목조주택 시공회사인 ㈜모던홈텍 코리아를 설립했다. 이로써 국내 최초로 펜션 프랜차이즈 사업을 국내에 도입해 펜션의 기본 개념을 일반인들에게 알리고 홍보하는 데 앞장섰다.

2001년 3월에는 문화관광부로부터 벤처기업 인증 추천서를 받았으며 2001년 7월에는 인터넷 실시간 자동 예약과 카드 결제 시스템을 개발해 전국의 모든 가맹점에 대한 예약을 실시간으로 할 수 있도록 했다. 또 8월에는 중소기업청에 벤처기업 등록을 완료했다.

그러고 나니 펜션은 새로운 수익성 전원 부동산으로, 새로운 레저 숙박시설로, 새로운 창업 아이템으로 일반에 널리 알려지게 되었으며 언론의 스포트라이트를 받았다. 이제 펜션은 독특하고 대중적인 레저 문화시설로 자리를 잡아가고 있다.

렛츠고 펜션이 추구하는 이념

펜션 사업을 국내에 처음으로 도입하면서 나는 나름대로 분명한 이념을 갖고 있었다. 즉 펜션이 단순한 숙박시설이 아니라 하나의 문화로 발전해 나가야 한다는 생각이었다. 누구나 공감할 수 있는 원칙이 분명하지 않으면 그 생명력은 오래 갈 수 없다. 펜션이 단순히 고급 민박시설로서만 존재한다면, 더 나은 고급 숙박시설이 등장했을 때 경쟁력을 잃게 될 것이다.

렛츠고 펜션에는 다섯 가지 이념이 있다.

첫째는 자연주의다. 펜션은 자연 속에 있으면서 자연과 함께 생겨나고, 자연 속에서 호흡하며 결국 자연의 일부가 된다. 내가 렛츠고 펜션의 모든 건축 형태를 목조나 통나무로 고집하는 것도 자연친화적인 소재라는 데 있다. 자연에 속한 모든 것들이 한데 어우러져 공동체를 형성하는 공간이 바로 펜션이다. 자연을 사랑하는 사람들과 풀과 벌레와 나무들이 함께 숨쉬고 살아가는 공간 속에 펜션이 존재한다.

둘째는 가족 중심주의다. 펜션은 가족 단위에 적합한 건전한 레저 문화를 추구한다. 레저 생활이 단체 중심에서 가족 중심으로 변하고 있다. 따라서 렛츠고 펜션의 모든 시설과 공간 구성이 가족 단위의 이용에 적합하도록 되어 있다. 이는 앞으로 렛츠고 펜션이 장기적으로 온국민의 사랑을 받는 대중적인 레저 숙박시설로 자리잡기 위한 확고한 명제다.

셋째는 문화주의다. 렛츠고 펜션을 운영하면서 항상 강조하는 것은 『펜션은 숙박시설이 아니라 하나의 문화다』라는 것이다. 만일 펜션에 문화가 없다면 단지 자연 속에 있는 하나의 건축물일 뿐이다. 비록 그 규모는 작지만 펜션 운영자 나름대로의 문화적 취미와 관점을 주변의 다양한 지역문화와 접목해 이용자들과 공감대를 이루어 가는 공간이 바로 펜션이다.

넷째는 체험주의다. 펜션은 전국의 어느 지역이라도 설립할 수가 있다. 그리고 각 지역에는 저마다 독특한 체험 거리가 있다. 자연 체험이든, 영농 체험이든, 문화 체험이든, 레포츠 활동에 대한 체험이든 펜션은 그 주변 지역의 다양하고 독특한 문화와 얼마든지 접목이 가능하다. 이용자들의 직접 체험을 소중하게 생각하는 것이 펜션이다.

다섯째는 환경주의다. 일반적으로 레저 개발은 환경파괴를 수반한다. 그러나 펜션은 자연친화적이며 환경친화적인 건축을 먼저 생각한다. 대부분 자연지형을 최대한 살려 건축한다.

렛츠고 펜션의 오늘이 있기까지

펜션 전도사가 되다

2000년 5월 9일 ㈜렛츠고월드를 창업하고 가장 먼저 해야 할 일은 펜션이 우선적으로 들어가야 할 관광지를 돌며 가맹점을 구축하는 일이었다. 또한 펜션과 유사한 형태의 민박 운영자들을 만나 실제 운영 현황과 어려운 점을 직접 듣고 그들에게 펜션이라는 새로운 숙박 시설을 홍보하는 일이었다.

먼저 나는 일 주일에 이틀은 사무실에서 펜션 설계 모델을 개발하는 일과 홈페이지 제작업무를 조율하고 직원들을 교육시키는 일에 할애했다. 그리고 나머지 나흘은 가맹점 상담요원 1명씩을 데리고 전국의 주요 관광지를 직접 돌아다녔다. 하루에 돌아볼 코스를 지도책에 표시하고 아침에 일찍 출발해 어둡기 전에 방문을 마쳤다. 그리고 사진 촬영까지 해야 했기 때문에 바쁘게 움직여야 했다.

하루에 돌아볼 코스는 보통 800km 내외로 하고 시간을 절약하기 위해 2박을 하거나 3박을 하며 전국을 누비기 시작했다. 보통 목조나 통나무로 지어진 고급 민박 시설만 하루에 10여 곳 이상을 방문했다. 펜션 개념에 적합한 내·외부시설을 갖춘 곳만을 선정해 5개 이상의 가맹점 계약을 체결하는 것이 목표였다.

한 곳을 방문해 운영 현황을 듣고 시설을 점검하고 문제점 분석을 해주며 펜션이라는 새로운 스타일의 숙박시설을 홍보하는 데 30분 이상을 초과하지 않도록 했다. 처음에는 대부분 민박 운영자들이 자신들에게 돈을 요구하는 것은 아닌가 하고 마음을 열지 않았다. 이러한 경계심을 풀고 터놓고 이야기하도록 하는 데 5분 이상 걸리지 않도록 주의했고, 운영현황과 문제점을 청취하는 데 10분을 할애했다. 그리고 펜션을 적극적으로 알리고, 앞으로는 펜션을 해야만 성공할 수 있다는 강한 확신을 심어주는 데 나머지 시간을 할애했다. 대부분 30분 동안 이야기를 나눈 후 나올 때는 문 밖까지 나와 배웅해 주면서 좋은 사업을 시작했으니 꼭 성공하라는 격려 인사를 들었다. 이들의 공통된 희망이 누군가 자기들을 대신해 홍보해 주고 고객을 창출해주길 바란다는 것을 알 수 있게 되었다. 이들의 대부분은 도시에서 직장 생활을 하거나 사업을 하다가 도시생활에 지쳐서 고향 주변으로 내려온 사람들이었다.

이런 강행군을 한 달 동안 진행하면서 경기도와 강원도, 충청도, 제주도의 주요 관광지는 대부분 돌아보았다. 이 때 직접 만난 민박 운영자가 약 300여 명이었고, 가맹점 계약 50건이 체결되었다.

그 결과 전국의 민박 운영자들이 가지고 있는 공통의 문제점이나 애로 사항, 계절별 객실 가동률, 연간 수입 등에 대한 현실적이고 객관적인 통계 자료를 확보할 수 있었다. 이 자료는 그 동안 준비하고 구상해 왔던 펜션 사업 계획에 소중하게 활용되었다.

1993년에 펜션을 처음 접하고 언젠가는 국내에 도입해 사업화하겠다는 생각에 틈나는 대로 지도책을 펴들고 답사했던 것이 내게는 큰 도움이 되었다. 그것이 펜션 사업을 하는 데 있어 나의 가장 큰 노하우라 할 수 있다. 이 때 동행하던 직원들은 나를 가리켜 살아 움직이는 지도라며 감탄했다. 직원들끼리만 코스를 정해주고 답사해 오라고 하면 2박 3일 동안 두세 곳 정도밖에 방문하지 못하고 돌아오는 경우가 많았기 때문이다.

이렇게 한 달 동안 전국을 누비며 확보한 가맹점들은 곧바로 당사의 홈페이지에 실려 홍보와 예약 서비스를 제공했다. 당사의 인터넷 웹사이트가 개설되자마자 2000년 6월 8일, 〈서울경제신문〉을 시작으로 여러 매체에서 유럽풍 고급민박인 펜션 정보제공 및 예약 사이트 등장에 대한 기사가 게재되었다. 마침 여름 휴가철을 앞두고 있어 일간지나 월간지 등에서는 새로운 레저 숙박시설 등장에 많은 관심을 갖고 보도해 주었고, 신문 기사를 읽은 사람들의 웹사이트 접속률이 높아졌다. 이 때 가입한 회원은 1년 간 연회비를 면제해 준다고 공지했는데, 그 결과 많은 네티즌들이 회원으로 가입했다.

렛츠고 펜션이 추구하는 가치

　모든 사업이 마찬가지겠지만 펜션 사업 운영에서 렛츠고 펜션이 나아가야 할 방향과 추구해야 할 가치는 과연 무엇인가 하는 문제는 매우 중요했다.

　나는 「건전한 레저 숙박 문화를 널리 보급하자」는 것을 첫번째 목표로 삼았다.

　내가 펜션 사업을 처음 시작할 때 직원들을 모아놓고 국내에 건전한 레저 숙박문화를 보급하는 것이 우리 회사의 목표이자 가치라고 누차 강조하다 보니 직원들로부터 『애인끼리 펜션을 이용하겠다는 예약 신청이 들어오거나 가맹점주가 러브호텔처럼 운영하면 어떻게 처리해야 하느냐』라는 질문이 나왔다. 이에 대한 내 답변은 『건전한 연인끼리 여행을 하기 위해 하루 이상 펜션을 예약·이용하는 것은 문제가 아니다. 건전한 연인이라고 볼 수 없는 사람들끼리 러브호텔에서처럼 몇 시간 대실료를 내고 이용하거나, 이런 스타일로 펜션을 운영하는 것은 펜션의 근본 취지에 어긋나므로 이를 최대한 방지해야 한다』는 것이었다. 물론 가맹점 계약서에도 이러한 사항이 명시되어 있다. 만일 이러한 조항을 무시하고 가맹점주가 러브호텔처럼 퇴폐적으로 운영하다가 적발되면 즉시 가맹점 계약을 해지하도록 되어 있다.

　둘째는 전국민 누구나 자유롭게 예약·이용할 수 있는 가장 대중적인 레저 숙박시설로 발전시켜 나가는 것이다.

　나는 펜션 사업을 도입하면서 주요 고객층을 어디에다 두느냐 하는 문제로 크게 고심하지 않았다. 당연히 전국민 누구나 부담없이 이용할 수 있는 대중적인 레저 시설로 모든 방향을 잡았다. 이는 콘도가 고액의 회원권을 구입해야 이용할 수 있다는 것에 대한 반대급부적인 성격이 강했다.

레저는 특정 계층만이 누리는 것이 아니다. 누구나 삶의 질을 높이고 건전한 휴식을 통한 재충전의 기회를 가져야 한다. 물론 내가 운영하는 렛츠고 펜션 사이트는 유료 회원제다. 하지만 콘도처럼 고액의 회원권을 구입하는 것이 아니라 연회비 1만 원을 최초 이용시에 한 번만 납부하면 되며 정보 열람은 무료로 할 수 있다. 또한 모든 펜션의 룸 크기를 2인실과 4인 가족실로만 구성했고 1박 요금을 룸 크기에 따라 5~10만 원 정도로 책정해 누구나 부담없이 이용할 수 있도록 했다.

셋째는 합리적인 요금 체계를 도입해 성수기 바가지 요금을 없애고, 실시간 자동 예약 시스템을 도입해 공정하고 투명한 예약이 가능해야 한다는 것이다.

대부분의 레저 숙박시설은 성수기와 비수기의 요금이 다르다. 특히 민박의 경우에는 10배 이상의 요금 차이를 보이는 경우도 있어 자칫 바가지 요금으로 불쾌한 여행이 될 수도 있다. 그러나 렛츠고 펜션은 각각의 가맹점주가 직접 운영하지만 연중 일정한 요금을 채택해 전국 어느 가맹점이나 거의 비슷하다. 여름과 겨울 성수기, 비수기의 주말(금, 토, 일) 요금이 동일하고 비수기 평일(월, 화, 수, 목)만 20%를 할인해 준다. 또한 렛츠고 펜션은 모든 예약을 본사 홈페이지를 통해 실시간 자동으로 처리하고 있다. 이용 요금은 본사 홈페이지상에서 신용 카드나 홈뱅킹에 의한 무통장 입금으로 결제하도록 되어 있어 예약의 공정성과 투명성을 보장하고 있다.

그러다 보니 가끔 주위 친구들이나 아는 사람들로부터 성수기나 주말에 방을 구해달라는 부탁 전화를 받게 되었을 때 이를 처리해 줄 수가 없다. 아마도 렛츠고 펜션 사장이면 방 하나쯤은 따로 빼놓았다가 줄 수 있을 거라는 생각을 하고 있겠지만 나로서도 어쩔 수 없는 일이다.

전국 프랜차이즈 시스템 채택

렛츠고 펜션은 전국 프랜차이즈 시스템에 의거해 개발되고 운영된다. 펜션 사업을 처음 구상하고 나서 객실 수 4~5개 정도의 소규모 고급 민박 시설을 전국에 수백 개 보급했을 때, 어떻게 동일한 서비스와 요금 체계를 적용하고 이를 효율적으로 홍보해 고객을 확보할 것이냐가 가장 중요한 관건이었다.

이에 대한 해답을 얻기까지는 그리 오랜 시간이 걸리지 않았다. 다행히 나는 1992년에 컨설팅 사업을 해오던 중 당시 일본에서는 널리 보편화되었던 「크레페」라는 패스트푸드에 대한 정보를 알게 되었다. 이를 일본으로부터 직접 들여와 약 2년 간 체인점 사업을 전개한 적이 있었다.

그 당시 서울 시내 대학가에 1호점을 운영하면서 젊은층 밀집 지역을 중심으로 체인점 사업을 전개했었다. 신촌과 종로, 전철역 주변 상권, 대학가와 백화점 스낵 코너 등을 대상으로 체인점을 모집하고 이를 전국 대도시로 확산시켜 나갔다. 2년여 동안 전국에 체인점을 70여 곳까지 확장했으나 당시로서는 「크레페」라는 서양음식이 한국 사람들의 입맛에 맞지 않아 매출액이 신통찮았다. 결국 이에 대한 사업권 일체를 다른 업체에 매각하고 손을 떼게 되었는데, 이 때의 경험이 펜션 사업에도 프랜차이즈 시스템을 적용하게 된 계기가 되었다.

펜션에 프랜차이즈 시스템을 적용하게 되면 많은 이점이 있다. 우선은 프랜차이즈 본사에서 펜션 개발에 대한 모든 노하우를 활용하면 펜션 창업 희망자에 대한 컨설팅이 가능해 전국적으로 동일한 수준의 펜션을 확산시킬 수 있다. 그리고 통일된 상호를 사용해 고급화된 이미지를 유지할 수 있다. 또한 프랜차이즈 본사에서 전국의 가맹점에 대해 일괄 홍보와 예약을 대행함으로써 소규모 펜션의 한계를 극복할 수 있다. 펜션 하나하나는 그 규모가 작고 전국의 각 지역에 산재해 있어 효과적인 홍보나 마케팅 전개가 불가능하지만, 이를 전국에 네트워크화하여 동시에 홍보를 하게 되면 최소한의 비용으로 매출을 극대화할 수 있기 때문이다.

또한 본사에서 전국에 수많은 펜션을 개발하려면 막대한 사업비가 들어가지만, 가맹점 창업 희망자를 모집하면 적은 노력으로 가맹점을 확보할 수가 있다. 실제로 당사 가맹점들의 객실 가동률은 여름 성수기의 경우 평균 95% 정도이고 비수기인 봄·가을의 경우 60~70% 정도로 연평균 70~80%에 육박한다. 이로써 프랜차이즈 시스템의 위력은 이미 입증된 셈이다. 일반적인 민박집들의 연간 객실 가동률이 10~20% 수준이고, 콘도의 경우가 25~50%, 도심지의 특급 호텔이 70~80% 수준이다. 이에 비해 주로 한적한 시골이나 산속에 있는 소규모 펜션이 도심지 특급 호텔과 맞먹는 객실 가동률을 유지한다는 것은 획기적이라 할 수 있다. 내가 처음 펜션 사업을 시작할 때 연간 객실 가동률 목표는 40%였다.

1호점을 내기까지

회사를 설립하고 전국의 주요 관광지를 누비며 기존의 통나무나 목조로 된 고급 민박만을 엄선해 50여 곳을 가맹점으로 등록하고 예약 서비스를 실시하기 시작했다. 그러나 기존의 민박을 펜션으로 정착시키기엔 많은 문제점이 있었다.

첫째, 시설 면에서 외양은 펜션 수준을 갖추고 있으나 내부 공간이나 배치 설계가 주먹구구식으로 되어 있다 보니 이용객 처지에서 보면 불편한 점이 많았다.

둘째, 룸 내부의 집기가 민박집 수준을 벗어나지 못해 이에 대한 전면 교체가 필요했다.

셋째, 점주의 운영 마인드가 민박의 개념을 강하게 가지고 있어 합리적인 요금 제도나 예약 문화에 대한 이해가 부족했다. 그러다 보니 본사 예약운영 담당자와 잦은 마찰이 생겼다. 이용 회원들로부터도 잦은 불만 사항이 발생해 내가 추구하고자 하는 고급화된 이미지의 펜션을 실현하는 데 어려움이 많았다.

그래서 나는 하루 빨리 펜션을 직접 설계하고 건축해 이들에게 제대로 된 펜션의 모델을 제시해야만 했다. 마침 경기도 양평군 용문면에 전원주택 단지로 허가받아 놓은 땅 1,000여 평이 있어 이 곳에 모델하우스를 짓기로 했다. 이 땅은 용문산에서 약 6km 정도 떨어져 있는, 관광지라고 볼 수 없는 평범한 전원주택지여서 과연 이 곳에 펜션을 지었을 때 고객이 올 것인가라는 의구심이 있었다.

이 때까지만 해도 펜션이 고급 민박 시설인 만큼 번화한 관광지 주변에 위치해야 손님이 찾아올 거라는 상식이 일반적이었다. 그러나 내 생각은 달랐다. 펜션은 자연 속의 자신의 별장과 같은, 조용한 휴식 공간이라는 컨셉을 정해놓고 있는 나로서는 번잡한 관광지도 좋지만 조용한 전원 마을에 펜션이 세워진다 해도 전혀 문제가 없다는 생각이 들었다. 또한 대부분의 민박은 우연히 찾아온 고객이 대부분이어서 관광지 주변의 찾아오기 쉬운 곳에 위치해야 하지만, 렛츠고 펜션은 인터넷을 통해 사전 예약을 하고 찾아오므로 안내 지도만 충실히 홈페이지에 올려놓는다면 아무런 문제가 되지 않을 것으로 판단했다.

이러한 시각의 변화는 분명 하나의 모험이었고 시험이었다. 물론 토지를 새로 매입하기 위해서는 시간과 더 많은 돈이 필요했기 때문에 부득이한 선택이었던 부분도 있었으나 결국 나의 의지대로 결정이 되었다.

2000년 7월 중순, 모델하우스의 위치가 결정되자 곧바로 설계에 들어갔다. 건축은 2층으로 하기로 하고 1층 36평, 2층 24평으로 연면적은 60평 이내로 설계했다. 60평이 넘어가면 건축허가 대상이 되기도 하거니와 규모가 커져 조용한 전원 마을의 주민들에게 위화감을 줄 수도 있다는 생각 때문이었다.

객실은 주인 룸을 포함해 총 5개로 하고, 룸당 평균 면적은 8평 정도로 4인 가족이 쉴 수 있도록 했다. 전면 우측에는 팔각형으로 설계해 1층엔 홈바 겸 주방으로 꾸미고 2층엔 예쁜 팔각방을 꾸미기로 했다. 방마다 별도의 화장실을 설치하고 주인 룸과 팔각 룸을 제외한 객실 룸 3개에 간이 주방을 설치했다. 팔각형의 홈바 겸 주방을 설치한 것은 위치가 관광지로부터 떨어져 있는 조용한 전원 마을이다 보니 이용객들이 차라도 한 잔 마실 수 있는 공간의 확보가 중요했기 때문이다. 건축의 형태는 당연히 2″×6″ 공법에 의한 목구조 주택으로 하기로 했다.

이렇게 설계를 마치고 8월 초 공사 준비에 착수해 중순경부터 본격적인 공사에 들어갔다. 일반적인 전원주택과는 달리 다수의 고객이 사용하므로 구조가 더 튼튼해야 하고, 방음이 철저해야 하며, 방마다 화장실과 주방이 설치되어야 하므로 공사가 매우 복잡했다.

이렇게 새로운 형태의 목조주택을 시공해 본 적 없는 시공자들에게 일일이 도면을 설명해 주며 진행하다 보니 공사 속도가 느리고 중간에 벽체를 뜯고 재시공을 하게 되는 경우도 많았다. 처음에 공사 기간을 3개월로 잡고 진행했는데 11월 말이 되어도 마무리가 잘 되지 않았다. 설계와 현장 시공을 진행하던 담당 팀장이 결국 두 손을 들고 나가버려 이 때부터 내가 직접 작업을 진두지휘해야 했다. 전반적인 공정 상황을 점검하고 새로운 공정표를 작성하고 보니 하루도 빠짐없이 공사를 진행시켜야 12월 20일경 준공이 가능하다는 결론이

나왔다. 본사와 현장을 쉴 새 없이 오가며 작업을 진행시키다가 완공 전 마지막 일 주일은 현장에서 숙식하며 작업복을 입고 인부들과 같이 땀 흘리며 작업을 했다.

마침내 12월 22일, 건물이 완공되고 주변에 대한 정리 작업이 끝났다. 그리고 침대와 가구, 침구 등을 들여와 배치하고 전 직원을 동원해 다음 날 새벽까지 내부 청소를 끝냈다. 이러한 나의 저돌적인 밀어붙이기에 직원들은 말없이 따라주었지만 속으로는 원망도 했을 것이다. 그렇지만 우리는 크리스마스를 우리가 설계하고 만든, 국내 최초로 탄생된 1호 펜션에서 보낼 수 있었다.

이렇게 탄생한 1호 펜션은 이후 펜션 모델로서의 기능을 충실히 수행하게 되었다. 회원들이 이 펜션을 이용한 후 홈페이지 게시판에 크게 만족한다는 글을 자주 올려 다른 2호, 3호 펜션이 탄생하기까지 가장 인기 있는 펜션으로서 펜션 문화 확산에 많은 영향을 미쳤다.

관광 벤처로 등록하다

2001년에 접어들어 나는 렛츠고월드를 벤처기업으로 등록하기 위한 방법을 모색했다. 그러나 벤처기업으로 인증받기 위한 조건을 살펴보니 대부분이 신기술개발 기업을 대상으로 하고 있었다. 반면 우리 회사의 경우 벤처 인증을 받을 수 있는 정확한 기준 조항이 별로 없었다.

그런데 마침 문화관광부에서 관광 관련 신기법을 보유한 회사를 벤처로 인증해주는 조항이 있어 이에 대한 구체적인 검토에 들어갔다. 어쩌면 국내 최초의 고급민박 프랜차이즈 시스템과 인터넷을 이용한 예약 시스템을 가지고 관광 분야의 신기법으로 인정받을 수 있을지도 모른다는 판단이 들었다.

이에 사업계획서를 보완해 3월 초에 문화관광부에 제출했다. 담당 사무관이 사업계획서를 검토해보더니 아주 흡족해하며 추천 의뢰 공문서만 첨부해 제출하라고 했다. 당시 문화관광부로서는 2002년 월드컵을 대비해 관광 숙박시설의 태부족 현상이 예측되어 고심하고 있던 상황이었다. 아마도 이러한 상황에서 우리의 사업 계획에 대해 매우 호감을 갖고 대해준 것이라는 생각이 들었다. 특히 우리가 지향하는 목표가 유럽풍의 건전한 고급 민박 시설인 펜션을 전국에 널리 확산·보급해 외국 관광객을 대거 유치하겠다는 것이어서 문화관광부의 정책 목표와 일치한 점도 높이 산 듯했다.

우리는 즉시 벤처기업 인증 신청공문을 문화관광부에 제출했고 이로부터 1주일 후 벤처기업 인증 추천서가 도착했다. 그러나 중소기업청에 벤처기업으로 등록을 하려면 신기술 매출 비율이나 연간 매출액 기준 등에 있어서 벤처기업 등록 요건에 맞아야 했다.

우리 회사의 경우 예약 대행으로 받는 숙박료 중 14%만 당사 수수료 매출로 잡고 나머지 86%는 가맹점주에게 가수금으로 송금하므로 매출액의 절대액이 매우 작았다. 이러한 기준을 맞추기 위해서는 6월 말까지의 실적이 필요했다. 7월에 부가가치세 신고를 마치고 이에 대한 준비를 완료해 8월 초에 중소기업청에 벤처기업 등록을 신청했다. 그 후 신기술(당사의 경우 신기법) 매출액에 대한 실사를 거쳐 8월 말에 벤처기업으로 등록을 완료했다.

관광 분야는 IT 업종이나 바이오업종, 제조업종과는 달리 마땅히 신기술이라고 할 수 있는 부분이 없어 벤처 등록에 애매한 부분이 많다. 그러나 우리의 사업이 굴뚝 없는 공장이라고 일컫는 관광 산업 발전에 기여할 수 있는 영역은 매우 크다. 즉 외화 수입을 극대화할 수 있으며 고용창출 효과가 매우 큰 분야여서 이에 대한 정부 차원의 다양한 지원이나 자금 지원 혜택을 필요로 한다. 그러나 신기술 인정이 어려워 이런 혜택을 받기에는 어려운 점이 많아 벤처기업 지원에 대한 제도상의 아쉬움이 남는다.

실시간 자동 예약 시스템 채택

펜션 가맹점 사업을 시작하면서 인터넷 유료 회원제와 본사 집중 예약 시스템을 채택하는 것은 기본 방향이었다. 처음에는 초기 회원 확보를 위해 1년 간 연회비 면제를 내세우다가 회원 1만 명을 돌파한 2000년 11월부터는 최초 예약시에 연회비 1만 원을 숙박료와 함께 납부하도록 하는 유료 회원제를 시행했다.

유럽풍의 새로운 레저 숙박시설이라는 펜션에 대한 인기가 올라가고 예약 신청자가 많아지면서 문제가 발생했다. 즉 홈페이지에서 예약 신청을 하면 예약 담당자가 해당 펜션별로 객실을 확인한 후 e-메일 등으로 예약 확인을 해주는 방식으로는 업무량이 많아져 효율적인 예약 관리가 잘 이뤄지지 않았다. 또한 이용 회원들로부터 숙박요금을 무통장 온라인 입금 방식으로 받다 보니 은행 업무 또한 과중되어 혼선이 빚어지기 시작했다.

　이러한 문제를 해결하기 위해 2001년 4월부터는 여름 성수기를 대비해 인터넷을 통한 실시간 자동예약 시스템과 신용카드에 의한 자동결제 시스템을 즉시 도입하기로 하고 프로그램 개발에 들어갔다. 인터넷상에서 이용 회원이 각 펜션별 객실 현황을 직접 확인하고 예약 신청을 하게 되면 프로그램이 자동으로 예약을 체결해주고 실시간으로 예약 확인까지 해주도록 했다. 또한 이에 따른 숙박요금이 가입비와 함께 고지되어, 회원은 홈페이지상에서 즉시 신용카드를 이용해 자동 결제를 할 수 있도록 했다.

　이러한 실시간 자동 예약과 결제 시스템은 여러 가지 측면에서 유리한 점이 많았다. 회사의 입장에서 보면 회원이 직접 인터넷상에서 직접 펜션을 선택해 예약하고 결제까지 하다 보니 전화 문의업무가 줄어들고 일일이 객실 현황을 확인해서 체결 확인 e-메일을 보내줄 일이 없을뿐더러, 숙박료 입금확인 통보를 해주는 일이 없어져 업무량이 5분의 1로 줄어들었다. 또한 이용 회원들도 언제든지 인터넷상에서 객실을 실시간으로 확인하고 예약할 수 있을 뿐만 아니라 신용카드로 즉시 결제를 할 수가 있어 편리하게 펜션을 이용할 수 있게 되었다.

　이런 프로그램의 개발을 끝내고 여름 성수기인 7월 초부터 가동하기 시작했는데 몇 가지 문제점이 발생했다. 한 회원이 하루에 한 펜션만 예약해야 프로그램이 이를 처리할 수 있는데 한 회원 ID로 동시에 여러 개의 객실을 예약하면 프로그램이 이를 판단하지 못해 이중예약이 발생했다. 여름 성수기라서 한 달 전부터 예약이 밀려들기 시작해 7월 중순이 지나자 대부분의 펜션이 8월 중순까지 예약이 거의 완료가 되었는데 우리는 프로그램 상의 오류를 발견하지 못하고 있었다.

결국 8월 초부터 각 가맹점에서 다급한 목소리의 전화가 오기 시작했다. 하나의 객실에 예약한 고객 두 팀이 도착해 서로가 자기가 예약을 했다는 것이었다. 예약 담당자가 확인해보니 프로그램상에서는 아무런 이상이 없이 두 팀 모두 예약 확인으로 나타났다. 먼저 도착해 방을 차지한 고객은 말이 없는데 늦게 도착해 들어갈 방이 없는 것을 확인한 고객은 처음엔 무언가 착오가 있겠지 하다가 이중 예약이 된 것을 알고 나면 거세게 항의를 했다.

성수기에 허름한 민박집도 방 하나에 10만 원을 호가하는데 렛츠고 펜션은 고급 목조주택에 내·외부 시설이 가히 호텔 이상임에도 불구하고 6~7만 원 정도다. 여름 성수기에 이만한 가격에 이만한 고급시설을 잡는다는 것은 꿈조차 꿀 수 없는 상황이다. 1년에 한 번 있는 여름휴가를 가족과 함께 즐겁게 보내려고 미리 펜션을 예약하고 숙박요금까지 결제한 상태에서 멀리까지 교통 체증을 감수하고 찾아왔는데 방이 없다니, 내가 고객의 처지라도 화가 날 것이다.

이런 상황이 발생하면 담당직원이나 나는 초비상이 되어 주변의 가까운 다른 펜션에 빈 방이 있는지를 먼저 확인하고 없으면 펜션 점주에게 부탁해 주변의 민박집 중 가장 깨끗하고 좋은 곳을 빨리 물색해 회사 전액부담으로 방을 구해주어야 했다.

또한 회원에게는 손발이 닳도록 죄송하다고 용서를 구하고, 이미 납부한 숙박료는 즉시 전액 환불해주었으며, 다음에 펜션을 무료로 이용할 수 있도록 숙박권을 보내주기로 약속하고 마무리를 지었다. 그래도 나는 고객에게 한없이 미안하고 죄송한 마음을 떨쳐버릴 수 없었다.

이런 노력을 해도 몇몇 고객은 분이 안 풀리는지 당사가 구해준 민박집을 이용하지 않고 숙박료의 2배 보상과 차 기름값 및 음식 준비 비용까지 요구하며 가맹점 앞마당에 드러누워 항의하기도 했다. 일부는 홈페이지 게시판에 당사를 비방하는 글을 한껏 올려놓기도 했다. 이런 중복예약 건이 여름 성수기 동안 여섯 차례나 발생했다. 주로 주말에 많이 발생함에 따라 토요일마다 비상이 걸렸다.

8월 말이 다 되어서야 이러한 중복예약이 발생하게 된 프로그램상의 오류 원인을 모두 찾아낼 수 있었다. 몇 가지 제도를 수정하고 프로그램을 보완해 이후에는 중복예약이 발생하지 않았다. 이런 우여곡절을 겪은 끝에 민박업계에서 최초로 실시간 자동예약 시스템을 가동하게 되었다.

그 결과 여름 성수기가 끝나고 1년 중 가장 비수기인 9월에도 렛츠고 펜션의 평균 객실 가동률이 50%를 넘어서는 호황을 누리게 되었다. 그리고 10월에는 55%, 11월에는 60%, 12월에는 70% 달성으로 이어져 객실 가동률이 매월 급상승했다. 또한 홈페이지 방문자 수가 최근 매월 20만 명 정도에 육박하고 있어 객실 부족 현상이 심각한 상황이다.

3.
펜션 프랜차이즈 시스템에 대한 이해

부동산 개발 프랜차이즈화 시대의 선구자, 펜션

　1993년에 펜션에 대한 사업을 구상하면서 가장 큰 문제는 전국에 흩어져 있는 소규모 펜션을 어떻게 관리하고 홍보하며 고객을 유치하느냐 하는 문제였다. 당시에는 콘도가 레저 숙박시설의 전부였으며 대부분이 본사에서 직영하는 전국 체인점의 형태였다. 물론 콘도의 객실은 1실당 5~10구좌의 공유제나 회원제로 분양한 것이지만, 본사에서 회원들을 대신해 여러 지역의 콘도 체인망을 관리해주고 예약관리까지 맡아주는 방식으로 운영된다. 따라서 내가 이 책에서 언급하는 본사와 가맹점의 상호 계약 관계에 따라 운영되는 프랜차이즈와는 근본적으로 다르다.

펜션은 규모가 작아 회사에서 전국 여러 곳에 펜션을 지어놓고 관리인을 파견해 운영하기에는 부적절하기 때문에 전국의 모든 펜션을 직영점 구축에 의한 운영 방식으로 사업을 전개할 수는 없었다. 콘도와 달리 회원권 분양에 따른 사업비 조달도 불가능해 전국적인 체인망을 갖추기에는 막대한 자금이 필요했다. 따라서 효율적인 새로운 시스템을 개발해야 했다.

또한 펜션은 토지를 구입하고 인허가, 설계, 건축하여 오픈하게 되는 과정에서는 부동산 개발과 건축 분야가 가장 기본이 된다. 그리고 오픈 이후에는 고객 창출을 위한 마케팅 능력과 회원 관리 시스템이 뒷받침되어야 한다. 이러한 4가지 분야가 서로 어우러져 하나의 새로운 사업 시스템이 형성되어야 하는데, 이에 대한 해답이 유통 소매업에서 발달한 프랜차이즈 시스템이었다.

아마도 부동산 개발분야에 프랜차이즈 시스템을 적용한 것은 국내에서는 펜션이 최초의 사례가 될 것이며, 또한 숙박업 분야에 있어서도 회사가 전체를 직영하는 호텔 체인이나 콘도 체인과는 전혀 성격이 다른 국내 최초의 프랜차이즈 형태가 아닌가 한다.

펜션 프랜차이즈 시스템이란

원래 프랜차이즈 시스템이란 주로 유통업 중 소매점 형태에서 많이 발달되었다. 이는 공동의 상호와 상표를 사용해 지명도를 높이고

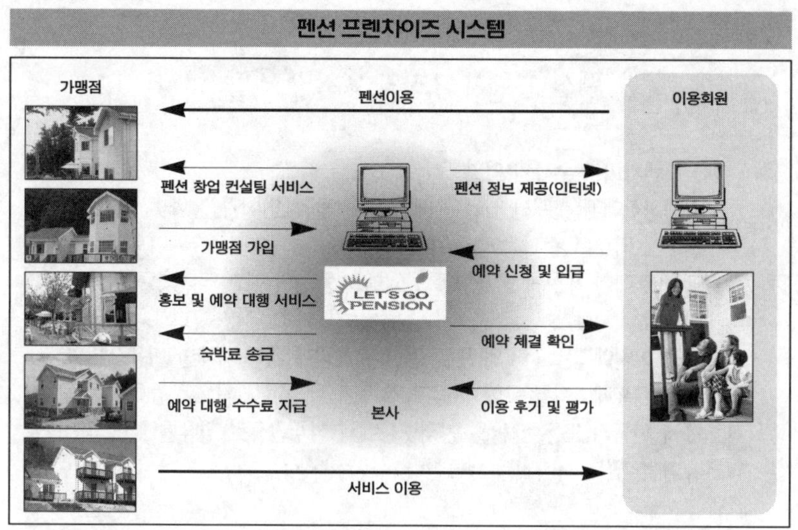

좀더 차원 높은 표준화된 서비스와 상품을 제공하며 이를 토대로 본
사와 가맹점 간의 상호 협력에 의한 공동의 이익을 도모하기 위한 것
이다. 개인이 가지고 있는 노하우와 정보의 한계를 극복할 수 있기
때문에 여러 가지 면에서 장점이 많아 선진국 사회로 갈수록 프랜차
이즈화가 전 서비스산업에 확산되는 추세다.

일반적인 유통업에 있어서의 프랜차이즈는 본사와 가맹점 사이의
2자 계약 관계가 중심일 뿐 이를 소비하는 고객과는 직접적인 관계가
적다. 그러나 펜션 프랜차이즈 시스템은 본사와 가맹점주, 그리고 펜
션을 직접 예약해 이용하는 인터넷 회원으로 구성된 3자가 서로 각각
의 계약관계로 성립되어 운영된다는 점에서 둘 사이에 약간의 차이
가 있다.

펜션 프랜차이즈의 요소별 역할

■ **펜션 프랜차이즈 본사의 역할**
- 가맹점주에게는 펜션 창업에 대한 부지 선정, 인허가, 설계, 건축, 오픈 준비에 따르는 전과정에 대하여 컨설팅을 실시하며 오픈 이후에는 가맹점에 대한 홍보와 마케팅을 전담해 가맹점의 매출 극대화를 위해 노력한다.
- 이용 회원에게는 전국의 모든 펜션 가맹점에 대한 자세한 이용 정보를 인터넷 홈페이지를 통해 열람할 수 있게 해주며 회원으로 등록한 사람에게 전국의 모든 펜션을 인터넷상에서 실시간으로 자유롭게 예약 이용할 수 있는 서비스를 제공한다.

■ **펜션 가맹점주의 역할**
- 펜션 프랜차이즈 본사의 운영 방침에 따라 펜션을 운영하고 홍보와 마케팅을 본사에서 대행하므로 숙박 예약에 대한 대행 수수료를 본사에 지불한다.
- 본사에서 보내준 이용 회원들에게는 최대한 친절한 서비스를 제공함으로써 고객만족도를 높여 펜션 이용고객의 확산에 기여하고 이를 통해 객실 가동률을 극대화할 수 있도록 노력한다.

■ **이용 회원의 역할**
- 본사에 회원으로 가입해 일정액의 가입비(연간 1만 원)를 납부하면 전국의 모든 펜션 가맹점에 대한 이용 정보를 열람해 자유롭게 예약, 이용을 할 수 있다. 숙박 요금은 본사에 지불한다(인터넷 실시간 자동결제 시스템 적용).
- 회원이 펜션 가맹점을 이용할 때에는 정해진 요금에 따라 본사에 미리 숙박요금을 결제하고 이용하게 되므로 현지에 가서 가맹점주와 숙박요금 협상을 하거나 성수기에 바가지 요금을 내는 경우가 없어 펜션의 장기적인 고객으로서 언제든지 편안한 마음으로 이용을 할 수 있다.

펜션이 프랜차이즈 시스템이어야 하는 이유

흔히들 「프랜차이즈 시스템」 하면 약간은 부정적인 생각들을 가지고 있는 듯하다. 프랜차이즈 시스템은 그 분야에 대한 전문 지식이나 경험이 없는 사람도 본사의 시스템을 이용해 손쉽게 창업을 할 수 있는 것을 비롯한 많은 이점이 있다. 그러나 대부분의 가맹점주들은 본사에서 제공해주는 시스템 외에 스스로 노력해야 하는 부분까지도 모든 것을 본사에서 해주고 책임져주기를 바란다. 그러다 보니 가맹점 운영이 잘 안 된다 싶으면 본사에서는 막대한 이익을 취하면서 가맹점에는 별로 도움을 주지 않는다고 생각하는 경우가 종종 있다. 물론 자기 이익만 취하는 부도덕한 프랜차이즈 본사도 더러는 있겠지만 가맹점주 스스로 노력해야 되는 부분에 소홀한 점주의 자질 문제인 경우도 많이 발생한다.

하지만 펜션의 시스템은 이런 일반적인 프렌차이즈 시스템의 본사와 가맹점 사이의 관계와는 다른 점을 가지고 있다. 아마도 부지 선정에서부터 설계, 건축, 오픈에 이르는 과정까지는 비슷하겠지만 오픈 이후의 운영에 있어서는 차이가 난다. 가맹점 본사는 홍보와 마케팅을 모두 회사 비용으로 부담해 고객을 창출하고, 고객을 가맹점에 보내주는 역할을 한다. 그리고 본사에서 숙박 예약이 창출된 매출액에 대해서만 일정한 예약 마케팅 대행 수수료(보통 14%)를 받는다. 가맹점에 대하여 매출을 발생시켜주는 대가로만 수수료를 받으니 가맹점으로서는 손해가 날 일이 없다. 펜션을 프랜차이즈 가맹점으로 가입해 운영했을 때의 장점은 다음과 같다.

　첫째, 펜션을 창업하고자 하는 사람이 대부분 펜션에 대한 전문지식이 없어 부지 선정이나 인·허가, 설계 및 건축에 있어서 어떻게 해야 할지를 고민하게 되는데, 프랜차이즈 본사가 이러한 전 과정을 컨설팅해주므로 누구나 손쉽게 최소의 비용으로 펜션 사업을 할 수가 있다.

　둘째, 펜션은 규모가 작고 각 지역의 소규모 관광지나 산 속 깊숙한 곳에도 입점하게 되는데 이를 점주가 홍보할 마땅한 방법이 없어 고객 유치가 거의 불가능하다. 물론 점주가 인터넷 홈페이지를 만들어 홍보할 수도 있으나 개인 홈페이지 주소를 일반에 널리 알리기가 쉽지 않고 신문, 잡지 등에 광고를 내자니 광고비가 막대해 엄두가 나지 않는다. 하지만 프랜차이즈 가맹점이 되면 본사에서 전체를 일괄 홍보하므로 가맹점주는 별도의 홍보비를 들이지 않고 많은 고객을 유치할 수 있다.

　셋째, 점주가 혼자서 펜션을 운영하게 되면 고객과 일일이 숙박요금에 대한 흥정을 해야 하므로 서로 좋은 관계가 되기보다는 돈을 주고받은 거래 관계가 성립되어 상호간의 자연스러운 교류가 불가능해진다. 예약 관리 등 고객 관리를 직접 해야 하므로 이에 대한 전담자가 있어야 함은 물론 전화 요금이나 기타 고객 서비스 비용이 많이 들어간다. 하지만 프랜차이즈의 가맹점이 되면 고객과 돈을 직접 주고받지 않아 고객과의 불편함이 해소되고 고객 관리에 대한 모든 번거로운 업무를 본사가 인터넷상의 프로그램에 따라 과학적으로 대행함으로써 최소의 비용으로 편하게 운영할 수 있다.

4.
투자 대상으로서의 펜션

관리인을 두고 운영할 수 있다

　요즘 들어 펜션에 대한 수익성이 각종 언론 매체에 다뤄지면서 펜션에 투자를 하려는 사람들로부터 문의가 활발해졌다. 한 달이면 보통 100여 건 정도의 문의가 오는데 이들 중 직접 펜션을 지어 운영하려는 창업 문의가 70% 정도이고 나머지 30%는 단순히 투자만 하고 싶다는 사람들이다. 2001년 초에는 창업 문의가 90%이고 , 나머지 10%가 투자 문의였던 것에 비하면 매우 큰 변화라 할 수 있다.

　펜션에 단순히 돈만 투자하겠다는 사람들의 공통점은 도시를 떠나 전원생활하는 것을 아직은 꺼리며, 저금리가 오래 지속되면서 은행에 돈을 넣어놓고 있기가 싫은 경우다. 이러한 사람들은 펜션을 지은 후 관리인을 고용해 운영하면서 운영수입을 얻을 수 있다. 주변에 전원생활을 원하나 경제적 형편이 어려운 지인이나 친척 중에서 관리인을 찾을 수 있다면 서로 믿고 맡길 수 있어서 좋을 것이다. 만일 맡길 사람이 적당하지 않다면 마케팅 전문회사에 운영을 맡기고, 회사에서는 관리인을 파견해 운영을 할 수가 있다. 모든 객실 예약과 운영이 온라인상에서 이루어지므로 투자자는 언제든지 집에서 자신의 펜션에 대한 예약 및 운영상황을 한눈에 파악할 수가 있고 이에 따른 정확한 운영 수입을 자신의 계좌로 입금받을 수가 있다. 관리인에 대한 인건비는 부부(2인)를 기준으로 제 운영 경비와는 별도로 60평을 기준으로 월 80만~100만 원 정도이며 평수가 클 경우 평당 1만 5,000원 정도가 추가된다.

동호인끼리 공동으로 투자할 수 있다

만일 혼자서 펜션 한 동에 투자하기에 자금이 부족하고 자신이 없다면 주위의 친한 사람들과 동호인을 구성, 공동으로 투자해 펜션을 신축·운영할 수가 있다.

동호인 중에서 펜션에 직접 거주하며 운영하고자 희망하는 사람이 모든 운영을 맡아서 하고, 관리인을 두었을 경우에 정해진 인건비를 지급하면 된다. 제 경비를 제하고 남는 이익을 투자 금액에 비례해 서로 분배하는 형태가 될 것이다.

예를 들어 토지 500평에 펜션 60평을 짓는 데 총 3억이 들어간다고 하면 5명이 각각 6,000만 원씩을 투자할 수도 있고, 10명이 각각 3,000만 원씩을 투자해 공동으로 운영할 수도 있다.

소액의 펜션 투자 클럽에 가입한다

동호인 구성이 여의치 않거나 소액이어서 너무 많은 수의 동호인으로밖에 이루어질 수 없다면 별도의 펜션 투자 클럽에 가입해 투자하는 방법이 있다. 이럴 경우 투자 클럽의 공신력이 가장 큰 문제다. 또한 이러한 투자 클럽이 파행적으로 운영되거나 불법 수신행위에 해당될 수도 있으며, 유사 리츠 형태로 오해받아 법적 제재를 받을 수도 있으므로 주의가 필요하다.

또한 펜션 운영에 대한 충분한 마케팅 능력을 갖춘 공신력 있는 업체가 운영을 맡아 할 경우에나 일정한 적정 수익률이 발생할 수 있다. 펜션을 개발만 하고 이에 대한 이후 운영 시스템이 제대로 갖춰지지 않은 업체의 경우에는 객실 가동률이 낮고, 성수기와 비수기의 격차가 커서 기대했던 투자 수익률이 나오지 않을 수도 있다.

펜션 전문 리츠에 투자한다

　올해 들어 부동산 투자의 큰 이슈 중 하나가 리츠 회사의 설립일 것이다. 리츠는 대기업 등이 보유한 대규모 부동산이나 부실 자산을 처분할 목적으로 하는 구조조정 리츠(C.R 리츠)와 다수의 일반 투자자를 모아 일반적인 부동산에 투자해 개발 및 임대 수익을 투자자에게 배당해주는 일반 리츠로 구분된다. 일반 리츠의 경우 모아진 자본금을 펜션에 투자해 펜션 운영 수익을 투자자에게 배당할 수 있다.

　리츠사가 펜션에 투자하기 위해서는 일반적인 전원주택 형태의 펜션을 취득할 수가 없어 숙박시설 형태의 펜션에만 투자해야 하는 한계가 있고 채권 형태의 투자도 가능할 것이다. 최근 설립 준비 중인 A 리츠사의 경우 총 자본금 500억 중 100억 정도를 펜션에 투자하겠다고 밝힌 바 있어 펜션의 수익성에 대한 좋은 평가를 내리고 있음을 알 수 있다.

　현재까지는 전국에 펜션의 수가 많지 않아 객관적인 수익률 분석이 불가능하겠지만 현재 운영 중인 펜션을 기준으로 볼 때 지역에 따라 보통 투자비 대비 연간 20~50%대의 수익률을 보이고 있어 부동산 투자 아이템 중 최고의 수익률을 보이고 있지 않나 여겨진다. 또한 현재 펜션 이용 회원의 증가가 펜션 객실 수의 증가를 훨씬 초과하고 있어 상당 기간 펜션의 객실 부족 현상은 지속될 것이다.

　예를 들어 내가 운영하고 있는 렛츠고 펜션의 경우 매월 펜션을 예약하기 위해 신규 회원으로 등록하는 사람들의 숫자가 4,000~5,000명에 이르고 있다. 그러나 매월 새로 문을 연 신규 펜션이 2~3개 정도로 객실 증가가 월간 10~20개 정도에 그치고 있어 주말의 경우 적어도 1~2개월 전에 예약을 해야 한다.

펜션을 지어 월세로 임대할 수 있다

펜션에 투자를 하고 싶지만 직접 거주할 수가 없거나, 관리인을 두기에도 믿을 만한 적당한 사람이 없거나, 또는 운영회사에 맡기는 것도 꺼려진다면 펜션을 자신의 명의로 신축한 후 제3자에게 월세 형태로 임대를 줄 수도 있다.

일반적인 주택 임대 사업의 경우 보통 투자금 대비 연간 6~8%의 안정적인 수익률을 가져다 주고 있어 최근 많은 투자자들이 임대 주택 사업에 뛰어들고 있다. 저금리 상태가 지속되고 있는 상황에서 가장 선호하는 부동산 투자의 한 수단일 것이다. 만일 이러한 주택 임대 사업에서 벌어들일 수 있는 6~8%대에 만족하지 못한다면 펜션을 신축 또는 매입해 펜션을 운영하고 싶지만 경제적 여력이 없는 펜션 운영 희망자들에게 일부 보증금에 월세 형태로 임대를 주는 방법이 있을 것이다.

예를 들어 객실 가동률이 50% 이상 가능한 지역에 펜션을 신축해 월세로 임대를 준다면 적어도 투자금 대비 연 10~12% 정도의 월세 수입을 얻을 수 있을 것이다. 만일 객실 가동률 70% 정도를 유지할 수 있는 A급 지역이라면 투자비 대비 연간 12~15% 정도의 월세 수입을 얻을 수 있을 것이다. 전원생활을 겸해서 펜션을 운영하고 싶지

만 경제적 형편이 어려운 사람들은 주위에서 쉽게 찾을 수 있다. 적은 보증금에 월세로 임대를 준다면 임대 희망자가 많이 몰려들 것이다.

펜션을 지어 펜션 창업 희망자에게 분양할 수 있다

펜션은 운영 수입이나 월세 수입만을 투자대상으로 하지는 않는다. 개발 사업에 투자해 투자수익을 낼 수 있는 길이 얼마든지 있다. 개발 사업 투자는 위험이 따른다. 예를 들어 먼저 펜션에 적합한 토지를 구입해 펜션 개발 및 운영 마케팅 전문회사와 손을 잡고 펜션 설계와 인허가 절차를 밟아 건축을 한 후 이를 펜션 창업 희망자들에게 분양을 한다면 개발 및 분양 이익이 발생될 수 있다. 그러나 그동안 수도권 주변의 전원주택의 경우를 살펴볼 때 수많은 개발회사가 참여해 인·허가와 토목공사를 한 후 분양 사업을 전개해왔으나 전원주택이 가지고 있는 한계와 업체의 영세성, IMF 사태 등으로 성공한 경우가 그리 많지 않았다.

그러나 단순히 거주만 하는 전원주택과 달리 펜션은 전원생활과 취미생활을 하면서도 일정한 수입이 발생한다. 그리고 펜션 경영자로서의 할 일이 주어지기 때문에 그 동안 전원생활을 하고는 싶지만 수입이 없어 망설여왔던 다수의 전원주택 수요자들을 대거 끌어들일 수 있어 펜션 단지 개발 및 분양 사업은 충분히 성공할 수 있을 것으로 보인다. 물론 펜션 신축 이후의 예약운영을 전담해줄 마케팅 전문회사와 손잡고 시행했을 때 성공 가능성이 높다.

일본의 경우 1971년 유럽에서 처음으로 펜션이 들어온 이후 급속히 확산되기 시작해 1980년에는 전국적으로 3,000여 개로 늘어났으며 이런 빠른 성장에는 펜션을 전문적으로 개발해 분양하는 개발 전문회사들의 역할이 큰 비중을 차지했다.

5.
제주도 개발 특별법상의 펜션업에 대한 고찰

제주도 개발 특별법상 펜션업 기준

제주도 개발 특별법

제37조 (펜션업의 등록 등)

① 관광객의 숙박·취사와 자연 체험 관광에 적합한 시설을 갖추어 이를 당해 시설의 회원, 공유자, 기타 관광객에게 제공하거나 숙박 등에 이용하게 하는 업(이하 "펜션업" 이라 한다)을 하고자 하는 자는 도지사에게 등록하여야 한다. 등록사항 중 도조례로 정하는 중요한 사항을 변경하고자 하는 경우에도 또한 같다.

② 펜션업을 하고자 하는 자는 제1항의 규정에 의한 등록을 하기 전에 당해 사업에 대한 사업계획을 작성하여 도지사의 승인을 얻어야 한다. 승인을 얻은 사업계획을 변경하고자 하는 경우에도 또한 같다.

③ 1항 및 제2항의 규정에 의하여 펜션업을 등록한 자 또는 그 사업계획의 승인을 얻은 자는 관광진흥법 제14조의 규정에도 불구하고 펜션업의 시설에 대하여 분양 또는 회원 모집을 할 수 있다.

④ 1항의 등록 및 변경 등록의 기준, 절차 등, 제2항의 사업계획의 승인 또는 변경승인의 기준·절차 등, 제 3항의 분양 및 회원 모집 기준, 피분양 및 회원권의 발행 등에 관하여는 대통령령으로 정한다.

⑤ 도지사는 제1항 내지 제4항에 의한 등록, 사업계획 승인, 분양 및 회원 모집현황을 문화관광부장관에게 보고하여야 한다.

제주도 개발 특별법 시행령

제10조 (펜션업의 등록)

① 법 제37조 제1항의 규정에 의하여 펜션업의 등록을 하고자 하는 자는 도조례가 정하는 바에 따라 펜션업 등록 신청서를 도지사에게 제출하여야 한다.

② 도지사는 제1항의 규정에 의한 사업계획승인신청서를 제출받은 때에는 제출받은 날부터 10일 이내에 등록신청사항이 제11조의 규정에 의한 등록기준에 적합한지의 여부를 확인하여야 한다.

③ 도지사는 등록신청사항이 제11조의 규정에 의한 등록기준에 적
합한 경우에는 도조례가 정하는 바에 따라 등록증을 교부하고,
그 등록사항을 관할 시장·군수에게 통보하여야 한다.

④ 도지사는 제3항의 규정에 의하여 등록증을 교부한 때에는 도조
례가 정하는 바에 따라 펜션업 등록대장을 작성·관리하여야
한다.

⑤ 제1항 내지 제4항의 규정은 펜션업의 등록사항 변경에 관하여
이를 준용한다

제11조 (등록기준)

법 제37조의 규정에 의한 펜션업의 등록기준은 다음 각 호와 같다.

1. 펜션업 시설의 건물 층수가 2층 이하일 것.

2. 객실이 10실 이하일 것.

3. 도조례가 정하는 면적 이상의 농지 또는 목장용지를 확보할 것

4. 기타 도조례가 정하는 요건에 적합할 것.

제12조 (사업계획승인신청 등)

① 법 제37조 제2항의 규정에 의하여 펜션업의 사업계획승인을 얻
고자 하는 자는 도조례가 정하는 바에 따라 사업계획승인신청
서를 도지사에게 제출하여야 한다.

② 도지사는 제1항의 규정에 의한 사업계획승인신청서를 제출받은
때에는 그 사본을 당해 펜션업의 시설을 설치하고자 하는 지역
을 관할하는 시장·군수에게 송부하고, 시장·군수는 이를 송
부받은 날부터 10일 이내에 사업계획에 대한 검토의견서를 도

지사에게 제출하여야 한다.

③ 도지사는 펜션업의 사업계획승인을 하는 때에는 그 승인사항을 관할 시장·군수에게 통보하여야 한다.

④ 제1항 내지 제3항의 규정은 펜션업의 사업계획의 변경승인에 관하여 이를 준용한다.

제13조 (사업계획승인기준)

법 제37조 제4항의 규정에 의한 펜션업의 사업계획승인기준은 다음 각호와 같다.

1. 사업계획의 시행에 필요한 자금조달 능력 및 방안이 있을 것.

2. 방류수의 수질을 생물화학적 산소요구량 5mg/ℓ 이하로 유지할 수 있는 오수처리시설을 갖출 것. 다만, 오수를 하수종말처리시설로 유입시켜 처리하는 경우에는 그러하지 아니하다.

3. 기타 도조례가 정하는 요건에 적합할 것.

제14조 (분양 및 회원모집의 기준)

법 제37조 제4항의 규정에 의한 펜션업 시설의 분양 및 회원모집의 기준은 다음 각호와 같다.

1. 부지에 대한 소유권을 확보하고, 건물이 사용승인된 경우에는 당해 건물의 소유권을 확보할 것.

2. 부지 및 건물이 저당권의 목적물로 되어 있는 경우에는 그 저당권을 말소할 것.

3. 1개의 객실에 대한 분양 또는 회원모집의 범위는 2인 이상(법인에게 분양하거나 법인을 회원으로 모집하는 경우을 제외한다)

20인 이하로 할 것.

4. 1개의 객실에 대하여 공유제 또는 회원제를 혼합하여 분양하거나 회원모집을 하지 아니할 것.

5. 공유자(펜션업의 등록을 한 자 또는 그 사업계획의 승인을 얻은 자로부터 펜션업 시설을 분양받은 자를 말한다. 이하 같다) 또는 회원(펜션업 시설을 일반이용자보다 우선적으로 이용하거나 유리한 조건으로 이용하기로 해 펜션업의 등록을 한 자 또는 그 사업계획의 승인을 얻은 자와 약정한 자를 말한다. 이하 같다) 의 연간 이용 일수는 365일을 객실당 분양 또는 회원모집계획의 인원수로 나눈 범위 내로 할 것.

6. 펜션업의 분양 또는 회원모집은 펜션업 시설의 공사 중 건축공사의 공정률이 50퍼센트 이상 진행된 때부터 하되, 총 객실중 공정률에 상응하는 수 이하의 객실을 대상으로 분양 또는 회원모집을 할 것.

제15조 (분양 또는 회원모집계획서의 제출)

① 제14조의 규정에 의하여 분양 또는 회원모집을 하고자 하는 자는 도조례가 정하는 바에 따라 분양 또는 회원모집계획서를 도지사에게 제출하여야 한다.

② 도지사는 제1항의 규정에 의한 분양 또는 회원모집계획서를 제출받은 때에는 제출받은 날부터 10일 이내에 제14조의 규정에 의한 기준에 적합한지의 여부를 통지하여야 한다.

③ 제1항 및 제2항의 규정은 분양 또는 회원모집계획서를 변경하는 경우에 이를 준용한다.

제16조 (회원권의 발행)

펜션업 시설의 분양 또는 회원모집을 하는 사업자가 회원권을 발행하는 경우 그 회원권에는 다음 각호의 사항이 포함되어야 한다.

1. 공유자 또는 회원의 번호
2. 공유자 또는 회원의 성명과 주민등록번호 (법인인 경우에는 법인의 명칭 및 사업자등록번호)
3. 사업장의 상호 · 명칭 및 소재지
4. 공유자와 회원의 구분
5. 평형 및 면적
6. 분양일 또는 입회일
7. 발행일자

제주도 개발 특별법상의 펜션업에 대한 문제점

2001년 한국 방문의 해와 2002년 월드컵 개최라는 펜션 사업을 위한 사회 · 경제적인 환경이 조성되면서 2000년 2월부터 오랫동안 준비를 해왔던 펜션 프랜차이즈 사업을 위한 창업 준비에 들어가 2000년 5월 9일 주식회사 렛츠고월드라는 펜션 개발컨설팅 및 전국 프랜차이즈 사업을 위한 법인을 창업하게 되었다. 이 때부터 본격적으로 렛츠고 펜션이란 상호로 전국적인 펜션 프랜차이즈 구축 및 인터넷을 통한 예약시스템을 가동하기 시작했다.

당시 제주도에서는 지역 경제 활성화와 관광 산업 육성을 위해 하나의 관광 숙박업으로서 유럽이나 일본 등지에 보편화되어 있는 펜션업 도입을 추진하고 있었으며, 펜션업에 대한 제주도 개발 특별법상 입법화를 놓고 주민들 간의 논란이 일고 있었다.

논란의 주 내용이 첫째는 제주도 거주 현지 농어민만이 펜션업을 할 수 있도록 자격 제한을 해 달라는 것이었고, 둘째는 콘도처럼 회원권을 분양해 사업비를 조달할 수 있게 해 달라는 것이었으며, 셋째는 해안 지역의 대부분이 도시 지역에 속한 자연 녹지 지역으로 이곳엔 숙박시설이 들어갈 수 없도록 되어 있으니 여기에도 펜션을 허가해 달라는 것 등이었다.

결국 첫번째의 제주도 내 현지 거주 농어민으로 참여 자격을 제한해 달라는 요구와 두번째의 콘도미니엄처럼 회원권을 분양할 수 있도록 해 달라는 요구는 받아들여지고, 세번째의 자연 녹지에도 펜션업을 허가해 달라던 요구는 현행법상의 문제가 있어 받아들여지지 않았다.

문제점 1

첫째 문제는 펜션업에 대한 참여자격을 제주도 내 거주 농어민으로 한정해 외지인의 투자를 원천봉쇄했다는 점이다.

제주도 거주 현지 농어민으로 펜션업 참여 자격을 제한해 달라는 부분에 대해 처음 건교부에서는 헌법상 국민의 직업 선택의 자유를 침해한다는 위헌 요소가 있음을 들어 난색을 표했으나 제주도 내 농어민들은 「제주 농어촌 경제가 침체되어 있어 농어촌 경제 활성화를 위해 이를 받아들여줄 것」을 강력히 요구했다. 이러한 논란과 항의 시위의 결과, 제주도 개발 특별법상 시행령에 결국 이러한 내용이 반영되고 말았다.

결국 제주도에서의 펜션업은 제주도 현지 거주 농어민만이 허가를 받을 수 있다는 것이다. 이는 제주도를 국제 자유도시로 만들겠다는 정부와 제주도의 방침과는 정반대의 것이 되고 말았다. 이에 대한 문제점을 지적한다면 첫째, 서울이나 여타 외지인의 참여를 원천 봉쇄해 외부로부터의 투자 유치를 차단한 것이 과연 제주 지역 발전에 도움이 될 수 있느냐는 것이다.

우리나라에 IMF 사태가 발생한 원인 중의 하나가 외국 자본이 투자할 수 있는 환경을 조성해주지 못했기 때문이라는 것을 우리는 너무 잘 알고 있다. 이런 시점에서 과거 구한말 시대의 쇄국주의를 보는 것과 같은 법령은 국제화 시대를 역행하는 시대 착오적인 발상이다. 이런 입법은 제주도 지역 경제 발전에 커다란 저해 요인으로 남게 될 것이다.

둘째는 펜션업이 내국인은 물론이고 외국 관광객을 유치할 수 있어야 지역 경제 활성화나 제주도 관광 산업 발전을 이룰 수 있는데, 현지 거주 농어민이 과연 외국 관광객을 유치해 경쟁력 있는 서비스를 제공할 수 있느냐는 것이다. 물론 제주도 내 농어민들의 관광업에 대한 이해와 능력을 무시하는 것은 아니다. 다만 제주도에서 펜션업이 외국인들이 가장 선호하는 숙박시설로 발전하기 위해서는 여타 호텔이나 콘도 등과 차별화된 서비스를 제공할 수 있어야 가능하기 때문이다.

펜션을 콘도처럼 회원권 분양을 할 수 있도록 한 점이다.

제주도 현지 주민들은 펜션업을 도입하는 데 있어 콘도처럼 회원권 분양을 할 수 있도록 해달라고 요구했다. 이는 도내 농어민이 자본이 없어 펜션업을 하는 데 필요한 자금을 회원권 분양 형태로 조달하겠다는 것이다. 입법과정에서 이러한 요구가 받아들여졌다.

그러나 제주도 개발 특별법 시행령에 따르면 펜션의 객실수를 2~10실 이하로 제한하고 있는데 과연 이러한 소규모의 펜션이 콘도처럼 회원권을 분양해 사업비를 조달할 수 있는가 하는 의문점을 갖게 된다. 그동안 콘도는 관광진흥법상 최소 객실수가 50실 이상으로 규모가 크고 어느 정도 공신력을 갖춘 회사에서 운영관리를 해주기 때문에 회원권 분양이 가능했다. 그러나 최근에는 일부 콘도 회사들이 객실도 없이 저가 멤버십 회원권을 대거 팔아 회원에 대한 예약 서비스가 제대로 되지 않은 문제가 발생했다. 이로 인해 신규 콘도에 대한 회원권 분양 사업이 거의 불가능하게 되었다. 이에 대한 대안으로 펜션이라는 새로운 개념의 숙박시설이 널리 보급되어야 하는 상황에서 콘도의 문제점인 회원권 분양 제도를 펜션에 도입한 것은 많은 문제를 내포하고 있다.

　이와 관련된 세부적인 문제점들을 분석해보면 첫째, 분양 가능성의 문제이다. 제주도 내 거주 현지 농어민이 10실 이하의 소규모 펜션을 허가받아 사업을 시행한다고 할 때 회원권 분양이 가능하려면 최소한의 공신력을 갖추어야 한다. 이러한 공신력을 제공해줄 수 있을 것인가 하는 점이다.

　둘째는, 만일 분양이 완료되었다고 가정할 때 펜션이 속한 토지와 건물의 모든 소유권이 회원들에게로 넘어가고, 펜션의 점주는 결국 관리인으로 전락하게 된다. 이것은 외지인 참여를 배제하고 제주도 내 거주 농어민의 기득권을 갖고자 했던 의도와 반대되는 결과다.

　셋째, 회원들을 관리해주고 이들에게는 약간의 관리비만을 받아 펜션을 운영해야 한다. 그런데 대부분의 콘도 회사들이 이런 관리비만으로는 콘도의 시설 유지가 불가능한 적자 상태다. 이를 만회하기 위해 일부 부도덕한 회사에서는 회원들에게는 예약을 축소하고 일반인들에게 객실을 비싸게 팔아 유지 비용을 충당해온 사례가 있다. 결국 펜션의 점주도 이런 전철을 되풀이하게 되는 것은 아닌지 염려된다.

　결국 제주도 개발 특별법상의 펜션은 제주 지역경제 활성화와 관광 산업 발전이라는 차원에서 도입된 것이 아니라 현지 주민들의 기득권 유지를 위한 도구로 전락된 느낌이 강하다. 도시를 떠나 자연 속에서 전원생활을 하면서 지역 문화와 접목해 저마다의 독특한 특색을 갖춘 건전하고 고급화된 펜션 문화를 발전시키는 것이 아니라 펜션도 아니고 콘도도 아닌 콘션(콘도+펜션)이라는 기형아가 탄생하게 된 것이다.

　내가 제주도 개발 특별법상에 펜션업에 대한 규정이 도입되기 이전에 펜션을 국내에 처음으로 도입하여 펜션에 대한 정확한 이해와 국내 관광 산업 발전에 기여할 수 있는 역할을 홍보해 오면서 가장 염려해왔던 부분이 바로 위에서 말한 내용이었다. 펜션에 대한 개념이 잘못 전달되어 펜션의 좋은 의미가 퇴색되고 제대로 된 펜션 문화가 꽃 피기도 전에 마구잡이 돈벌이 수단으로 전락하는 것이 아닌가 하는 점이었다.

이러한 개념의 혼란을 하루 빨리 정립할 필요성을 절감해 이 책을 쓰게 되었으며 여러 모로 부족하지만 앞으로 국내에 펜션이라는 새로운 건전한 레저 숙박 문화를 널리 보급하는 데 작은 보탬이 되었으면 한다.

제주도 지역 펜션업 활성화를 위한 제안

우리나라의 경우 관광 산업에 있어서 제주도의 역할과 비중은 매우 크다. 관광 산업이 국가 경제 발전에 기여하는 바가 큰 시점에서 특히 제주도는 지역 경제 활성화를 위해서라도 관광 산업을 집중 육성하고 발전시키며 이를 통해 국민 경제 발전에 기여를 할 수 있을 것이다.

최근 제주도가 국제 자유 도시로 거듭나기 위한 법과 제도를 바꾸고 외국 자본과 외국 관광객 유치를 위한 많은 노력들을 기울이고 있다. 이런 노력에 앞서 내국인의 투자와 참여를 제한하고 있는 펜션업에 대한 부분부터 개정되어야 한다. 제주도 지역 펜션업 활성화를 위해 다음과 같이 제안한다.

첫째, 펜션업에 대한 참여 자격을 현지 농어민으로 국한하지 말고 내국인 모두는 물론 외국인에게도 개방해야 한다. 펜션을 호텔과 콘도에 버금가는 경쟁력 있는, 제주도만이 가지고 있는 고유의 문화와 접목된 소규모 독특한 숙박시설로 발전시켜 내국인은 물론 외국 관광객들을 대거 유치할 수 있도록 육성하는 것이다.

둘째, 펜션에 있어서 향후 문제 발생 가능성을 내포하고 있는 회원권 분양이라는 제도를 없애고 누구나 소자본으로 전원생활을 겸해서 할 수 있도록 하여 제반 정책적인 자금 지원을 해주는 것이다.

셋째, 펜션업을 숙박시설이라는 법적 근거나 시설 규정 등으로 묶어놓으면 개인의 취미나 창의를 반영한 독특한 그 펜션만의 테마를 갖는 데 한계가 있다. 따라서 현행의 민박처럼 누구든지 숙박시설 인허가와 관계없이 일정 면적까지 일반 주택으로 허가를 받을 수 있도록 해야 한다.

넷째, 제주도는 해안가를 따라 관광 여건이 조성되어 있으나 이들 지역이 대부분 도시 지역으로 편입돼 있다. 반면 도시 외곽의 해안가를 따라 이어진 자연 녹지 지역에는 숙박시설 허가가 나지 않아 펜션이 입점을 할 수 없게 되어 있다. 이는 펜션업을 특별법상에 숙박시설로 규정해놓았기 때문이다. 유럽이나 일본 등 선진국에 널리 보편화되어 있는 펜션을 제주에 도입해 많은 내·외국인 관광객들을 끌어들여 지역 경제를 활성화하고 국내 관광산업을 한 차원 높이겠다는 취지에서 볼 때, 펜션을 숙박시설에서 제외시켜 고급 민박의 한 형태로 발전시켜야 할 것으로 생각한다.

다섯째, 펜션업을 특별법상의 숙박시설에서는 제외하되, 현행의 낡고 불편한 민박과는 차별화해 한 차원 고급화된 시설을 갖추도록 이에 대한 내·외부 시설 기준에 대한 지침을 만들어야 한다. 이에 해당하는 시설을 갖추었으면 펜션으로 행정 관청에 신고하고 펜션이라는 상호를 사용할 수 있도록 함으로써 펜션의 고급화된 이미지를 세워주는 일이 필요하다.

　이상과 같이 이러한 모든 방안들은 제주도 지역민만의 작은 이익이 아니라 제주도 전체 지역 경제 활성화와 국가 관광 산업 발전이라는 큰 틀에서 이루어져야 한다. 결국 제주도 내 펜션업의 활성화가 지역민 모두에게 진정한 이익이 된다는 사실을 명심해야 할 것 같다.

제3부

펜션이 창조하는 새로운 레저 문화

1. 농어촌 지역 주민들의 소득증대에 기여

관광지 주변의 낡은 민박을 펜션으로

전국의 크고 작은 관광지를 통틀어 민박집이 없는 곳은 매우 드물 것이다. 일반적인 민박집들은 대부분 지역 주민들이 농어업에 종사하거나 별도의 현업을 가지고 있으면서 부업 삼아 성수기와 주말 등을 겨냥해 관광객들에게 돈을 받고 빈 방을 빌려주는 형태다. 성수기와 주말에는 비교적 손님이 있으나 비수기 평일에는 거의 비어 있다. 만일 이러한 민박집 운영자가 낡은 민박을 헐고 펜션을 신축해 운영하게 된다면 현재보다는 훨씬 많은 소득을 올릴 수 있을 것이다. 또한 현지에서 생산한 농산물을 찾아오는 고객들에게 저렴한 가격에 판매

할 수도 있으며 이들을 영농 과정에 직접 참여시켜 영농 체험을 테마로 한 펜션을 운영할 수도 있을 것이다.

관광농원을 활성화시키는 펜션

관광농원은 1984년 농수산부가 농민의 농외 소득을 유도하고 도농간의 상호 이해 증진과 건전한 국민생활을 목적으로 지정하면서 생겨났다. 이후 전국의 각 시·군 지역마다 1~3개소의 관광농원을 허가해주고 장기 저리의 시설자금을 지원해주면서 전국적으로 확산되었다. 관광농원의 대부분이 음식점과 민박시설, 운동장이나 수영장 등을 갖추고 과수원이나 목장, 화훼재배, 식물원 등을 겸해서 운영하고 있다.

이들의 대부분은 전문적인 지식이나 체계적인 개발 계획에 따라 만들어지기보다는 현지 농어민들이 주먹구구식으로 진행을 해왔다. 그러다 보니 막상 정책 자금을 대출받아 시설에 막대한 투자를 해놓고 나서 고객 확보를 하지 못해 적자 상태인 농원이 많이 나타났다. 또한 대부분의 관광농원들이 농원의 장점을 이용한 다양한 프로그램을 개발해 고객을 유치해야 했다. 그러나 이러한 분야에 대한 노하우가 없는 상태에서 음식점과 민박집을 위주로 운영을 하다 보니 흑자를 내기가 쉽지 않았다.

그리고 대부분의 농원들이 이러한 적자 상태를 보충하기 위해 개인 고객보다는 단체 고객 위주로 영업을 전개해왔으며 고급시설을

펜션과 술 한 박스

2001년 3월쯤의 일이다. 주말에 팜스테이 펜션에 들러 홈바의 거실에 앉아 있는데 오후 3~4시 경이 되어 그날 예약을 한 회원들이 승용차를 타고 도착했다. 20대 후반의 남자 2명과 여자 2명이었는데 승용차에서 내려 트렁크를 열고 싸가지고 온 음식들과 함께 맥주 한 박스를 남자 둘이서 들고 들어오는 것이었다. 이 때까지 맥주 한 박스를 들고 들어온 사람이 없어 그 모습이 우스꽝스럽게 느껴졌는데 막상 현관문을 열고 들어오려다가 순간 당황하여 멈칫하는 표정이었다. 아마도 펜션에는 처음 온 회원이었던 듯싶은데 문을 열고 본 펜션 내부 분위기와 자신들이 들고 온 맥주 한 박스가 영 어울리지 않는 모양이다. 전에 흔히 이용하던 민박집과 별로 다르지 않을 거라고 생각해서 준비를 해왔다가 펜션 내부의 분위기가 술판을 벌이기엔 너무도 깨끗하고 아늑해서인지 계면쩍은 표정을 지었다. 나는 우선 반갑게 맞이하고 2층에 있는 객실로 안내를 해주었다.

그날 밤 나는 과연 2층에서 술판이 벌어질 것인지 아니면 다음 날 박스채 가지고 나갈지 자못 궁금했다.

다음 날 10시가 넘어 퇴실을 하는데 방에는 빈 맥주병이 서너 개밖에 없고 대부분 마시지 않은 채 박스를 그대로 들고 나가는 것이었다. 나도 모르게 미소가 나왔다. 역시 사람은 좋은 환경에서는 좋은 생각을 갖게 되고 나쁜 환경에서는 나쁜 생각을 갖게 된다는 사실을 확인할 수 있었다. 순간 나는 펜션 사업을 통해 건전한 레저 문화를 보급하는 데 앞장선다는 것에 대한 자부심이 생겼다.

갖추기보다는 대부분 단체들이 공동으로 이용하기에 적합한 시설로 꾸며져 있어 가족중심으로 바뀌는 레저 환경의 변화에 적절히 대응하지 못했다. 현재 전국의 관광농원 600여 개소 중 약 70%가 적자 상태로 알려지고 있고, 나머지 30% 중에서도 제대로 이익을 창출하고 있는 곳이 약 3분의 1에 지나지 않는 상황이다.

하지만 이렇게 노후화되고 단체 위주로 지어진 관광농원을 가족단위의 조용한 여행에 적합한 고급화된 펜션과 접목시킨다면 아마도 최고의 경쟁력을 갖게 될 것이다. 관광농원은 펜션이 입지하기에 적합한 모든 자연 환경을 갖추고 있다 해도 과언이 아니다. 관광농원은 그 지역 내에서 가장 자연 경관이 빼어나 지역에 허가를 내주었고 이미 농원과 체육시설, 기본 조경 등이 잘 갖추어져 있다. 여기에 개인이나 가족 단위의 휴식에 적합한 고급화된 숙박시설만 갖춘다면 더 이상 바랄 게 없을 것이다. 또한 농원이 갖고 있는 장점을 최대한 활용해 다양한 테마를 갖추고 자연체험을 겸한 휴식공간으로 전환시켜 나간다면 현재의 적자 상태에서 탈피해 확실한 운영수익 창출이 가능하게 될 것이다.

테마 농원과 펜션의 접목

테마 농원이라 함은 관광농원처럼 정부 주도로 이루어진 시설과는 달리 개인의 취미나 취향에 따라 허브나 풀꽃, 녹차, 수목원, 화훼, 동물, 곤충 등 하나의 테마를 가지고 구성된 농원을 말한다. 최근 들

어 몇몇 테마 농원의 성공사
례가 일반에 알려지기 시작하
면서 개인의 창의를 바탕으로
한 테마 농원들이 하나둘씩
늘어나고 있다. 이런 현상은
새로운 전원 문화를 낳고 있
다. 흔히 전원생활이라 하면
시골에 땅을 사서 주택을 짓
고 거주하며 소일 거리로 텃

밭을 가꾸면서 사는 것이라는 생각이 대부분이다. 전원생활을 하면
서 소득을 올릴 수 있는 방법에 대하여 잘 알지 못하고 있다. 그러나
약간의 여유 토지만 있으면 다양한 종류의 테마를 찾아내 취미생활
을 겸한 테마 농원을 운영할 수 있다.

테마 농원의 성공사례를 보면, 제법 규모가 큰 곳으로는 경남 남해
의 외도라는 섬에 위치한 외도 해상공원, 강원도 평창 흥정계곡에 위
치한 허브 나라, 경기도 가평 축령산 뒷자락에 위치한 아침고요 수목
원, 제주도에 있는 분재공원 등을 꼽을 수 있다. 소규모로는 양평 용
문산 입구에 있는 풀꽃향기와 화성군 발안에 있는 누에박물관 등이
있다.

이런 나름대로의 독특한 테마를 가진 농원과 펜션이 접목된다면
가족과 함께 놀러 온 고객들을 대상으로 펜션에서 숙박을 겸한 테마
농원 체험이 가능해져 농원방문 고객수가 증가할 것이다. 이에 따라
농원 입장료와 생산물에 대한 판매 수입이 증가하고, 펜션 숙박료 수
입까지 추가되어 훨씬 더 많은 운영 수익을 창출할 수 있을 것이다.

주말농장과 펜션의 접목

　주말농장은 시골 지역의 한계농지나 휴경지를 영농을 목적으로 이용객들에게 임대해주거나 용역을 제공해주는 형태다. 농촌 사람에게는 농외 소득을, 도시인들에게는 자연과 영농 체험을 통한 가족 단위의 건전한 휴식 공간을 제공해주기 위한 것이다.

　보통 참여회원당 5~10평 정도를 임대하고 1년간 임대료는 평당 1~2만 원선에서 결정된다. 현재 이런 주말농장은 전국에 300여 개소가 있다.

　이러한 주말농장의 이용자는 주로 도시 거주자들이며 가족과 함께 참여하는 사람이 대부분이다. 여기에 가족 단위의 자연체험을 겸한 조용한 휴식을 원하는 사람들을 주대상으로 하고 있는 펜션이 추가로 입점하게 된다면 이용 고객이 많이 늘어 농지 임대소득과 펜션 숙박료 수입이 동시에 증가하게 될 것이다.

　이상에서 살펴본 바와 같이 펜션은 농어촌 지역 주민들의 소득수준 향상에 크게 기여할 수 있다. 현재 농림수산부에서 추진하고 있는 그린 투어리즘이나 문화관광부에서 추진하고 있는 농어촌 지역 관광마을 조성사업에 있어서도 펜션이 일정한 역할을 할 수 있을 것으로 보인다.

관광산업에서 펜션의 역할

펜션을 활성화하여 관광산업을 발전시킨다

관광산업은 굴뚝 없는 공장으로 비유된다. 한때 관광산업이 사치성 산업으로 인식되어 대접받지 못하던 시대도 있었다. 그러나 국제화 시대를 맞이해 관광산업이 국가 경제 발전에 아주 중요한 산업임을 인식하지 못하는 사람은 없을 것이다.

그 동안 관광산업은 규모가 크고 거창한 프로젝트로만 인식되어왔다. 관광진흥법상에 나와 있는 관광 사업을 보면 여행업, 관광 숙박업, 관광객 이용 시설업, 국제 회의업, 카지노업, 유원 시설업 등으로 구분되어 있다. 이 중 관광 숙박업에 대한 기준을 보면 주로 관광 호텔과 콘도미니엄, 유스호스텔, 가족호텔 등으로 분류되어 있어 대부분 막대한 자금력을 갖춘 대기업이 아니고서는 일반인들이 관광산업에 참여할 길이 별로 없어 보인다.

대부분의 국내 관광시설은 규모가 크기 때문에 막대한 사업비가 소요되고 개발이나 건축 공사에 걸리는 기간이 길어 전국적인 확산이 어렵다. 일부 관광객들이 몰리는 대규모 관광지에만 그 시설이 편중되어 있어 지역 간 균형적인 발전에 그다지 도움이 되지 않는다. 또한 이용자나 외국인 관광객들의 입장에서 보면 선택의 폭이 적어 항상 갔던 곳만 가게 되어 관광 수요를 위축시키는 요인이 되기도 한다. 물론 그 동안 경제발전이 급속도로 이루어지고 관광산업의 역사가 짧아 부득이한 일이었을 수도 있다. 그러나 이제는 다양한 소규모의 특색 있는 관광시설들이 전국적으로 널리 분포되어 다양한 지역문화 체험의 장으로 발전되어야 한다. 이런 과정이 국가 관광산업 발전에 획기적인 전환점이 될 수 있을 것이다.

펜션은 이러한 시대적 요구와 고급화된 이용고객들의 수요에 부응하는 새로운 개념의 건전한 관광시설로서 가장 적합한 형태다. 또한 일반인들도 누구나 소자본으로 펜션 사업에 참여할 수 있으며, 앞으로 펜션에 외국 관광객들을 대거 유치해 대중적인 한국 관광문화의 중심축으로 성장할 수 있을 것이다.

외국 관광객에게 한국의 지역 문화를 알린다

대부분의 외국 관광객들이 한국에 오면 주로 서울과 수도권 주변의 호텔을 이용하게 된다. 호텔은 각종 편의시설이 잘 갖추어져 있어 이용하기에는 편리하나 숙박요금이 비싸고 잠자리 제공 외에는 별다른 테마나 문화가 없다. 처음 들어갈 때부터 편안하기보다는 위압감을 받게 되어 그다지 선호하는 대상은 아니다. 마땅히 이용할 다른 시설이 없고 언어 소통이나 관광에 대한 정보를 얻기가 편리한 곳이 호텔밖에 없어 부득이 이용하게 되는데, 이를 대체할 수 있는 숙박시설의 보급이 필요한 실정이다.

한국에 자주 오는 외국 관광객들은 서울 주변만이 아니라 한국의 각 지역에 대한 문화를 알고 싶어하며 또한 한국인들의 생활 문화를 직접 체험해보고자 한다. 그러나 우리나라에는 이러한 수요를 받아들일 수 있는 곳이 그리 많지 않다.

펜션은 이러한 기능을 충분히 수행할 수 있는 최적의 시설이라고 할 수 있다. 대부분의 외국인 관광객들이 펜션에 익숙해 있는 만큼 각 지역의 독특한 문화와 연결해 발전시켜나간다면 국가 관광산업의 발전에 커다란 기여를 하게 될 것이다. 우리나라의 각 지역마다 산재된 5000년 역사의 수많은 문화 유산과 전통 생활문화를 발굴해 펜션과 접목한다면 아마도 세계 최고 수준의 문화관광국이 될 수 있을 것이다. 이러한 작은 노력들이 모여 관광한국의 위상을 드높일 수 있는 계기가 될 것이다.

낡은 민박이 사라지고 펜션과 전통 민박으로 재편된다

그 동안 우리나라의 관광산업을 보면, 대도시와 대규모 관광지를 중심으로 한 호텔이나 콘도 등은 양적인 면에서 많은 성장을 가져왔다. 이는 문화의 뒷받침이 없는 단순 시설 위주의 외형적 성장이었다. 그러다 보니 정작 우리에게 중요한 우리만의 문화는 사라지고 자연은 파괴되었으며 거대한 콘크리트 덩어리만 남아 국민 정서 발달에 그다지 도움을 주지 못했다.

이러한 대규모 관광시설 외에 농어촌 지역민들을 중심으로 발달되어온 것이 민박이다. 그러나 민박은 우리나라 관광산업의 일정 부분을 감당하기에는 질적인 면에서 많이 부족하다. 대부분의 민박 운영자들이 관광산업에 대한 참여의식보다는 단순히 휴가철에 관광객들에게 부족한 방을 빌려주고 약간의 부수입을 얻는 수단으로 시작했다. 따라서 운영에 대한 노하우도 부족하고 시설이 고급화되지 못했을 뿐만 아니라 숙박객들에게 편의나 문화적인 공감대를 주지는 못했다. 또한 외국 관광객들을 끌어들이고 이들에게 정보를 제공해주거나 지역 문화를 체험시켜준다는 것은 더더욱 불가능해 관광산업의 발전이나 문화의 발전에는 거의 기여하지 못했다.

관광산업은 하나의 시설만으로 이루어지는 게 아니라 다양한 그 나라의 문화와 관습, 국민들의 의식과 생활상, 그리고 온 국민이 함께 어우러져 만들어가는 미래의 모습 등 모든 것을 담고 있는 포괄적인 산업이다. 따라서 그 시대의 자화상으로서 부끄러움이 없어야 하겠다.

한 나라의 문화의 흐름은 대개 두 가지의 큰 흐름으로 구별되는 것 같다. 하나는 전통적인 문화를 지키며 보존하는 일이고, 또 하나는 보다 나은 새롭고 좋은 문화를 받아들이는 일이다. 전통 문화를 잘 지키고 보존하지 않는다면 그 나라는 정통성과 정체성을 잃고 표류하게 될 것이고, 전통 문화만을 고수하게 된다면 변화되는 세계적인 흐름에서 밀려나 퇴보하게 될 것이다. 또한 새로운 문화를 받아들이지 않는다면 퇴보할 것이고, 새로운 것만 받아들인다면 정체성을 잃게 될 것이다.

나는 유럽풍의 고급 민박인 펜션을 프랜차이즈 사업 형태로 국내에 처음으로 도입하면서 새로운 문화를 도입한다는 입장에서 전통 문화와의 접목을 어떻게 할 것인가에 대한 고민을 했다.

1970년대 초에 유럽으로부터 일본에 펜션이 처음 도입된 이후 10년 만에 전국에 약 3,000여 개로 늘어나면서, 일본 내의 특색 없는 낡은 민박들은 대거 사라지게 되었다. 현재는 오랜 전통을 지닌 일부 민박만이 남아 명맥을 유지하고 있다.

앞으로 우리나라의 소규모 숙박시설은 기존의 특색 없는 민박은 대거 사라지고 대신 유럽풍의 새로운 개념의 펜션과 전통 한옥이나 황토흙집 등으로 지어진 전통 민박으로 재편될 것이다. 전통 한옥이나 황토흙집은 우리만의 건축양식으로 각 지역의 관광 문화와 접목한다면 분명 성공할 것이며 외국 관광객에게도 색다른 체험 거리를 충분히 제공해줄 수 있을 것이다. 따라서 이에 대한 체계적인 보존과 지원이 뒤따라야 할 것이다.

펜션 사업의 전망

소득수준 향상에 따른 가치관의 변화

    펜션은 소득 수준의 향상에 따른 여가 생활을 즐기며 삶의 질을 높이려는 현대인의 소망을 충족시켜줄 수 있는 새로운 형태의 건전한 레저 숙박시설로서 등장했다. 단순히 잠자리를 제공할 뿐 아니라 다양한 테마와 문화를 갖춘 자연체험을 겸한 공간으로 꾸며진다.

구분 / 연도	레저시장 규모[1]		가계의 최종 소비 지출액(B)	레저 지출 비용 (%, A/B)[2]	총인구 (천명, C)	1인당 연간 레저 비용 (원, A/C)
	금액(A)	증가율				
1980	632.9	–	24,343.0	2.6	38,124	16,601
1981	910.7	43.9	30,356.5	3.0	38,723	23,518
1982	1,199.7	31.7	34,276.7	3.5	39,326	30,507
1983	1,382.6	15.2	38,405.4	3.6	39,910	34,643
1984	1,455.4	5.3	42,806.2	3.4	40,406	36,019
1985	1,653.3	13.6	47,236.2	3.5	40,806	40,516
1986	1,975.0	19.5	51,973.9	3.8	41,214	47,521
1987	2,206.7	11.7	58,076.3	3.8	41,622	53,018
1988	2,736.5	24.0	66,076.3	4.1	42,031	65,107
1989	3,825.7	39.8	78,075.2	4.9	42,449	90,125
1990	4,454.3	16.4	94,772.2	4.7	42,869	103,905
1991	5,658.1	27.0	113,161.8	5.0	43,296	130,664
1992	6,374.6	12.7	127,491.6	5.0	43,748	145,712
1993	7,209.0	13.1	141,353.7	5.1	44,195	163,118
1994	8,246.1	14.4	161,688.2	5.1	44,642	184,716
1995	9,717.5	17.8	183,349.7	5.3	45,093	215,459
1996	10,936.1	12.5	206,341.8	5.3	45,545	240,116
1997	11,535.5	5.5	221,907.4	5.2	45,991	250,821
1998	7,968.0	–30.9	166,430.0	4.8	46,430	171,613
1999	8,522.0	7.0	173,920.0	4.9	46,858	181,669

＊ 자료 : 한국은행, 《국민계정(각년호)》 및 통계청, 《한국통계연감》, 《도시가계연보(각년호)》
　　에 의해 한국 레저산업연구소에서 재작성함.
　주 : 1) 레저 시장 규모는 가계의 최종소비지출액 중 교양, 오락비를 기준으로 산정
　　　했음.
　　　2) 가구당 월평균 가계지출비 중 교양, 오락비가 차지하는 비중임.

한 · 일 레저 관련 지출비용 추이

구분 / 연도	한국(10억 원)			일본(10억 엔)		
	레저 시장 규모	경상 GDP	비중(%)	레저 시장 규모	경상 GDP	비중(%)
1975	–	–	–	7,031.0	148,327.1	4.74
1980	632.9	38,148.4	1.66	11,790.3	240,175.9	4.90
1981	910.7	47,656.7	1.91	12,552.0	257,962.9	4.66
1982	1,199.7	54,721.0	2.19	13,514.4	270,600.7	4.95
1983	1,382.6	64,196.5	2.15	14,340.7	281,767.1	5.07
1984	1,455.4	73,605.1	1.98	15.375.7	300,543.0	5.12
1985	1,653.3	82,062.1	2.01	16,420.7	320,418.7	5.12
1986	1,975.0	95,736.4	2.06	17,355.6	335,457.2	5.17
1987	2,206.7	112,130.3	1.97	18,105.7	349,759.6	5.18
1988	2,736.5	133,134.2	2.06	19,886.6	373,973.2	5.32
1989	3,825.7	149,164.7	2.56	21,531.2	399,998.3	5.36
1990	4,454.3	179,539.0	2.48	23,477.7	430,039.8	5.46
1991	5,658.1	215,734.4	2.62	24,556.6	458,299.1	5.36
1992	6,374.6	240,392.2	2.65	26,116.5	471,381.1	5.54
1993	7,209.0	265,548.1	2.71	27,261.9	479,260.1	5.73
1994	8,246.1	305,970.2	2.66	27,625.9	479,260.1	5.77
1995	9,717.5	348,284.4	2.79	28.163.2	483,220.2	5.62
1996	10,936.1	389,813.4	2.81	28,175.9	499,861.0	5.64
1997	11,535.5	420,986.7	2.74	—	—	—

한국의 레저 시장 규모 전망　(단위 : 1조 원, %)

구분 / 연도	1998	2000	2005	2010
GDP	327.78	351.7	457.5	587.3
GDP에서 차지하는 레저 관련 지출 비율	2.6	2.8	3.4	4.1
국내 레저 시장 규모(A×B)	7.97	9.6	15.6	24.0

* 주 : 1998년 불변 가격.

자동차 보급의 확대와 레저 활동 인구의 증가

펜션은 주로 소규모 관광지나 계곡, 깊은 산속이나 바닷가, 호수 등 어디에나 입점이 가능해 전국 구석구석에 분포하므로 자동차 보급의 확대와 아주 밀접한 연관을 가지고 있다. 자동차 보급의 확대만큼 펜션 사업의 전망도 그만큼 밝다고 할 수 있을 것이다.

한 · 일 자동차 보급대수 비교 [단위 : 대(인구 1,000명당 기준)]

구분 / 연도	한 국		구분 / 연도	일 본	
	자동차	승용차		자동차	승용차
1988	48.4	26.6	1971	187.2	99.6
1989	62.7	36.7	1972	208.3	116.5
1990	79.2	48.5	1973	229.1	132.7
1991	98.2	63.0	1974	242.2	143.4
1992	119.8	79.3	1975	250.5	153.6
1993	142.4	97.0	1980	323.4	202.1
1994	166.6	115.8	1985	381.3	203.0
1995	189.1	133.2	1990	466.8	282.5
1996	209.8	151.4	1994	520.0	341.4
1997	226.4	165.0	1995	526.4	357.2
1998. 10	224.8	163.1	1996	548.7	373.8

* 자료 : 통계청, 《한국통계연보》, 1998 및 《한국통계월보》, 1998. 11.
　　　　日刊自動新聞社, 《自動車産業ハンドブック》, 1998.

가족지향형의 레저 문화 확산

펜션은 가족 단위에 적합한 유럽풍의 건전한 레저 숙박시설이다.
내 별장과 같은 편안한 분위기와 다양한 자연체험이 가능한 공간으
로, 앞으로 늘어나는 가족 단위 고객들을 대거 흡수할 수 있는 적합
한 시설이다.

모험을 즐기는 체험형 레저 세대 등장

펜션은 그 규모가 작기 때문에 전국 각 지역의 레포츠 체험이 가능
한 장소에 얼마든지 입점을 할 수가 있어 다양한 레포츠 시설과의 연
계가 가능하다. 다양한 프로그램을 개발해 고객을 창출할 수 있기 때
문에 이런 레저 문화의 흐름을 주도하게 될 것이다.

자연 친화적인 건강지향형 레저 문화 발달

펜션은 규모가 작다 보니 자연 속에 위치한 조용한 휴식 공간으로 꾸
며지며 주위의 모든 자연 환경과 어울리게 설계와 건축이 가능하다. 경
사지를 그대로 활용하거나 자연 경관을 최대한 살려 개발하므로 향후

자연 친화적 레저 문화를 선도하게 될 것이다. 또한 자연 속에서 체험을 겸한 휴식이 가능하여 건강지향의 레저 문화를 선도하게 될 것이다.

고도 정보화 사회에 맞는 레저 문화 발달

인터넷과 PC 통신이 발달함에 따라 레저 생활에도 많은 변화가 일어나고 있다. 그동안 주로 도심의 사무실로 출근해 일하던 것이 인터넷의 발달로 인해 재택 근무가 가능해졌다. 동해안이나 제주, 기타 다른 관광지에서 여가를 보내면서도 일을 할 수 있는 시대가 된 것이다.

또한 펜션은 인터넷을 충분히 활용해 전국에 흩어져 있는 모든 프랜차이즈 가맹점에 대해 홍보 활동을 전개할 수 있을 뿐만 아니라 실시간 자동 예약 시스템을 갖춤으로써 누구든지 손쉽게 이용 정보를 얻고 사전 예약에 의한 계획적인 레저 활동을 가능하게 해주기 때문에 전국적인 확산이 가능하다.

주 5일 근무제 도입에 따라 여가시간 증가

주 5일 근무제가 실시되면 연간 휴일 수가 현재의 110일 정도에서 160일 정도로 증가하게 되어 여가 시간이 대폭 늘어난다. 이런 여가 시간의 확대는 국민들의 레저 생활에 많은 변화를 가져오게 될 것임

은 물론 생활 습관과 의식까지도 바뀌게 되어 사회 전반에 많은 변화를 가져올 것이다.

또한 주 5일 근무제의 도입은 다양한 형태의 테마를 갖춘 독특한 레저 문화 발달을 가져올 것이다. 펜션은 이러한 레저 환경의 변화에 가장 잘 부합하는 새로운 형태의 레저 숙박시설로서 손색이 없어 향후 객실 가동률이 급격히 증가하게 될 것이다.

일본의 주 5일 근무제 비중 추이 (단위 : %)							
구분 \ 연도	1980	1985	1990	1992	1994	1995	1996
기업체수의 경우	47.6	49.1	66.9	85.2	88.6	90.3	91.2
-완전 주 5일 근무	(5.4)	(6.1)	(11.5)	(19.5)	(24.3)	(26.0)	(28.5)
-격주 토요일 근무	(21.8)	(20.8)	(27.3)	(31.4)	(33.7)	(35.4)	(35.5)
근무자수의 경우	74.1	76.5	86.4	94.2	95.4	96.2	96.5
-완전 주 5일 근무	(23.0)	(27.1)	(39.2)	(51.3)	(53.9)	(57.8)	(59.3)
-격주 토요일 근무	(28.5)	(27.2)	(23.4)	(18.8)	(19.9)	(18.1)	(18.2)

*자료 : 日本 總務廳 統計局, 《日本の統計》, 1998. 3.

숙박 여행시의 참가자수 및 참가 횟수 (단위 : 만 명)			
구분 \ 연도	1995	1996	1997
참가자 (경험률, %)	2,340(69.2)	2,323(64.6)	2,143(59.6)
참가횟수(1인당 연간)	1.60	1.28	1.30
참가일수(1인당 연간)	3.68	3.76	3.89
교통수단 (%)	자가용	46.4	50.8	54.9
	관광버스	8.9	9.2	8.5

*자료 : 문화관광부, 《관광 동향에 관한 연차 보고서》, 1998. 9.
*이 수치는 전국의 13세 이상의 국민(3,596만 명, 1995년 인구주택총조사)을 대상으로 측정한 것임

숙박 여행시 숙박일수			(단위 : %)
구분 \ 연도	1995	1996	1997
1박 2일	42.9	42.0	46.5
2박 3일	36.0	35.6	34.8
3박 4일	13.4	14.6	12.3
4박 5일	4.1	4.2	2.3
5박 6일	1.3	1.4	2.2
6박 7일 이상	2.3	2.2	1.8
총　계	100.0	100.0	100.0

* 자료 : 문화관광부

숙박 여행시 이용시설			(단위 : %)
구분 \ 연도	1995	1996	1997
친척 · 친구집	20.0	21.0	20.5
여　관	22.1	20.3	18.4
민　박	15.1	13.9	14.7
콘도미니엄	11.1	13.6	13.1
캠　핑	13.0	13.5	13.9
호　텔	14.2	13.0	10.0
유스호스텔	1.6	2.5	2.4
여인숙	1.2	0.7	0.9
기　타	2.7	1.6	3.1
총　계	100.0	100.0	100.0

* 자료 : 문화관광부

제4부

펜션 창업 성공전략

1.

펜션 창업은 이렇게 한다

창업자금 제로, 살던 집 팔아 주거환경만 바꾸면 연봉 1억!

요즘 펜션이 언론에 자주 보도되면서 펜션을 창업하려는 사람들의 문의가 많아졌다. 2000년 초 펜션 사업을 처음 시작할 때만 해도 「펜션이 도대체 뭐예요?」라고 묻는 사람들이 대부분이었으나, 그 동안 전국을 누비며 펜션의 개념과 추구하는 이념을 적극적으로 홍보하고 각종 언론 매체에서 펜션에 대한 기사가 자주 다루어지면서 이런 질문은 거의 사라졌다.

그 대신에 요즘에는 『펜션을 하려면 창업비가 얼마나 듭니까?』라는 질문이 대부분이며 난 그 때마다 『창업비요? 펜션을 개업하는 데 창업비는 필요없어요』라고 말하고는 한다. 그러면 대부분의 고객들이 의아하게 생각하며 『그럼 회사에서 돈 다 대주고 건축해주나요?』라고 반문한다. 그러면 난 웃으면서 천천히 설명을 해준다. 현재 강남에 30평대 아파트 한 채 값이 3억에서 4억 정도하고 전세가만 해도 3억에 이른다. 또한 도시 생활에 들어가는 생활비가 적어도 한 달에 100만 원쯤은 될 뿐 아니라 무언가 창업을 하려면 자기가 사는 집과는 별도로 가게를 얻고 시설을 갖추고 물건을 들이고 하는 데 몇 억이 든다.

여기서 일반적인 창업 비용이란 자기 사는 집과는 별도로 가게를 얻고 시설을 갖추는 데 드는 비용을 말한다. 펜션은 살고 있는 집을 팔아 땅을 사고 펜션을 지어서 가족이 직접 거주하면서 운영하기 때문에 별도의 창업 자금이 드는 것은 아니다.

예를 들어 강남의 30평대 아파트를 처분하거나 전세금을 빼면 3억 이상이 확보되는데 이를 가지고 가평이나 양평 등지의 경치 좋은 곳에 약 500평 정도의 땅을 사고, 고급 목조주택 60평 정도의 대저택을 지어 가족이 함께 살면서 펜션으로 운영할 수가 있다. 굳이 창업비용으로 분류하자면 객실 4~5개에 침대나 TV, 에어컨 등을 구비하는데 들어가는 집기 비품비로 약 2,000~3,000만 원 정도가 소요된다. 또한 전원 생활을 하다 보면 도시와는 달리 생활비 들어갈 일이 많지 않고 조금만 부지런하면 텃밭 200평 정도에 야채나 옥수수, 고구마 등을 심어서 이를 수확해 찬거리를 조달할 수가 있다. 그리고 펜션 운영에서 나오는 월 500~800만 원 정도의 수익을 저축해 추후 객실이 부족할 때 증축 자금으로 사용하거나 다른 곳에 투자를 할 수도 있을 것이다. 최근 강원도 평창에 오픈한 A펜션의 경우, 기존의 고향

부모님이 거주하던 붉은 벽돌로 지어진 약 25평 정도의 주택과 텃밭 6,000평을 활용해 도시에서 살던 아파트의 전세금을 빼고 약간의 은행 대출금을 받아서 연면적 38평짜리 펜션 1동을 지어 개점했다. 건축비와 집기 비품비 등으로 약 1억 5,000만 원이 들었다. 객실은 10평형이 2개, 6평형이 3개로 각각 1박 요금은 10평형이 10만 원, 6평형이 6만 원이다. 7월 중순에 오픈해 성수기인 7~8월에는 객실 가동률이 90%가 넘어 월평균 900만 원 이상의 매출을 올렸고 비수기인 9월부터 11월까지는 객실 가동률이 평균 70%를 넘어 월평균 700만 원 이상의 매출을 올리고 있다. 12월부터는 스키 시즌이 시작되기 때문에 겨울철에도 여름 성수기 못지않은 월 900만 원대 정도의 매출을 올리고 있다. 이런 추세로 가면 오픈해서 첫 1년 동안에 1억 원 대의 매출도 가능할 것으로 보인다.

펜션 창업은 이런 사람들에게 적합하다

　펜션을 창업하고자 상담을 하러 오는 많은 경우가 대도시에 거주하는 40대에서 60대 중반에 이르는 퇴직자나 퇴직 예정자, 또는 자영업이나 사업을 하다가 어려워져 시골에나 가서 조용히 살고자 하는 사람들이었다. 최근 들어 일찍부터 전원 생활을 원하는 30대층이 늘어나고 있으며 이들의 의사결정은 50~60대의 신중한 사람들과는 달리 신속하고 빠르다. 아마도 펜션이 새로운 아이템이고 개념 자체가 기존의 숙박시설과는 달라서 젊은 층이 받아들이고 이해하는 데 빠르기 때문이 아닐까 한다.

렛츠고 펜션의 경우에는 전국 프랜차이즈 시스템을 적용, 펜션이 완공된 이후에 본사에서 인터넷 홈페이지를 이용해 홍보와 실시간 자동예약 시스템으로 고객 확보를 충분히 해주고 있는데 이러한 인터넷 예약 시스템의 장점을 잘 이해하기 때문일 것이다.

펜션을 창업하기에 가장 적합한 사람은, 첫째는 자연을 사랑하는 사람이어야 하고, 둘째는 찾아오는 사람들을 좋아해야 한다는 것이며, 셋째는 인심이 넉넉하고 마음이 풍요해야 한다는 것이다.

자연을 좋아하지 않는다면 펜션을 오래 운영하기 힘들다. 시골에는 온갖 종류의 벌레와 동물들, 풀과 나무 등이 공생하는데, 만일 벌레를 싫어하는 사람이 펜션을 운영한다고 할 때 과연 그곳에서 어떻게 생활을 할 수가 있겠는가. 또한 사람들이 오는 것을 싫어하고 혼자 있는 것을 좋아하는 사람은 고객에게도 불편을 끼치게 된다. 또 인심이 넉넉하지 못해 고객을 경제적 가치로만 따진다면 이 역시 펜션을 운영하기에는 적절하지 못하다.

펜션 부지선정은 이렇게 하라

펜션에 대한 일반적인 정보를 얻고 나서 자금이나 여건, 적성 등을 검토한 후 펜션을 하기로 결정했다면 가장 먼저 해야 할 것이 부지를 선정하는 일이다.

펜션 창업 상담을 하는 사람들의 70% 정도는 이미 노후에 살 전원주택을 짓고자 땅을 확보한 경우이며, 30% 정도는 토지부터 구입해야 할 사람들이다. 부지를 확보하고 있는 사람이든 새로 구해야 할 사람이든 간에 공통적으로 갖는 편견은 펜션을 하려면 대규모 관광지 안에 있어야 한다고 생각한다는 점이다. 그러나 절대 그렇지 않다. 펜션은 전문적인 숙박시설이라기보다는 전원 생활과 취미생활을 겸해서 자연을 벗삼아 살면서 찾아오는 여러 사람들과 서로 교류하는 공간이다.

펜션의 입지는 첫째로 가장 자연이 잘 보존된 곳이 좋으며 흔히 이야기하는 조용한 숲 속이나 호수가, 한적한 바다가 내려다 보이는 곳, 또는 전원의 풍경이 그대로 자연스럽게 펼쳐진 아늑한 곳이라면 어디든지 관계가 없다. 그러므로 주변에 오염 물질이나 악취를 풍기는 공장이나 대규모 축사 등이 있는지를 우선 살펴야 한다. 이런 시설과 인접해 있는 곳에 펜션이 들어선다면 고객확보가 쉽지 않을 것이다.

물론 관광지 주변에서 벗어난 한적한 곳에는 고객 확보가 어렵다고 생각할 수 있다. 그러나 마케팅 전문 회사에 홍보와 예약을 맡기게 되면 인터넷에서 사전에 모든 예약을 완료한 고객층을 대상으로 하는 것이므로 아무런 문제가 없다.

다만 마케팅 전문 회사에 맡기지 않고 혼자서 운영하고자 할 때는 관광지 주변에 입점을 해야 한다. 이런 경우에는 보통 토지 가격이 비싸 500평 정도를 구입하는 데 토지 구입비만도 2억~3억 원 정도가 들어간다.

둘째로는 펜션을 건축하기에 인허가가 가능한 곳인지 확인해보아야 한다. 펜션의 인허가는 두 가지로 살펴볼 수가 있다. 우선 숙박시설로 허가를 받아 설계 및 신축을 해서 펜션의 취지에 맞게 운영하는 경우와 순수한 전원주택으로 허가를 받아 민박에 의한 펜션으로 설계 및 건축해 운영하는 경우가 있다.

숙박시설로 허가를 받기 위해서는 준농림지의 경우 대부분 규제를 받고 있어 불가능한 경우가 많으므로 준도시 지역이나 공원 지역 내 집단시설지구 등의 토지를 구입해야 한다. 전원주택 형태의 펜션인 경우, 준도시나 준농림, 농림 지역, 자연녹지 지역 등 대부분 지역에서 건축이 가능하다. 자연환경 보전 지역이나 그린벨트인 경우에는 무주택 현지 농민이거나 기존의 대지가 있어야만 하는 경우가 대부분이어서 사전에 인허가에 대한 사항을 면밀히 검토해야 한다.

또한 펜션을 짓고자 하는 부지에 지적도상 3m 이상의 도로가 있는지를 살펴보아야 한다. 지적도상 도로가 없는 경우에는 포장된 현황 도로가 있거나 최근에 현황 도로를 이용해 토지주의 사용 승낙서를 받아 누군가 주택을 신축한 적이 있는지를 알아봐서 현황 도로를 그대로 이용하는 것이 가능한지 따져보아야 한다. 만일 도로 확보가 안 되면 토지주로부터 도로 사용 승낙서를 받아야 인·허가가 가능하다.

또한 인근까지 전기가 들어와 있는지를 살펴보고, 해당 부지 내에 지하수맥이 있어 식수 확보가 가능한지, 오·폐수 방류에 필요한 도랑이나 하천이 있는지를 살펴보아야 한다. 만일 전기를 끌어오는 데 몇 km를 연결해야 한다면 몇천만 원이 들어갈 수도 있고, 해당 부지 내에 지하수맥이 없어 식수 공급이 안 된다면 펜션 사업은 불가능해진다.

이런 모든 것을 종합적으로 검토해 펜션이 들어서게 되는데 이런 분야에 자신이 없다면 전문가에게 맡겨 진행해야 한다. 가끔 상담을 하기 위해 찾아온 고객들 중 무턱대고 토지를 구입해 혼자서 진행하려다 이런 문제점에 처해 해결 방법을 찾아 달라고 오는 경우가 종종 있는데, 사실 난감한 때가 많다.

셋째로는 펜션을 신축하는 데 적정한 부지 면적을 결정하는 일이다. 연면적 약 60평 정도의 펜션 한 동을 신축해 운영을 하려면 보통 500평 정도가 적당하다.

펜션이 들어설 자리에 전용 허가를 받아 집을 짓고 대지로 형질 변경을 할 때 보통 200평 이내로 허가를 받는다. 대지 내에는 건물과 주차장, 잔디 바비큐장, 정원 등을 설치하고 나머지 300여 평은 텃밭이나 자연 학습장으로 이용할 수가 있기 때문이다. 물론 부지가 더 넓으면 다양한 부대 시설과 테마 시설을 갖출 수 있고, 향후 고객이 늘어 객실이 모자라게 되었을 때 추가적인 증축을 할 수 있어 좋을 것이다.

펜션의 적정 규모는 자신의 노동력을 감안해 결정해야 한다

펜션은 일반적인 소매점 창업에 비해 그 운영이 비교적 쉬운 편이다. 음식점 운영은 이른 새벽부터 밤늦게까지 그 일에 몰두하고 매달려야 한다. 그러나 펜션은 성수기와 비수기의 구분이 있고 주말과 평일에도 차이가 있어 항상 바쁜 것은 아니므로 자신의 취미생활이나 텃밭 가꾸기, 개인적인 볼일 보기 등을 할 수가 있다. 그리고 펜션에서 고객을 맞이하는 준비는 객실 청소가 대부분이고 정원에 잡초 등을 제거해 항상 깔끔한 상태를 유지하는 일 정도가 추가될 것이다. 손님이 입실하는 시간이 오후 2시 이후이고 퇴실하는 시간이 다음날 정오 12시까지이므로 객실을 청소하고 침구류 커버를 정리하는 일도 2시간 정도 이내에 끝내게 된다. 그 밖에 손님에게 제공할 간단한 음료나 과일, 채소 등을 준비하면 된다.

하지만 마케팅 전문 회사에 맡기지 않고 고객에 대한 예약 등을 직접 관리한다면 상황은 조금 다르다. 고객들의 예약 문의에 일일이 답변해주어야 하고 예약 대장을 날짜별로 작성해야 하며, 이들로부터 숙박요금을 계좌로 받아 일일이 은행에 확인하고 또 고객에게 입금 사실을 알려주어야 한다. 찾아오는 날 당일에는 위치를 잘 몰라 헤매는 고객들을 위해 위치를 설명해주거나 경우에 따라서는 직접 차를 몰고 나가서 데리고 와야 하는 경우도 아주 많다. 그렇다고 예약 관리자를 따로 둘 수도 없고 외부에 잠깐 나갔다 오려고 해도 자리를 비우기 힘들다. 아마도 이 점이 펜션 운영에서 가장 힘든 부분이 될 것이다.

그러나 마케팅 전문회사의 가맹점으로 가입하면 이에 대한 모든 홍보와 마케팅을 전문회사에서 대행하므로, 언제든지 자기 볼일을 보며 여유 있게 손님맞이 준비를 할 수가 있어 편리하다.

보통 40~60대 이하의 부부가 편하게 취미생활을 하면서 펜션을 운영하기에 적합한 규모는 객실 면적 40~60평 정도에 방이 4~6개 정도다. 그 이상이 되면 성수기의 경우에는 매우 바쁘다. 물론 30~40대의 젊은 부부가 운영한다면 방 2~5개 정도를 더 운영할 수 있다. 또한 60대 이상의 고령자 중에서 노동력이 부족한 사람은 객실수 3개 정도가 적당하다. 이러한 가족 구성원의 노동력을 바탕으로 규모를 결정하여 펜션 생활에서 오는 여유로움을 잃지 않는 것이 중요하다. 그뿐만 아니라 찾아오는 고객의 입장에서도 피곤에 찌든 주인의 모습보다는 자연에 동화되어 살아가는 여유로운 모습을 보여줄 때 가장 편안한 마음으로 휴식을 보낼 수 있을 것이다.

펜션의 매출액은 설계가 좌우한다

펜션은 그 건물 자체가 아름다운 작품이자 고객의 관심을 끄는 상품이며, 주위의 자연환경과 어우러져 함께 숨쉬는 공간이며, 찾아오는 모든 이들이 즐겁게 쉬어간 후 다시 찾고자 하는 대상이다. 그러므로 외관상의 아름다움뿐 아니라 내부 구조의 편의성, 사용성 등을 고루 갖추어야 한다.

특히 객실과 주인 공간의 분리, 객실과 객실 간의 사생활의 보호, 이용고객의 선호비율에 의한 객실 면적의 조정과 입지 여건, 이용자 특성에 따른 적정 객실수의 산출 등은 매출액에 직접적인 영향을 미친다. 똑 같은 위치와 면적에 동일한 마감재를 사용해 건축을 하였다 하더라도 설계가 어떻게 이루어지느냐에 따라 매출액이 2배에서 4배까지 차이를 보인다. 실제로 렛츠고 펜션에서 운영하는 펜션 가맹점 중에서도 똑같은 목구조를 사용해 전원주택으로 지은 것과 처음부터 전문가가 설계해 펜션으로 지은 것과는 월평균 매출액에서 4배 이상의 차이를 보이고 있다.

아울러 규모가 작고 단순해 보이는 펜션일지라도 실제로 이용자

측에서는 사소한 동선의 차이나 어색한 공간 구조에도 민감하다. 주방 시설이나 화장실 등을 사용하기에 어딘지 불편하고 외부에 대한 조망도 답답하다고 느낀다면 다음에는 찾아오지 않을 것이다.

그동안 펜션 창업 상담을 자주 하다보니 설계 사무소를 직접 운영하고 있는 건축사들이 몇 번 펜션을 짓고 싶다며 방문한 적이 있었다. 이들은 펜션에 대한 설명을 듣고 본인이 건축사니 자기 펜션은 자기가 직접 설계하겠노라며 고집을 부리고는 했다. 하지만 펜션은 외국의 많은 설계 사례와 국내 이용객들의 이용편의나 이용자 특성 등을 정확히 파악해 알고 있어야만 제대로 된 설계를 할 수 있다. 또한 주변의 자연환경이나 주요 고객에 대한 분석, 테마 등에 따른 차이를 분명히 알고 설계해야 한다.

고객의 연령층에 따라, 주변 환경이 바다냐 산이냐에 따라, 부지의 위치가 시골 마을 한가운데에 있느냐 번화한 관광지 한가운데 있느냐에 따라 각각 다른 설계를 해야 한다는 말이다. 또한 운영자의 가족이 몇 명이 거주할 것인지도 염두에 두어야 한다.

나는 전국의 모든 펜션을 다르게 설계해 이용 고객들이 늘 새로운 펜션을 만날수 있도록 하는 것을 기본 설계 방침으로 삼고 있다.

펜션 건축시 이런 점을 고려해야 한다

　펜션을 건축하는 데 우선적으로 고려해야 할 사항은 첫째가 주위 환경과 잘 어울리는 외관의 아름다움이다. 둘째로는 다양한 계층의 사람들이 이용하므로 구조가 견고하고 방음시설 등 기능성에 철저해야 한다. 셋째로는 자연 속의 조용한 휴식 공간에 어울리는 자연 친화적인 소재를 사용한 건강 지향형의 건축물이어야 한다. 넷째로는 독립된 객실이 많은 만큼 수도와 전기, 배수 설비, 정화조, 난방과 온수의 공급 시설 등에 있어서 충분한 배려를 해야 한다.

　먼저 주위 환경과 잘 어울리는 아름다운 외관을 갖추기 위해서는 다양한 모양과 색상을 낼 수 있는 유럽풍의 목조주택이 가장 적합하며, 깊은 산속에 위치한 경우에는 산장 같은 분위기를 낼 수 있는 통나무 주택이 어울릴 것이다. 만일 저가의 조립식이나 콘크리트 구조물, 또는 빨간 벽돌 등으로 슬라브 형태의 건물을 짓는다면 주변 자연환경에 잘 어울리는 아름다운 외관을 갖추기가 힘들 것이다. 또한 이러한 건축 방식으로 지붕이나 벽체의 구조와 모양이 복잡하고 화려한 펜션을 표현하려면 엄청난 공사비가 추가되어 목조주택보다도 돈이 더 들어갈 수도 있다.

　또한 여러 사람들이 함께 이용하는 공간이기 때문에 구조가 견고하고 방음시설이 철저해야 하는데 가끔 상담을 하다보면 구조는 조립식으로 싸게 짓고 외부만 화려하게 치장하면 되지 않느냐고 물어오는 사람들이 있다. 한 마디로 눈감고 아웅하는 식이다. 눈속임으로 외양만 그럴 듯하게 갖추고 고객을 맞이하겠다는 것으로밖에 들리지 않아 과연 저 사람이 진심으로 고객을 대할 수 있을까 하는 씁쓸한 생각이 든다.

내가 일본이나 미국, 호주, 뉴질랜드 등 여러 곳을 다니면서 그곳의 주택 단지와 펜션들을 볼 때마다 항상 부러운 것이 후손에게 물려줄 수 있는 제대로 된 집을 짓는다는 것이었다. 가끔 영화에서도 할아버지로부터 대대로 물려받은 저택을 젊은 부부가 리모델링해 살면서 자랑스러워하는 모습을 볼 수 있다. 그러나 우리나라의 경우 후손에게 물려줄 것은 전혀 고려하지 않고 당대의 자기 세대만을 생각하는 사람들이 너무 많다.

그리고 펜션은 찾아오는 고객의 대부분이 번잡한 대규모 관광지보다는 자연 속에서 조용하고 편하게 쉴 수 있는 곳을 원하는 사람들이다. 그런 이들이 자연 친화적이고 건강 지향적인 주택인 목조나 통나무 등을 선호하는 것은 당연한 일이다.

마지막으로 펜션은 일반적인 전원주택과는 달리 독립된 방이 많고 방마다 개별 화장실과 주방 시설이 설치될 뿐 아니라 다수의 사람들이 동시에 이용하기 때문에 난방이나 온수의 공급이 원활해야 한다. 또한 정화조의 용량이 커야 하는 등 여러 가지 면에서 차이가 있다. 보통 전원주택에 비해 똑같은 마감재를 사용해서 시공을 해도 평당 50~60만 원 정도가 더 든다. 예를 들어 독립된 방이 많아지면 방문과 창문의 수가 많아진다. 방마다 화장실과 취사 시설이 설치되려면 벽체 공사의 양이 많아지고 변기나 욕조, 싱크대 등의 설치가 그 수만큼 많아지며, 문과 창이 하나씩 더 설치가 되어야 한다. 또한 이에 따른 수도나 하수 배관이 많아지고 전기 배선이 많아진다. 이런 모든 시설들이 다수의 고객이 동시에 사용하기에 충분하도록 배려해 공사

벌레들의 습격

2001년 7월경인가 보다. 회사 홈페이지 이용후기란에 이상한 글이 올라왔다. 양평 팜스테이점 2층의 팔각방을 이용한 여성 고객이 올린 글이었는데 부부가 결혼 기념일이어서 미리 예약을 하고 오후 7시경에 입실해 밤 10시경까지 이용하다가 갑자기 해약을 요청하며 숙박료 전액 환불을 요구한 내용이었다.

이 고객의 글에 따르면 밤이 되어 어두워지자 방 안의 불빛을 보고 달려든 벌레들이 방충망을 뚫고 벌떼처럼 습격을 해와 도저히 무서워서 잠을 잘 수가 없었다는 것이었다. 마치 외국 영화에서 보았던 〈스웜(The Swarm)〉이나 펄 벅(Pearl Buck) 여사가 쓴 《대지(The Good Earth)》에 나오는 메뚜기떼의 습격을 연상시키는 내용이었다.

팜스테이점은 창문마다 방충망이 설치되어 있었는데 어떻게 된 사연인가 하고 점주에게 즉시 전화해 파악해보니 흔히들 하루살이라고 하는, 불빛을 보고 달려들다가 다음 날 아침이면 모두 죽어 있는 조그마한 벌레들 때문이었다고 한다. 한편으론 어이없기도 하고 한편으론 웃음이 나왔다.

펜션은 자연주의를 표방한다. 또한 펜션은 자연 속에 위치해 온갖 종류의 벌레와 곤충들이 하나의 공동체를 이루며 존재한다. 아마도 그 여성 고객은 도시에서만 살아왔는지 시골에는 온갖 벌레들이 존재하는 것을 처음 경험한 듯했다. 나는 즉시 담당 직원에게 지시해 숙박료 전액을 환불해주도록 조치했다.

를 해야 한다. 만일 이러한 사항들을 고려하지 않고 짓는다면 오픈과 동시에 많은 문제점들을 야기시켜 고객들로부터 불평, 불만 등이 나오게 되고, 이것이 인터넷상에 오르게 되면 향후 객실 예약률이 현저하게 떨어질 것이다.

한 건축가가 일간 신문에 건축에 대해 이런 글을 기고한 적이 있는데, 나 또한 이에 많이 공감했다.

『건축은 모름지기 우리가 삶을 영위하는 방식을 가리키며, 건축을 만든다는 것은 우리의 삶을 새롭게 조직하는 일이다. 또한 우리가 만든 건축은 우리의 삶을 지배한다. 따라서 좋은 건축에서는 좋은 삶이 만들어질 수밖에 없고, 나쁜 건축에서는 나쁜 삶이 만들어질 수밖에 없다.』

외부 정원은 어떻게 꾸미나

펜션 건축이 거의 끝나가면 외부 정원을 꾸미기 위한 준비를 해야 한다. 건물의 내·외부를 아름답고 고급스럽게 꾸미는 만큼 이에 어울리는 외부 정원을 갖추어야 한다. 펜션은 주로 한적한 자연 속에 세워져 대규모 관광지 내에 있는 다른 숙박시설들에 비해 각종 편의 시설이나 부대 시설이 없어 자칫 이용 고객들이 심심하고 무료해할 수 있다. 따라서 이와 같은 펜션의 단점을 보완하고 장점으로 살릴 수 있으려면 외부 정원을 편안하고 아늑하게 꾸미는 것이 중요하다.

정원을 꾸미는데 몇 가지 고려해야 할 요소가 있다.

첫째, 서로 다른 여러 가족이 이용하기에 알맞은 크기의 정원을 갖추는 것이다. 만일 이러한 공간이 충분치 않다면 여러 고객들이 서로 부딪히게 되어 불편해할 수 있으므로 유의해야 한다.

둘째, 잔디 바비큐장과 야외에서 음식을 조리하여 먹을 수 있도록 야외 공동수도를 설치해야 한다.

셋째, 여름철의 뜨거운 햇빛을 피할 수 있는 나무 그늘이나 정자를 구비하고 앉아서 쉴 수 있는 정원용 테이블과 의자, 파라솔 등을 구비해야 한다. 넷째, 객실수에 맞게 주차장을 설치해야 한다. 다섯째, 약 100평 이상의 텃밭을 조성해 여러 가지 무공해 야채와 옥수수, 고구마 등을 심어 이를 수확해 고객들과 함께 나누어 먹거나 아이들의 자연학습 체험장이 될 수 있도록 한다.

이상과 같은 기본적인 사항들을 유념해 아름다운 정원을 꾸미는 것이 중요하다. 이런 기본적인 것들을 갖추기 위해서는 보통 500평 정도의 토지가 있어야 한다. 만일 부지가 넓다면 꽃밭을 조성한다든지 족구장이나 테니스장, 수영장, 배드민턴장 등을 추가로 설치해 다양한 놀거리를 제공할 수 있다면 더 많은 고객들이 찾아오게 될 것이다.

객실은 어떻게 꾸미나

펜션은 전문적인 숙박시설과는 달리 자기 별장에 온 듯한 아늑한 분위기를 내는 것이 중요하다. 바닥재와 벽지, 도어와 몰딩재 선정이나 커튼, 가구의 배치에 매우 신중해야 한다. 펜션을 단순히 돈을 받고 방을 빌려주는 좀 고급스러운 숙박시설로 생각해서 호텔과 같은 실내 분위기를 생각하는 사람이 많다. 커튼의 색깔을 어둡거나 무채색과 같은 것으로 해야 한다고 생각하거나 침대나 화장대, TV 받침대 등을 호텔이나 모텔에서 볼 수 있는 업소용으로 제작된 것을 써야 한다고 생각하는 것이 바로 그렇다. 그러나 펜션이 추구하는 것은 내 집과 같은 편안함과 가족적인 분위기, 조용한 숲 속의 아름다운 별장과 같은 분위기인데, 호텔 등에서 느낄 수 있는 전문 숙박업소의 분위기를 낸다면 펜션만의 장점이 살아나지 않을 것이다.

가끔 통나무나 목조주택으로 지어진 민박집들로부터 렛츠고 펜션의 가맹점으로 가입시켜 달라며 현장 답사를 요청해오는 경우가 있다. 이럴 때마다 이것저것 시설상태를 먼저 전화로 물어보면 그 지역에서는『호텔 이상으로 시설을 잘 갖추어놓았으니 펜션으로 충분할 것』이라며 자신있게 말한다. 그러나 직접 방문해보면 대부분 겉에서 볼 때는 외양이 아름답고 펜션으로 해도 손색이 없어 보이지만, 내부에 들어가면 적잖이 실망을 하게 마련이다. 침대나 가구 등이 거의 비치되어 있지 않았거나, 침구류를 방바닥 한 구석에 쌓아놓고 있는가 하면, 화장실은 썰렁하고, 커튼은 벽지의 색깔과 전혀 어울리지 않아서 안에 들어가서 잠시도 쉬고 싶은 생각이 나지 않는다. 또한 침구류는 언제 세탁을 했는지 알 수가 없는 상태고 매일 갈아끼울 수도 없도록 된 종류가 대부분이었다.

객실 내의 가구 집기와 커튼은 주로 중상급 이상의 주택에서 사용하는 일반적인 가정용으로 하는 것이 좋으며 침대커버와 이불도 신혼부부가 혼수감을 마련할 때 고르는 정도의 수준이 좋다. 특히 침대커버와 이불, 베개 등은 매일 커버를 교환할 수 있도록 충분한 여벌

을 준비한다. 또한 싱크대와 주방 집기는 직접 취사를 하는 데 전혀
불편함이 없도록 빠짐없이 준비해 사용하기 편리한 공간에 비치해야
하며 품목별 리스트를 만들어 객실 내에 놓아둔다. 고객이 사용하고
난 뒤에는 혹시 파손되거나 없어진 것이 없는지 리스트와 확인 대조
함으로써 다음 고객이 이용하는 데 불편함이 없도록 한다.

　마지막으로 화장실과 욕실 내 세면도구와 수건, 실내화 등을 잘 비
치한다. 특히 수건의 경우 매일 새 것으로 교체해야 하므로 세탁을
대비해 충분한 여벌을 구비해둔다. 그리고 벽면에 액자와 시계 등을
실내 분위기에 맞춰 걸어놓는다.

주변의 관광 및 편의시설에 대한 정보를 제공한다

　펜션은 대규모의 관광지뿐만 아니라 비교적 잘 알려지지 않은 소

규모 관광지, 또는 멀리 떨어진 경치 좋은 시골 전원마을 어디에라도 위치할 수가 있다. 고객들은 대부분 인터넷이나 잡지 등을 보고 찾아오는 경우가 많다. 이들은 흔히 그 주변의 관광 자원이나 역사적인 유물, 지역문화 등에 대해 잘 알지 못하고 있는 경우가 대부분이다. 또한 생필품이 필요할 수도 있고, 아이가 갑자기 아파 한밤중에 병원에 갈 경우도 있으며, 취사준비를 안 해온 경우 주변에 있는 식당에서 해결해야 할 때도 있다.

이런 여러 가지 사항들에 대해 고객들이 정보를 얻는 데 불편함이 없도록 해야 한다. 상세한 주변 관광지 소개는 물론 편의시설에 대한 연락처와 약도 등을 객실 내에 비치한다. 또한 펜션 이용과 관련된 협조사항을 적어 잘 보이는 곳에 부착하고, 펜션 내에서 제공하는 서비스와 판매하는 품목에 대한 안내문을 걸어놓는다. 바비큐 이용법이나 자전거, 운동기구 등에 대한 구비사항을 현관 입구에 게시해놓는다. 또한 그 펜션만의 독특한 테마를 발굴해 고객들을 참여시킬 수 있는 프로그램에 대한 충분한 안내를 해주도록 한다.

성공적인 펜션 운영을 위한 조건

홍보가 생명이다

　도시에서 일반적인 소매점 창업에 성공하려면 우선 목이 좋은 곳에 주변 상권에 알맞은 업종을 고르는 일이 중요할 것이다. 하지만 펜션은 이와는 차원이 다르다. 만일 관광객들이 많이 몰려드는 번화한 대규모 관광지에 펜션이 위치해 있다면 일반 소매점 창업과 별로 다르지 않겠지만 이런 번잡한 곳이 과연 펜션을 하기에 가장 적합한가에 대해서는 생각을 해보아야 한다.

　만일 별도의 홍보를 하지 않아도 충분한 관광객이 몰려드는 곳이라면 우선 시끄럽고 복잡한 장소이므로 조용히 전원생활을 하면서 살기에는 부적합할 것이다. 또한 이런 곳에는 호텔이나 콘도, 모텔, 여관 등 수많은 숙박시설이 밀집되어 있어 고객 유치나 가격 경쟁이 치열할 것이며, 땅값이 도시와 맞먹어 펜션을 창업하는 데 막대한 자금이 들어갈 것이다. 예를 들어 대규모 관광지 내의 번화한 곳에 있는 땅값이 보통 평당 100만 원이 넘는데 500평을 구입한다고 하면 토지 매입비로만 5억 원이 들어가고, 여기에 펜션 60~80평을 건축하는 데 2억~3억 원 정도가 들어간다. 또한 집기 비품에다 인허가 설계비 등을 포함하면 줄잡아 7억~8억 원 정도가 들어가는데 이런 정도의 자금을 들여 펜션을 하기엔 투자비 대비 수익성에서 뒤떨어진다.

일반적으로 펜션은 관광지 주변의 조용하고 경치 좋은 계곡이나 산 속, 바닷가, 호수 부근 등에 있는 비교적 싼 땅(보통 평당 10만~50만 원대)을 구입해 건축하게 된다. 이럴 경우 펜션이 여기에 있다는 것을 알릴 홍보 방법이 별로 없다. 신문이나 방송에 광고를 내자니 광고비가 많이 들고 인터넷에 홈페이지를 자체 제작해 올려놓아도 홈페이지가 워낙 많아 이러한 사이트를 일반인들이 찾아서 방문하기가 쉽지 않다. 그래서 주변의 친지나 친구들이 한번씩 놀러 왔다가 간 후 이들이 입소문을 내 하나둘씩 찾아오게 되고, 이렇게 왔다 간 사람들이 또 다른 사람들에게 추천해 단골 고객이 늘어나는 것이 보통이다. 그러다 보니 어느 정도 단골 고객이 생겨 연간 객실 가동률이 20% 정도 되는 데 1년에서 2년이 걸린다. 또한 일부는 여행사 등에 룸 전체를 싼 가격에 일괄 임대해 고객을 받는 경우도 있고, 고속도로 휴게소 등에 나가 홍보전단을 만들어 배포하기도 한다.

나는 펜션 사업을 처음 구상할 때부터 이러한 소규모 펜션의 홍보와 고객유치 방법에 대해 오랫동안 고심해 왔다. 인터넷이 발달하기

이전에는 콘도 회사에서 잠시 마케팅을 총괄했던 경험을 살려 소규
모 펜션들을 한데 묶어 전국적으로 체인화하고 이를 본사에서 일괄
홍보 및 전화에 의한 오프라인 예약 방식을 구상했었다.

그러나 2000년 5월, 펜션 사업에 본격적으로 착수했을 때는 이미
인터넷이 전국적으로 보급되어 이를 활용한 온라인 홍보 및 예약시
스템을 이용할 수 있게 되었다. 홈페이지 오픈 이후 각종 언론 매체
에서 내가 운영하는 펜션 예약사이트에 대한 소개 기사가 수십 차례
다뤄지면서 일반에 널리 알려지게 되었다. 연회비 1만 원이라는 유료
사이트임에도 불구하고 요즘 매월 4,000~5,000명씩 회원 가입자가
늘어나 지금은 전국의 20여 개 가맹점들의 주말 예약이 1~2개월 전
에 끝나고, 평일 예약도 50% 이상 이루어지고 있다. 심지어 이용 회
원 증가에 비해 객실 증가가 뒤따라오지 못하는 만성적인 객실부족
사태가 빚어지고 있다.

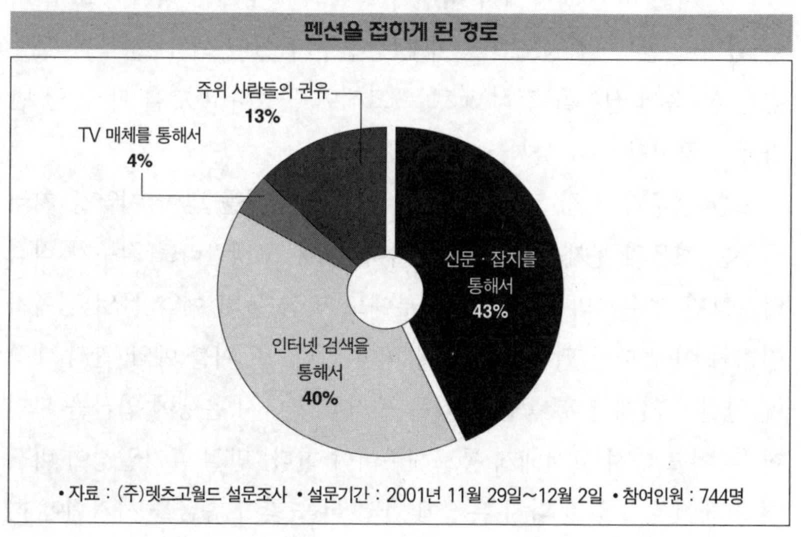

최근에는 각 지방자치단체 홈페이지와 농협, 지역전문 사이트 등
에도 그 지역의 여행이나 숙박과 관련된 정보를 제공해주고 있는데,
이런 사이트에 게재해놓는 일도 좋은 홍보 방법이 될 것이다.

고객유치는 마케팅 전문회사에 맡겨라

앞에서 언급한 홍보의 중요성은 그것이 펜션의 매출과 이익에 절
대적인 영향을 미친다는 점에서 누구나 잘 이해할 수 있을 것이다.
그러나 많은 고객이 찾아온다고 펜션을 성공적으로 운영하는 것은
아니다. 펜션은 주로 한적하고 조용한 곳에 위치하므로 아무나 손님
으로 받아들이기에 마음이 내키지 않는 면이 있다. 고객의 신분을 정
확히 알지 못하는 상황에서 비수기 평일의 경우에는 객실이 모두 비
어 있거나 한두 팀 정도만 찾아오는 경우가 있다. 주인 부부만 사는
깊은 산 속에 신분을 전혀 모르는 고객이 들었다고 했을 때 과연 반
갑게만 맞이할 수 있을까.

또한 점주가 직접 고객들로부터 일일이 전화를 받아 예약을 처리
해주는 경우의 문제는 더욱 심각하다. 보통 고객관리를 점주가 직접
하다보면 성수기의 경우에는 하루에도 몇십 통의 예약 문의 전화가
걸려와 이에 대한 답변을 일일이 해야 한다. 또 이를 예약 관리 대장
에 일일이 기재한 후 송금 계좌를 불러주고 다시 은행에 입금을 확인
한 후 이를 다시 고객에게 통보해주어야 한다. 만일 휴가일정이 바뀌
어 고객이 취소하면 다시 은행에 가서 돈을 찾아 송금을 시켜줘야 하

는 등 다른 일은 전혀 하지 못하고 전화에만 매달려야 한다. 이에 따른 전화요금과 송금수수료 등 제비용도 만만치 않으며 전화요금만 해도 월 20만~30만 원 정도를 지출하는 경우도 있다.

또 다른 문제는 미리 예약하지 않고 찾아온 고객의 경우 우선 숙박요금을 가지고 흥정을 하게 되는데, 고객의 입장에서 보면 한 푼이라도 깎으려 하고 주인은 한 푼이라도 더 받으려 한다. 서로 좋은 기분으로 펜션에 와서 편안하게 쉬었다 가야 하는데 첫 대면부터 요금을 가지고 흥정을 하고 돈을 주고받는 사이가 되면, 고객은 당연히 돈을 지불했기 때문에 이에 상응하는 서비스를 요구하게 된다. 이런 입장에서는 전원생활과 취미생활을 하면서 고객들과 자연스럽게 교류하며 즐겁게 살고자 했던 본래의 의도와는 멀어지고 돈을 벌기 위해서 장사를 하는 입장과 똑같아진다.

또한 고객 관리를 직접 하다 보면 비수기의 경우엔 주말 일부를 제외하곤 평일에는 고객이 거의 없어 연평균으로 볼 때 객실 가동률이 10~20%에도 못 미치는 경우가 대부분이다.

이러한 모든 문제점을 한꺼번에 해결할 수있는 것이 마케팅 전문회사에 고객유치와 예약업무를 모두 맡기는 것이다. 물론 마케팅 회사에 홍보와 예약을 모두 맡기면 숙박요금의 일정한 비율을 예약 대행 수수료(숙박요금 총액의 약 14% 정도)로 지불하게 되지만 본인이 별도의 홍보비를 들이지 않아도 회사에서 일괄 홍보를 해주고 고객을 유치해주므로 아주 편리하다. 또 회사에 회원으로 등록된 신원이 확실한 고객만 사전 예약에 따라 찾아오므로 안심하고 맞이할 수 있다. 예약 관리에 따른 모든 안내와 요금 결제업무를 회사가 대행하므로 일일이 전화를 받지 않아도 되고 고객과 첫 대면에 돈 거래를 하지 않아 편안한 마음으로 서비스를 할 수가 있다. 또한 회사의 체계적인 홍보와 마케팅에 따라 성수기와 비수기 모두 큰 차이 없이 객실 가동률을 최대한 끌어올릴 수 있다. 보통 마케팅 회사의 능력에 따라 큰 차이가 있겠지만 개인이 혼자서 운영하는 것에 비해 2~5배 정도 높은 객실가동률을 유지할 수가 있다(www.aletsgo.com 참조).

외국 관광객을 유치해야 최고의 수익을 창출한다

국내 레저 활동의 특징 중 하나가 휴가 시즌이 여름철에 편중되어 있어 성수기와 비수기의 격차가 크다는 것이다. 또한 주말과 평일의 레저 활동인구의 편차가 매우 커 비수기 평일의 경우 고객을 확보하기란 쉽지 않다.

물론 IMF 이후 대기업이 소기업화, 분사화되면서 단체 문화가 소그룹이나 가족 단위 문화로 바뀌었다. 그리고 인터넷에 의한 정보 전달 속도의 증가와 IT 산업의 발달로 전문직 종사자나 재택근무자가 급증하게 되어 평일을 이용해 여가생활을 즐기려는 새로운 계층이 생겨났다. 휴가 문화도 여름철에 몰려 있다가 이제는 각 계절별로 나누어 이용하려는 사람들이 조금씩 증가하고 있다. 그러나 아직도 성수기와 비수기, 주말과 평일의 차이는 매우 크다.

따라서 국내 관광객만을 대상으로 펜션을 운영하기에는 한계가 있다. 성수기와 비수기, 주말과 평일의 격차를 줄이기 위해서는 외국관광객을 유치할 수 있어야 한다. 한 해 동안 우리나라를 찾는 외국인

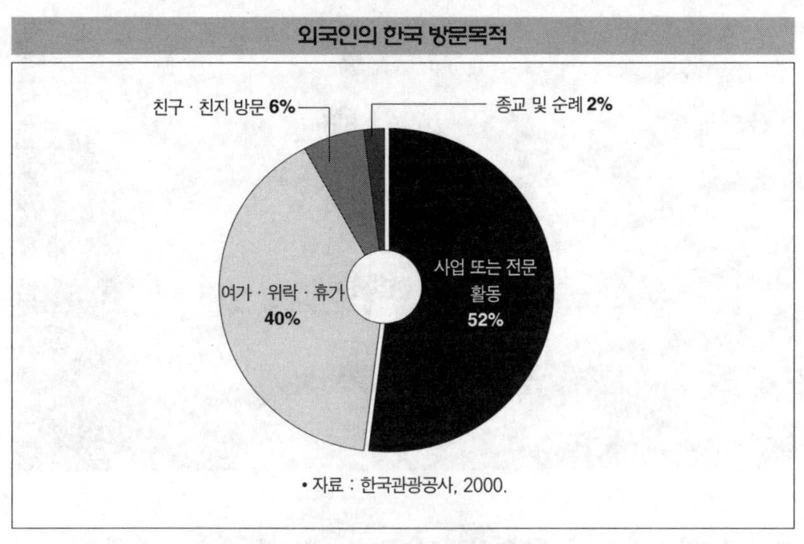

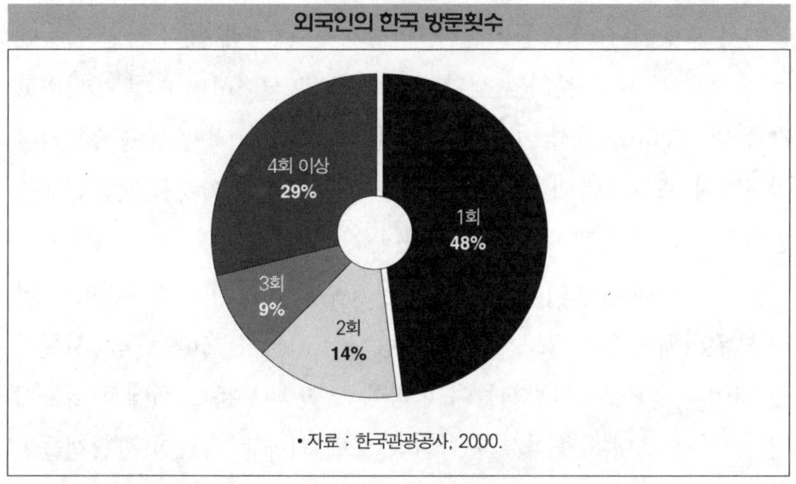

관광객은 약 500만 명에 이른다. 이들 중 약 45% 정도가 일본 관광객이며 최근에는 중국인 단체 관광객도 급증하고 있다.

대부분의 외국인 관광객들이 처음 한국에 오면 서울과 수도권 일

부의 잘 알려진 고궁 등 역사적인 곳이나 인사동, 명동, 동대문 시장 등에서 쇼핑이나 하고 돌아간다. 이렇게 한두 차례 왔다 가면 다음에는 한국의 각 지역 문화와 생활 문화를 알고 싶어하며 이를 체험하고자 한다. 그러나 아직 이러한 외국인 관광객들의 욕구를 충족시켜줄 인프라나 프로그램 개발이 미흡하고 이들의 개별 여행을 뒷받침해줄 안내 서비스 시스템이 없는 실정이다.

펜션은 이미 유럽이나 일본, 미국, 호주 등지에서는 관광지마다 널리 보편화되어 있으므로 외국인 관광객이 가장 선호하는 숙박시설이 될 것이다. 외국인 관광객들이 한국에 오면 대부분 호텔에서 머물게 된다. 이는 호텔이 좋아서가 아니라 호텔 외에는 외국인 관광객들이 머물면서 의사 소통의 편의나 관광 정보를 얻을 곳이 별로 없고 여행사를 통한 단체 여행의 비중이 크기 때문이다.

현재 서울의 경우 외국인 관광객들을 수용할 수 있는 관광 호텔의 객실이 하루 3,000여 개가 모자라며, 2010년 외래 관광객 1,000만 명

 (단위 : 실)

구분 \ 연도		2001	2002	2004	2006	2008	2010
객실 공급 추이 (A)		22,205	22,424	22,863	23,303	23,742	24,181
서울	외국인	20,796	22,002	25,054	28,430	31,651	34,799
	내국인	3,279	3,345	3,480	3,620	3,767	3,919
경기	외국인	511	557	660	783	928	1,101
	내국인	371	390	429	427	519	571
인천	외국인	244	262	299	343	393	449
	내국인	168	171	179	188	196	206
소계 (B)		25,370	26,726	30,102	33,835	37,454	41,045
객실 부족 (A−B)		−3,165	−4,302	−7,238	−10,533	−13,713	−16,864

* 자료 : 문화관광부, 2001. 1.

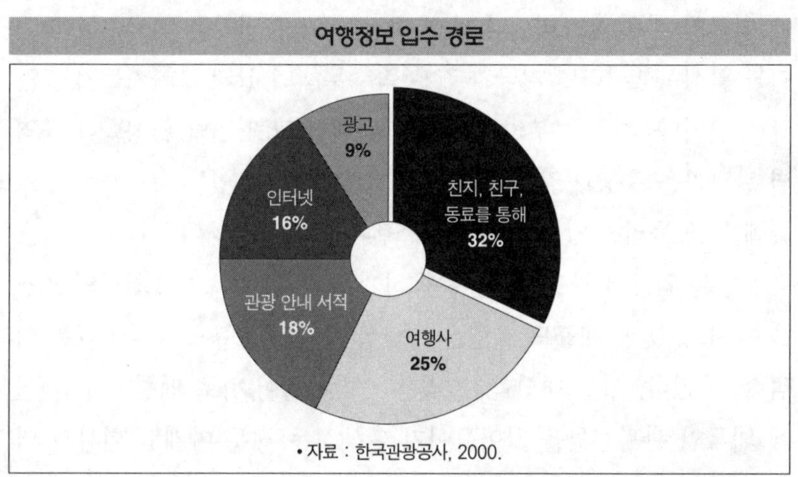

• 자료 : 한국관광공사, 2000.

시대가 되면 수도권 일대에 1만 7,000개의 객실이 모자라서 앞으로
숙박대란이 일어날 수도 있다고 한다. 2010년 외래관광객 정책수요
1,000만 명을 유치할 경우, 수도권의 외래객 1일 객실수요는 3만

6,349실이며, 내국인을 포함한 필요 객실수는 4만 1,045실로 예상되며, 이에 따른 총 예상 객실 부족분은 1만 6,864실로 추정된다.

특히 2002년 월드컵 행사 기간 중에는 객실이 턱없이 모자라 정부 차원에서 이를 해결하기 위해 노력하고 있다. 중저가 숙박시설에 대한 자금지원을 늘리고 모텔 등을 동원해 외국인 관광객들을 받을 수 있도록 월드컵 공식 숙박업소로 지정해주고 있다. 그러나 모텔 운영자들의 대다수가 세금 노출과 기존 이용 고객의 특성으로 인한 회전율 저하, 그에 따른 매출 감소 등을 이유로 이를 기피하고 있어 숙박 대란은 불보듯 뻔한 상황에 이르렀다.

만일 정부가 이런 호텔이나 모텔 등에 의존하지 않고 도심지 주변에 외국인 전용 홈스테이나 펜션과 같은 고급 민박을 적극 지원하고 이를 활성화했더라면 지금과 같은 속수무책의 상태로 빠져들지는 않았을 것이다. 최근 정부의 관광지원 정책이 관광 민박 활성화나 지역별 관광마을 육성과 같은 여러 가지 소규모 특색 있는 숙박시설의 보급에 눈을 돌리고 있는 것은 다행스런 일이다.

펜션은 외국인 관광객들을 수용하기에 호텔 이상으로 최적의 조건을 가지고 있다. 대규모 호텔은 특성상 지방의 소규모 관광지에는 입점할 수 없다. 이를 대신할 수 있는 숙박시설이 바로 펜션이다. 펜션에 외국인 관광객들을 끌어들이기 위해서는 전문 마케팅 회사의 역할이 절대적으로 중요하다. 왜냐하면 개인이 펜션 한 동을 운영하면서 외국 관광객들을 대상으로 직접 홍보해 유치하고 예약 관리를 해주기란 여러 가지 면에서 불가능하기 때문이다.

자연 속에 위치한 아름답고 고급스러운 펜션에서 가족 단위의 건전한 국내 관광객과 외국인 관광객들이 만나 서로의 문화에 대한 공감대를 넓혀간다면 한국의 문화와 인심을 외국인들에게 알릴 수 있을 것이다. 또한 외국인 관광객들은 계절이나 요일에 관계없이 찾아오므로 비수기 평일의 객실 가동률을 최대한 끌어올릴 수 있다. 외국

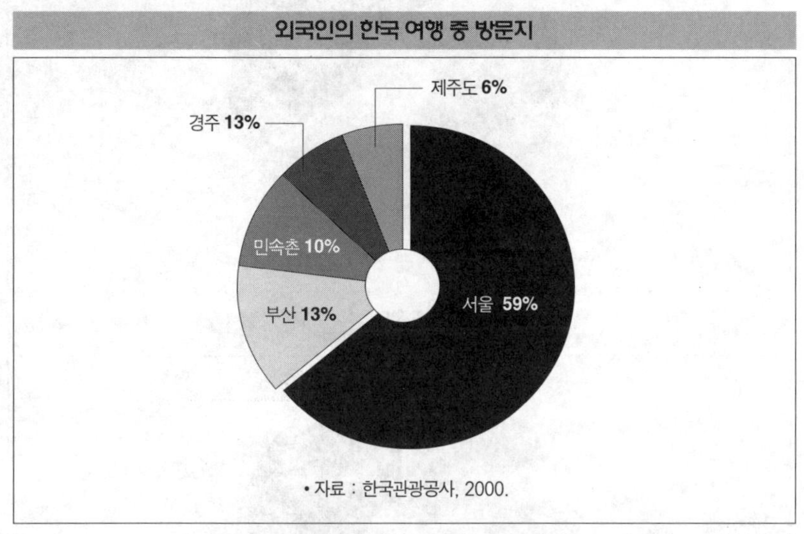

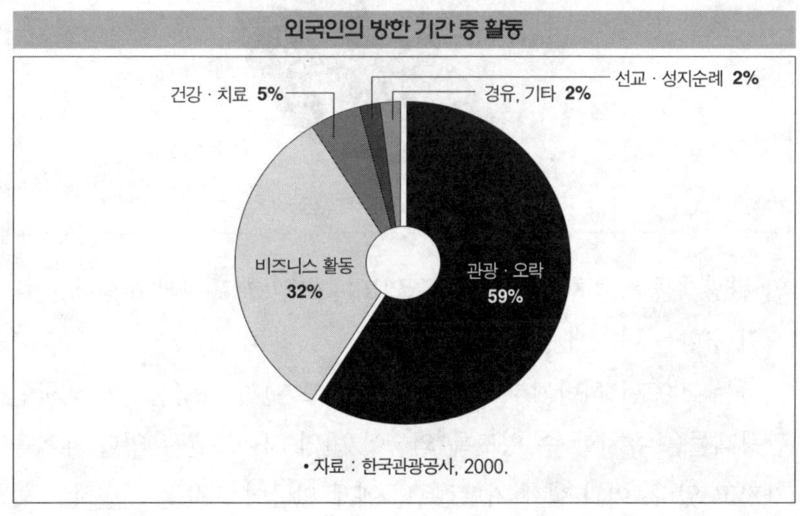

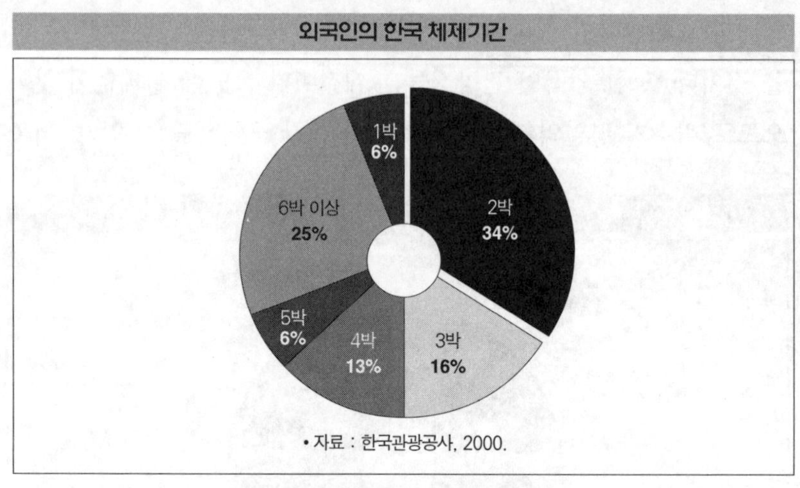

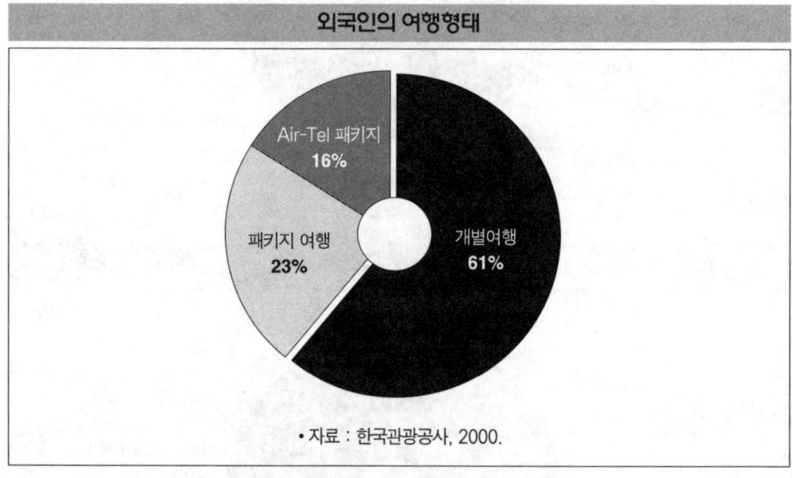

인 관광객들을 유치할 수 있느냐 없느냐가 앞으로 펜션 수익에 절대적인 영향을 미치게 될 것이다.

나는 2002년 하반기부터는 모든 렛츠고 펜션 가맹점들이 외국인 관광객들을 유치할 수 있도록 외국어 번역 사이트를 운영할 계획을 가지고 있다. 이와 함께 가맹점주들에게 외국어 교육을 지원하고 외국인들에게 직접 예약 서비스와 펜션이용 안내 서비스를 제공할 수 있는 전문인력을 갖추어야 하는 것은 물론이다.

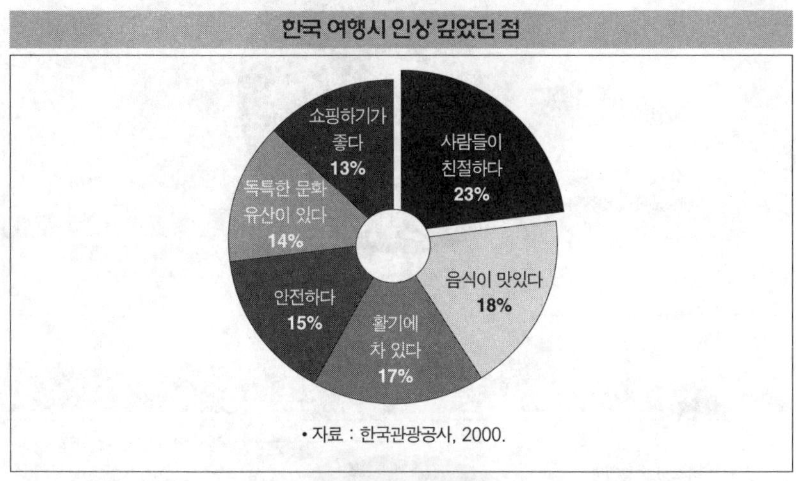

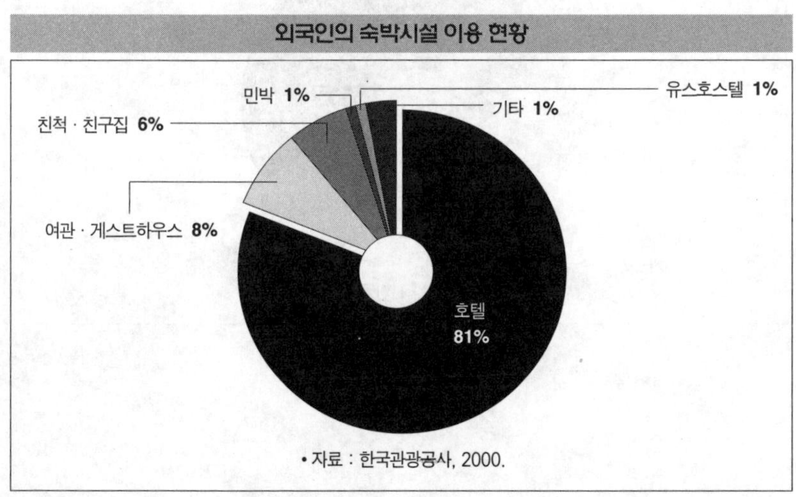

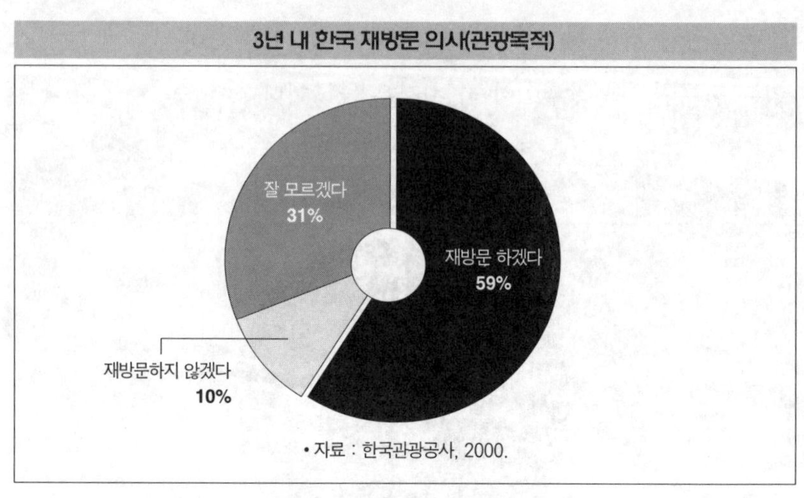

3년 내 한국 재방문 의사(관광목적)
잘 모르겠다
31%
재방문 하겠다
59%
재방문하지 않겠다
10%
• 자료 : 한국관광공사, 2000.

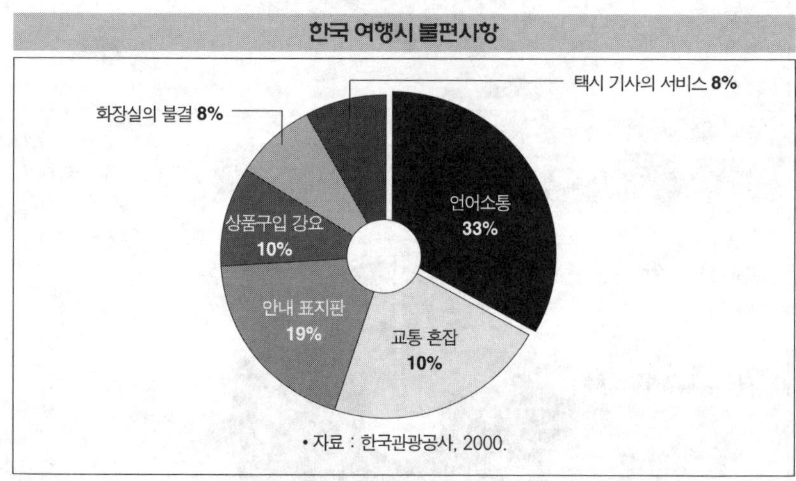

한국 여행시 불편사항
택시 기사의 서비스 8%
화장실의 불결 8%
상품구입 강요
10%
언어소통
33%
안내 표지판
19%
교통 혼잡
10%
• 자료 : 한국관광공사, 2000.

연도별 관광통계					(단위 : 명, 1,000달러)
구분 \ 연도	1996	1997	1998	1999	2000
입국자	3,683,779 (−1.8)	3,908,140 (6.1)	4,250,216 (8.8)	4,659,785 (9.6)	5,321,792 (14.2)
출국자	4,649,251 (21.7)	4,542,159 (−2.3)	3,066,926 (−32.5)	4,341,546 (41.6)	5,508,242 (26.9)
관광수입	5,430,210 (−2.8)	5,115,963 (−5.8)	6,865,400 (34.2)	6,801,900 (−0.9)	6,811,300 (0.1)
관광지출	6,962,847 (18.0)	6,261,539 (−10.1)	2,640,300 (−57.8)	3,975,400 (50.6)	6,174,000 (55.3)

* 자료 : 한국관광공사.
* ( ) = 성장률(%)

외래 입국자 및 서울 지역 외래 관광객수 추정 결과

정부는 2010년 외래 관광객 1,000만 명을 유치하겠다는 계획을 발표했다. 따라서 2010년 서울 지역 방문 외래객수는 800만 명으로 추정된다.

정부의 외래 관광객수 예측					(단위 : 명)
구분 \ 연도	2001	2002	2004	2006	2008	2010
전체 외래 관광객	5,760,719	6,094,841	6,940,180	7,875,256	8,767,656	9,639,641
서울 지역 관광객	4,608,575	4,875,873	5,552,144	6,300,204	7,014,125	7,711,713

* 자료 : 문화관광부, 2000.

독특한 테마 하나가 펜션의 성공을 좌우한다

최근에 자기만의 독특한 테마 하나로 전원 속에서 많은 고객을 확보해 성공하는 사람들이 점점 늘고 있다. 예를 들어 허브 농원을 꾸며 이를 테마로 많은 고객을 끌어들이고 있는가 하면, 풀꽃만을 모아 농원을 만들기도 하고, 누에를 주제로 한 박물관을 만들어 가든과 카페를 운영해 성공한 사람도 있다. 외딴섬에 수목원을 조성해 입장료 수입을 올리는 경우, 공해가 없는 깊은 산 속에서 고추장과 된장만을 재래식 방식으로 발효시켜 이를 판매하는 경우, 기암 괴석과 괴목들을 모아 야외 정원에 전시해 박물관으로 운영하며 전통차를 판매하는 경우, 분재 공원을 만들어 고객들을 불러모으는 경우, 타조나 사슴 등을 사육해 고객을 유치하는 경우, 옛날의 생활 도구들만을 모아 박물관을 만들어 카페와 겸하는 경우, 도자기를 굽고 이를 고객이 직접 체험할 수 있도록 프로그램을 만들어 운영하면서 작품을 판매하는 경우, 해바라기만을 대량 재배해 이를 구경하러 온 사람들에게 사진촬영의 장소를 제공해주고 해바라기씨를 원료로 한 상품을 만들어 판매하는 경우, 낚시, 래프팅, 산악 자전거, 등산, 트레킹, 서바이벌 게임, 스킨스쿠버, 행글라이더, 번지점프, 레포츠 체험 활동과 관련된 테마 등등 이루 헤아릴 수 없을 정도로 자기만의 독특한 테마를 개발해 성공한 사례가 많이 있다.

펜션은 자연 속에 있기 때문에 이런 테마의 조성은 매우 중요하다. 아이들을 데리고 온 가족 단위의 고객들은 이러한 독특한 테마에 대한 체험을 아마도 오래도록 잊지 못할 것이기 때문이다. 그렇다면 이렇게 테마가 있는 펜션과 단순히 하룻밤 좋은 집에서 잠만 자고 가는 펜션 중 과연 어느 곳이 매출이 높겠는가. 앞으로의 레저 패턴은 이러한 자연체험을 중심으로 발전할 것이며 과거의 단순 주유형 행락문화는 사라지게 될 것이다.

펜션 상담을 하면서 이런 테마에 대해 이야기를 하면 매우 어렵게 생각한다. 하지만 위의 예들은 이해를 쉽게 하기 위해 최근에 활성화되고 있는 사례를 설명한 것이고, 점주가 이런 분야에 소질이나 지식이 없다면 아주 간단한 테마도 얼마든지 있다. 펜션 주변에 여유 부지가 있다면 주변에서 쉽게 볼 수 있는 코스모스만을 재배할 수도 있고, 예쁜 강아지들을 종류별로 여러 마리를 키운다면 아이들을 데리고 오는 가족 고객들로부터 많은 사랑을 받게 될 것이며, 아이들이 직접 강아지들에게 예쁜 이름을 지어주도록 한다면 아이들은 그 강아지가 보고 싶어 또 펜션에 가자고 부모들을 졸라댈 것이다. 이렇듯 테마는 결코 어려운 것이 아니다. 자기가 좋아하는 것들 중에서 취미 생활을 겸해서 즐거운 마음으로 보살필 수 있는 것이면 무엇이든 관계가 없다.

또한 펜션 주변에 여유 부지가 없어 테마를 설정할 수 없다면 주변의 농원이나 레포츠 시설 등과 제휴해 투숙객들이 직접 체험하고 즐길 수 있는 프로그램을 개발할 수 있다. 조금만 생각하면 자기만의 독특한 테마를 만들 수가 있다. 그래서 나는 『펜션은 숙박시설이 아니라 문화다』라고 늘 주장해왔다.

일본의 한 펜션은 여러 종류의 생과일 주스를 만들어 아침에 투숙객들에게 맛보도록 하는 것을 테마로 하고 있다. 특이한 과일들을 다양하게 준비해 주인이 생과일 주스를 직접 만들어 고객에게 주는 일,

아마도 이곳에서 묵었던 고객은 이 주스맛을 아주 오랫동안 기억하게 될 것이다. 이 펜션의 이름은 「프루츠(FRUIT'S)」 펜션이다.

자연을 사랑하고, 사람을 반기면 성공한다

펜션 운영에 있어 가장 중요한 것은 운영자의 마음가짐이다. 자연 속에 있는 모든 것들을 사랑하지 않는다면 펜션에서의 생활은 견디기 힘들 것이다. 풀 한 포기, 나무 한 그루, 온갖 종류의 벌레들, 심지어는 뱀과 같은 파충류와 동물들이 함께 어우러져 살아가는 공간이 바로 자연이므로 자연과 동화되지 않는다면 전원 생활에서 오는 즐거움을 느낄 수가 없을 것이다. 또한 찾아오는 고객들이 귀찮고 불편하게만 느껴진다면 펜션에서의 생활은 더욱 힘들고 짜증나는 일이 될 것이다.

펜션을 할 것인가를 결정하기 이전에 자신의 성격과 적성 등을 충분히 생각해보아야 한다. 뜨거운 태양 아래 텃밭을 가꾸고 흙을 만지며 땀을 흘리는 가치의 소중함을 즐거운 마음으로 받아들이고 풀과 나무, 온갖 종류의 벌레들을 사랑할 수 있을 때 진정으로 자연에 동화되어 펜션 생활을 즐길 수 있을 것이다. 또 펜션을 찾아오는 고객들 다수가 자연에 동화되어 자연의 일부가 된 넉넉한 펜션 주인을 만나고 싶어한다. 또한 펜션에는 매일 서로 다른 낯선 사람들이 찾아오는데 연령과 직업, 성격, 인생관, 취미 등이 모두 다르고 저마다 기대하는 바가 달라 이를 일일이 맞춰주고 서비스하기란 쉬운 일이 아니다. 만일 자신이 평소에 사람이 찾아오는 것을 싫어하고 개성이 서로 다른 사람들과 어울리기를 꺼려하는 성격이라면 처음부터 펜션을 운영할 생각을 하지 말아야 한다.

그 동안 펜션 사업을 해오면서 가맹점주들로부터 조용하고 품위 있는 손님만 보내달라거나, 아이가 딸리지 않은 사람만 골라 보내달라거나, 40세 이상만 보내달라거나, 애완 동물을 데려오는 손님은 보내주지 말라는 등의 무리한 요청을 받을 때가 있다. 물론 단체보다는 조용한 손님만 받고 싶어하고, 아이가 없는 사람들만 받고 싶어하는 것을 이해하지 못하는 바는 아니다. 하지만 이는 찾아오는 고객 모두를 즐겁게 맞이할 마음의 준비가 되어 있지 않은 사람으로, 펜션을 운영하기엔 적합지 않은 사람이다.

예를 들어 20대의 젊은이들이 고객으로 오는 것을 꺼려한 펜션의 경우, 이 젊은이가 결혼해서 아이를 낳아 또다시 펜션을 찾는다면 이들은 그 곳에는 가지 않을 것이다. 또한 아이를 동반한 고객을 싫어해서 이들을 받지 않은 펜션에는 이후 아이들이 다 자라서 부부끼리만 여행을 할 때 그 곳에는 가지 않을 것이다. 이렇게 고객을 선별하는 사람들은 비교적 지식층이라고 자부하는 사람들에게서 많은데 이들은 절대 펜션을 성공적으로 운영할 수 없다.

지금의 20대 고객이 연인과 함께 펜션에 왔다가 장차 결혼해서 아이를 낳아 함께 찾아오고 그 후에도 커가는 아이들을 데리고 수시로 찾아와서 아이들에게 엄마 아빠가 결혼하기 전에 이 펜션에서 묵었기 때문에 결혼에 성공한 것이라는 이야기를 들려줄 수 있는 펜션, 그리고 자녀들을 다 키운 다음 부부만이 찾아오거나 그 자녀들이 성인이 되어 어렸을 때 엄마 아빠의 손을 잡고 와서 즐겁게 놀았던 추억을 그리며 찾는 펜션, 항상 모든 사람을 똑같이 정답게 맞아주는 펜션만이 진정한 성공을 거둘수 있다. 이러한 마음가짐 없이 싫어하는 손님과 좋아하는 손님을 차별하여 받고자 한다면 이미 펜션 운영자로서의 자격이 없는 셈이다. 『산 중에 찾아오는 모든 이들이 벗과 같으니 이 어찌 즐겁지 아니한가』라는 욕심을 버린 넉넉한 마음을 표현한 시구가 생각난다.

청결하고 인정이 넘치는 서비스가 고객을 감동시킨다

평소 여행을 하며 경치가 아름답거나 자연과 어우러진 멋있는 숙박시설이 있는 곳이 있으면 꼭 들러 주위와 안팎을 둘러보고, 사진도 찍어 보관하고, 여건이 되면 직접 이용도 해보는 것이 나의 오래된 습관이다. 일본이나 미국, 호주, 뉴질랜드 등을 여행하면서도 눈에 띄는 대로 사진을 찍고, 내부 공간구성이 어떻게 설계되었으며, 건축은 어떤 방식으로 되었으며, 실내 공간을 어떻게 꾸미고, 청결상태는 어떻게 유지하는지를 둘러보고 이용도 해보면서 문제점을 찾아내기도 했다. 평소에 남다른 관심을 갖고 비교 분석을 자주 해온 것이 오늘날 펜션 사업을 할 수 있게 한 바탕이 되지 않았나 생각된다. 또 그 덕분에 어느 곳을 방문해 상담을 하더라도 고객이 찾아오지 않는 원인을 여러 각도에서 분석해 정확히 짚어내고, 이를 활성화시키기 위해서는 점주가 어떠한 노력을 기울여야 하는지를 즉석에서 컨설팅해줄 수 있게 되었다.

　펜션은 매일 다양한 사람들이 찾아왔다가 이용하는 시설이므로 건물 내부와 외부 정원의 청결상태 유지는 가장 기본적인 것이다. 주변이 깨끗이 정돈되어 있고 정갈한 아름다움으로 꾸며져 있다면 그 공간 속에 있는 사람의 마음 또한 깨끗하고 정갈한 상태를 유지하게 될 것이다. 하지만 주위에 각종 쓰레기와 오물들이 가득하다면 그 공간에 있는 사람의 마음 또한 지저분한 상태에 있게 될 것이다.

　한 번은 현재 관광농원을 운영하고 있는 사람과 기존의 낡은 관광농원에 펜션을 접목시켜 활성화하자는 내용의 상담을 한 일이 있었다. 이 관광농원 주인은 그 동안 자신을 찾아온 고객들 다수가 예의도 없고 담배꽁초나 쓰레기를 함부로 버리며 음주와 고성 방가로 주변을 시끄럽게 한다며 한국 사람들의 레저 시설을 이용하는 수준이 낮다고 불평 불만이 대단했다. 그래서 나는 현재의 관광농원 시설이 어떻게 되어 있는지를 자세히 묻고 난 후 그것은 이용자의 수준에 문제가 있는 것이 아니라 당신의 관광농원이 문제라고 말해주었다. 나는 『시설이 깨끗하게 갖춰진 특급호텔 로비에서 담배 꽁초를 버리는 사람을 본 일이 있느냐』고 물었다. 그리고 관광농원이 좋은 환경을 제공하지 못했기 때문에 이용자들의 심리 또한 그렇게 된다는 얘기를 했다. 모든 것을 고객의 탓으로 돌리기 이전에 자신을 돌아볼 필요가 있다. 조용하고 정갈한 고급손님을 받고자 한다면 먼저 펜션의 내외부 환경부터 깨끗하고 정갈하게 꾸며놓아야 한다는 말은 필히 강조하고 싶다.

　다음은 서비스에 대한 문제인데 대부분의 펜션 운영 희망자가 고객에 대한 서비스를 호텔처럼 해야 한다는 중압감을 가지고 있는 듯하다. 펜션은 전문적인 숙박시설이 아님을 여러 차례 설명한 적이 있다. 펜션은 고객에게 내 집에 온 것 같은 편안한 분위기를 줄 수 있어야 하는데, 호텔처럼 상업적으로 고객을 대한다면 고객의 입장에서도 편하지만은 않을 것이다. 물론 펜션을 처음 이용하는 고객들 중 일부는 펜션이 호텔처럼 전문적인 숙박시설인 것으로 생각해 이에 상응하는 서비스를 받고자 하는 경우도 있다. 그래서 불평 불만을 제기하는 경우도 종종 있는데, 이들은 펜션의 취지나 이념을 이해하고 나면 오히려 더욱 펜션을 좋아하는 매니아가 되기도 한다.

　펜션에 찾아오는 고객은 모두 내 친척이며 벗이라는 생각을 갖게 된다면 서비스를 하는 사람이나 찾아온 고객 모두 편안한 마음을 가질 수 있을 것이다. 이러한 편안함을 바탕으로 할 때 주인과 투숙객 간의 수평적 교류가 가능해지고 조그마한 것이라도 서로 나눠주고 베풀어줄 수 있는 인정이 싹트는 것이다. 내가 운영하는 회사의 한 펜션 가맹점주의 사례는 인정을 바탕으로 한 서비스의 중요성을 잘 설명해준다.

　강원도 평창에 있는 그 가맹점주의 펜션은 부지 주위에 부모님으로부터 물려받은 밭이 약 6,000평 정도가 있는데, 이 밭에 감자와 배추 등을 경작해 일부는 시장에 팔고 일부는 찾아온 고객들에게 나누어준다. 흔히 우리가 시골에 있는 친척집에 손님이 찾아오면 이것저것 농산물을 잔뜩 싸주듯이 펜션에 왔다가 돌아가는 고객의 차 트렁크 속에 배추를 밭에서 직접 뽑아 여러 덩이를 실어준다. 고객은 주인의 따뜻한 마음씀씀이에 감동을 받아, 집에 돌아가면 렛츠고 펜션

본사 홈페이지 여행후기란에 좋은 추억이 담긴 감사의 글을 잔뜩 실
어놓는다. 그러면 펜션을 처음 이용하려고 사이트를 방문한 고객들
이 이 글을 읽고 나서 그 펜션을 예약하게 되는 것이다.

이 펜션은 7월 중순에 오픈해 성수기에 객실 가동률이 90% 이상이
었음은 물론 비수기인 9월부터 12월 평일까지도 60~70% 이상 가동
되는 성황을 보였다. 만일 펜션에 찾아오는 고객 하나하나를 돈으로
생각하고, 정으로 대하기보다는 상술로 대한다면 그 고객은 다시는
그 펜션을 찾지 않게 될 것이다.

성수기 바가지요금을 없애야 비수기에도 고객이 찾아온다

우리나라는 휴가 시즌이 여름철에만 집중되어 있어 이 시기에는
전국의 모든 관광지마다 인파가 넘쳐나고 주요 도로는 주차장으로
변한다. 대부분의 관광지 주변업소들은 이 때 한 철 장사를 해서 일
년을 먹고 산다고 말할 정도로 최대 호황을 구가하게 된다. 그래서
나머지 시즌은 생각하지 않고 숙박시설이 부족한 틈을 타 고객들에
게 평상시 요금의 몇 배를 받아 폭리를 취한다. 물론 장사를 하는 사
람의 입장에서는 수요와 공급의 법칙에 의해서, 수요는 많고 공급은
딸리기 때문에 당연히 가격이 올라가는 것이 아니냐고 항변할지 모
른다. 그러나 한 발 물러서서 고객의 입장이 되어 생각해보면 더 많
은 이익이 발생할 수 있는 방법이 있다는 것을 알게 될 것이다.

고객들은 1년 만에 온가족을 데리고 즐거운 여름 휴가를 떠나게 되

는데, 도로에서부터 한꺼번에 몰려든 피서객들의 차량 때문에 극심한 교통 체증을 겪게 된다. 겨우겨우 목적지에 도착해서 방을 구하려 하면 시설이 좋은 곳은 가격과 관계없이 예약이 끝나 있고 그나마 허름한 민박집이라도 구해서 들어가는데 비수기에 2만~3만 원 하던 방 하나가 10만 원을 주고도 구하기가 힘들다. 10만 원이라도 주고 겨우 구했다 하더라도 보통 화장실이나 욕실을 공동으로 써야 하는 경우가 많고 취사 또한 공동 취사장을 이용해야 한다. 이렇게 다녀간 고객이 비수기에 여행을 하게 되었을 때 다시 그곳을 찾지 않는 것은 자명한 일이다. 비수기에는 시설 좋고 가격이 적당한 곳이 많이 있기 때문에 시설이 좋은 순서대로 찾게 된다. 펜션은 시설의 고급화를 충족하고 있기 때문에 성수기에 바가지 요금으로 고객에게 나쁜 이미지만 심어주지 않는다면 언제든지 비수기에도 많은 고객이 찾아오게 될 것이다.

펜션 창업 희망자들은 대부분 과연 비수기의 객실 가동률이 얼마나 되는지 가장 궁금해한다. 대개 관광지 주변의 숙박업소들이 여름 성수기에만 차고 비수기에는 주말을 제외하면 텅텅 비어 있다는 것을 알고 있기 때문이다. 그래서 내가 운영하고 있는 렛츠고 펜션 가맹점들의 비수기 평균 가동률이 60%를 넘고 있다고 말하면, 잘 믿으려 하지 않는다.

렛츠고 펜션이 추구하는 가장 기본적인 목표 하나가 성수기의 바가지 요금을 없애고 인터넷에 의한 실시간 예약 시스템으로 부조리 없는 공정한 예약 서비스를 제공하겠다는 것이다. 처음에는 일부 점주들로부터 『우리보다 훨씬 시설이 나쁜 민박집도 10만 원씩 받는데 왜 우리는 6만 원을 그대로 받느냐, 점주에게 손해가 아니냐』는 항의를 받았지만 성수기가 지나고 비수기가 되자 사정이 달라졌다. 성수기에 바가지 요금을 받았던 업소들은 텅텅 비어 있는데, 우리 가맹점들엔 비수기 평일에도 손님이 밀려드니, 우리 요금 제도의 합리성을 알고 흐뭇해한다.

현재 비슷한 시설을 갖춘 일반적인 민박집과 렛츠고 펜션의 매출차이는 1년 전체를 놓고 볼 때 대개 4배 이상의 차이가 난다. 이런 매출의 격차가 바로 성수기에 바가지 요금을 적용하지 않아 여름에 찾아왔던 고객이 가을과 겨울에도 계속 찾아오고 주변에 적극 홍보해준 덕분이라는 것을 이제는 모든 가맹점주가 잘 알고 있다.

단체냐 가족이냐 … 고객 타깃을 분명히 한다

펜션을 창업하고자 하는 사람들의 대다수가 이런 분야에 경험이 없어 단체고객이 많이 와야 장사가 잘 된다고 믿는다. 또한 어떤 사람들은 단체는 싫으니 조용한 가족이나 부부끼리 오는 손님만 받고 싶다고 말하기도 한다.

하지만 펜션은 근본적으로 단체보다는 가족 단위나 2~3명 정도의 친구들끼리의 조용한 여행에 적합한 시설이다. 왜냐하면 펜션의 입지 자체가 자연 속의 조용한 시골 마을에 있는 경우가 많고 규모가 보통 50~80평 정도로 소규모이다 보니 단체가 왔을 때는 여러 가지 문제점이 따른다. 단체 손님이 오면 일단 대부분 집단 심리가 발동해 매우 시끄러울 뿐 아니라 음주나 고성 방가는 기본이고 쓰레기를 함부로 버리는 혼란이 발생한다. 퇴직 후에 전원 속에서 조용히 살면서 펜션을 운영하고자 했던 기대는 사라지고 매일 밤 시끄러운 취객들의 소리에 시달리게 된다.

그렇다고 단체를 모두 배격하라는 것은 아니다. 만일 펜션이 입점할 위치가 번화한 관광지 내에 있다면 단체 손님을 받아도 별 문제가 되지 않을 것이다. 하지만 조용한 시골 마을이라면 주위 동네 주민들로부터 심각한 항의와 민원이 들어올 것이다. 펜션을 창업하기에 앞서 이런 입지 조건과 점주 자신의 성격과 특성을 고려해 단체 손님 위주로 할 것인지 개인 고객 위주로 할 것인지를 결정해야 한다.

더욱 중요한 것은 하나의 펜션에 단체 손님과 가족 손님이 함께 이용하게 되는 경우에 발생되는 문제일 것이다. 단체의 경우는 대부분 유흥이나 친목을 목적으로 온 것이고 가족 단위 손님은 하루쯤 조용한 곳에서 편안하게 쉬고자 해서 온 것이므로 가족 손님은 이런 소란한 분위기에 불쾌감을 느낄 것이기 때문이다. 그럼 아마도 가족 손님의 항의가 있을 것이고 다음에는 두 번 다시 그 펜션을 찾지 않을 것이다.

그래서 처음 펜션을 설계할 때부터 단체냐 가족이냐에 대한 고객 타깃을 정확히 설정해놓고 진행해야 한다. 렛츠고 펜션의 경우에는 기존의 전원주택이나 별장을 펜션으로 변경해 운영하는 경우를 제외하고, 신축하는 펜션은 룸의 구조나 크기를 한 가족 단위 이내로 제한해 조용한 휴식을 추구하는 고객들만을 타깃으로 하고 있다. 여러 가족이 함께 펜션을 예약해서 이용하고자 할 때는 1가족당 1개 룸 예약을 원칙으로 해 여러 개의 룸을 이용하도록 하고 있어 항상 조용한 분위기를 유지하고 있다.

객실수가 많다고 매출이 높은 것은 절대 아니다

펜션의 건축은 보통 한 동의 면적을 60~80평 정도로 하고 있는데 가끔 펜션 창업 상담을 하다보면 방을 최대한 많이 만들어 달라고 요청해오는 경우가 있다. 대다수의 창업 희망자들이 펜션의 객실수가 많아야 손님이 많이 와서 매출이 높다고 생각하기 때문일 것이다. 그러나 실제는 그렇지 않다. 오히려 같은 면적에 객실이 많으면 손해가 나는 경우가 훨씬 더 많다. 예를 들어 똑 같은 60평에 객실이 5개인 경우와 8개인 경우를 비교해 보자. 객실이 5개인 경우는 방 1개에 약 12평이 소요되며 복도와 계단 등 공용 부분을 빼면 방 1개당 전용면적은 약 10평 정도의 원룸이 될 것이다. 객실이 8개인 경우는 방 1개당 7.5평이 소요되며 공용부분을 빼면 방 1개당 전용면적은 약 5.5평 정도가 될 것이다.

첫째, 공사비에 있어서 차이가 난다. 객실이 5개인 경우에는 5개의 화장실과 5개의 취사시설이 들어가며 내벽을 만드는데도 5개의 방만 나오면 되므로 자재나 인건비가 적게 든다. 하지만 방이 8개인 경우 화장실과 취사시설이 각각 8개씩 들어가야 하며 내벽이 많아져 자재비와 인건비가 많이 들어가며 방이 많아지는 만큼 문과 창문이 더 많이 소요되고 설비 공사는 더욱더 복잡해 공사비가 적어도 10% 이상 더 들어간다.

둘째, 방이 5개인 경우 객실 전용면적이 각 10평씩으로 1박당 10만 원을 받을 수 있다면, 방이 8개인 경우에는 객실 전용 면적이 5.5평씩으로 1박당 5만 5,000원밖에 받지 못한다. 결국 객실이 5개인 경우 모든 객실에 손님이 가득 찼을 때 하루 총 숙박료는 50만 원이 되고, 객실이 8개인 경우 모든 객실에 손님이 가득 찼을 때 하루 총숙박료는 44만 원이 된다. 그러나 만일 각각의 펜션에 손님이 5개 팀씩만 예약이 되었다고 가정할 때는 5개인 곳은 100% 가동되어 하루 총 매출액이 50만 원이 되지만 8개인 곳은 하루 총 숙박료가 27만 5,000원에 불과하다. 물론 이는 단순 가정에 의한 비교지만 대부분의 경우 같은 면적에서의 객실수는 중요하지 않다. 오히려 입지여건이나 점주의 특성, 고객 타깃을 어디에 두느냐에 따라 적정한 객실수가 결정되어야 할 것이다.

셋째는, 관리상의 문제다. 룸이 5개인 경우에는 5개 팀에 대한 서비스를 하면 되므로 비교적 세심하게 신경쓸 수 있지만 룸이 8개인 경우에는 서로 다른 8개 팀에 대해 서비스를 해야 하므로 아무래도 소홀해질 수밖에 없을 것이다.

독특한 음식을 개발해 고객에게 제공한다

유럽이나 일본에 있는 거의 모든 펜션들은 투숙객들을 위한 자기만의 독특한 요리를 개발해 식사를 제공한다. 보통 1박 2식을 기본으로 이용요금을 책정해놓고 있는데, 룸 기준이 아닌 1인당 요금으로 한다. 일본의 경우 1개 룸에 몇 명이 투숙을 하든지 간에 1인당 1박 2식을 기준으로 보통 7,000엔에서 1만 엔 정도 하는데, 현재 환율로 계산해보면 1인당 요금이 7만 원에서 10만 원이 되는 셈이다. 또한 일본에서는 고객들이 어느 펜션이 어떤 요리를 잘 한다든지, 이번에 는 이 요리를 먹으러 이 펜션에 간다든지 하는 식으로 펜션을 결정하 는 경우도 많이 있다. 이들 펜션은 보통 3인이 이용한다면 총 이용료 가 21만 원에서 30만 원 정도 되는 것으로 우리나라의 펜션 요금과 비교해볼 때 비싼 편이다. 일본의 펜션은 호텔급에 준한 고급 시설과 좋은 이미지를 갖고 있으며 중급 이상의 비지니스 호텔의 2인실 요금 이 2만 엔 정도임을 감안할 때 펜션의 요금이 호텔 수준임을 알 수 있 다.

그러나 우리나라의 경우 펜션 창업 희망자의 대다수가 고객에게 음식을 제공한다는 것에 대해 그리 달가워하지 않는 경향이 있다. 일 본과 같이 모든 펜션에서 무조건 2식을 제공한다는 것은 불가능하지 만, 만일 점주가 요리에 취미가 있고 고객에게 맛있는 요리를 제공하 는 것을 즐겁게 받아들일 수 있다면 그 펜션만의 독특한 요리 하나를 개발해 숙박과 식사 제공을 하나로 묶어서 요금을 정해놓는 것도 좋 은 테마가 될 것이다. 또한 펜션 내에서 모든 고객에게 식사를 제공 한다면 객실 내에 주방 시설을 할 필요가 없어 공사비가 적게 들고 주방 공간만큼 객실로 넉넉하게 쓸 수 있어 객실의 효율성이 높아질 수도 있다.

그 지역만의 독특한 문화와 역사를 상품화한다

그 동안 우리나라의 관광 산업은 대규모의 호텔이나 콘도, 리조트 개발 등을 중심으로 발전되어왔다. 그래서 각 지역의 특색 있는 소규모 개발은 주먹구구식으로 진행되어 전국에 산재해 있는 다양한 문화와 관광자원의 체계적 활용이 불가능한 실정이다. 또한 대규모 관광지 위주로 시설이 편중되어 있어 여름 휴가철에는 교통체증이 극심해 사회적인 낭비 또한 크다.

우리나라에 지방자치제도가 도입되면서 각 시·군 단위의 자치단체에서 관광 개발을 통한 지역 발전을 도모하고자 다양한 지역 문화 축제를 개발하고 박람회 유치와 특산물을 개발해 홍보를 하고 있다. 그러나 재정의 한계와 전문 인력의 부족 등으로 많은 어려움을 겪고 있다.

하지만 우리나라의 경우 역사가 길고 각 지역마다의 고유한 전통 문화가 산재해 있어 이를 관광상품화했을 때 그 부가가치는 매우 크다. 서울과 수도권 주변만 맴돌다 가버리는 외국 관광객들을 지역 문화와 연계된 상품으로 끌어들인다면 우리의 관광산업은 비약적으로 발전할 수 있을 것이다.

필자가 1999년도에 뉴질랜드에 3개월 간 머물면서 북섬의 유명한 관광지들을 둘러본 적이 있었다. 도시와 자연의 아름다운 조화와 방목하는 소와 양떼들이 한가로이 풀을 뜯는 끝없이 펼쳐진 푸른 초원은 내 눈엔 대단히 이국적인 풍경으로 한동안 강하게 마음에 와 닿았다. 하지만 유명한 관광지에 가서는 별로 볼 것이 없었다. 영국인들이 건너가기 전부터 살았던 원주민인 마오리족의 전통가옥이나 생활양식, 그들의 전통 목공예품, 전통의상에 전통춤 등 어느 나라에나 있는 그런 보잘것없는 부족 문화에 대한 것이 전부이고 노천 온천이나 호수를 배경으로 한 한적한 관광지와 바닷가의 해수욕장들이 전부였다. 하지만 현재 뉴질랜드는 한국 사람들이 가장 선호하는 여행지 중에 하나다.

우리나라의 경우 각 지방마다 고유한 전통 문화나 역사적인 유물, 독특한 자연경관 등 이루 헤아릴 수 없을 만큼의 많은 관광 자원을 가지고 있다. 그러나 대규모 관광지 위주로 개발되다 보니 이를 상품화하고 프로그램을 만들고 체계적으로 홍보할 수 있는 지원 시스템이 부족했다.

펜션은 이런 지역 문화와 연계하여 다양한 상품을 개발할 수 있어야 한다. 이용객들에게 이에 대한 체계적인 이용 정보를 제공해줄 수 있을 뿐만 아니라 그 지역의 독특한 문화를 체험하게 해줄 수가 있어야 한다. 이를 바탕으로 할 때 많은 고객들이 펜션으로 몰려오게 될 것이다.

지역 특산물을 발굴해 고객에게 판매한다

요즘 시장에 가보면 대부분의 농산물이 중국산이고 한국산은 찾아보기 힘들다고 한다. 높은 지가와 인건비로 이미 한국의 농업은 경쟁력을 잃은 지 오래다. 최근 중국이 WTO에 가입해 뉴스에 떠들썩하게 보도되었는데, 앞으로 값싼 중국산 농산물이 더욱더 밀려들어와서 한국의 식탁을 지배하게 될 것은 자명한 일이다. 그래서 가장 한국적인 것이 가장 값비싼 시대가 될 것이다. 이를테면 환경과 건강에 대한 관심이 점차 고조되어 유기농이나 자연농에 의한 무공해 식품이나 한방 재료를 먹여키운 천연 건강 식품 등에 대한 인기가 올라갈 것이다.

만일 펜션의 점주가 이런 영농에 경험이 있고 여유 부지가 있어 이를 직접 재배해 고객들에게 제공할 수 있다면 좋을 것이다. 여건상 불가능하다면 그 지역의 독특한 특산물을 생산하는 농장과 제휴해 체험 프로그램을 만들어 운영할 수도 있고, 위탁받아 산지 가격으로 고객에게 판매를 할 수도 있을 것이다. 그렇게 된다면 지역민과의 유대도 한층 강화되어 지역 경제발전에 기여도 하고 현지 주민들의 호응도 얻어 펜션에서의 생활이 한층 더 즐거울 것이다.

강원도 평창군 봉평에서 펜션을 운영하는 K점주의 경우 밭 2,000여 평에 낙엽 등을 모아 자연 발효시킨 퇴비와 한방 찌꺼기만을 사용해 산채나물 12가지를 재배하고 있다. 백화점에 고가에 납품도 하고 펜션에 오는 투숙객들에게 조금씩 무상으로 나눠주거나 박스 단위로 포장해 저렴하게 판매도 한다. 특히 여름철에는 투숙객들에게 이 산채나물로 비빔밥을 만들어 제공한다. 건강을 중시하는 도시민들에게는 인기가 매우 좋다. 이런 서비스가 고객을 감동시켜 시설의 부족에도 불구하고 많은 고객이 찾아오고 있으며 조만간 근처의 여유부지에 펜션 2개 동을 추가로 신축할 예정이다.

주변 특성과 자신의 취미를 살려 동호인 클럽을 만든다

펜션은 단순히 숙박시설이라기보다는 문화공동체다. 이 말을 이해

한다면 아마도 펜션 창업의 절반 이상은 성공한 것이라 할 수 있을 것이다. 펜션이 단순히 잠만 자는 곳이라고 한다면 누구나 한적한 시골에 아무런 부대시설이나 위락시설이 없는 상태에서 정녕 얼마나 경쟁력을 유지할 수 있을까 의문을 갖게 된다.

물론 내 별장에 온 것처럼 조용히 쉴 수 있는 공간으로서의 역할만으로도 많은 고객을 유치할 수는 있다. 그렇지만 더 많은 고객들을 끌어들이고 이들의 마음을 사로잡아 평생의 고객으로 하기 위해서는 무언가 하나의 취미를 바탕으로 한 문화공동체를 만드는 일이 필요하다.

펜션을 창업하기에 앞서 현재 나의 취미와 문화적인 취향, 앞으로 관심을 갖고 계발시킬 분야가 무엇인지를 잘 생각해보고 이를 잘 가다듬어 찾아오는 고객들과 어떤 공감대를 형성시켜나갈 것인지에 대해 숙고해보아야 한다.

예를 들어 낚시가 취미인 사람은 낚시터 주변에 부지를 물색해 펜션을 짓고 운영하면서 자신과 같이 낚시가 취미인 사람들을 주고객으로 삼을 수 있다. 이들과 함께 낚시와 관련된 주제로 프로그램을 만들어 정보를 교환하고, 낚시를 배우고 싶어하는 사람들에겐 낚시장비를 구비해 언제든지 함께 체험하고 즐길 수 있도록 해준다면, 많은 동호인들이 생겨나서 하나의 취미를 바탕으로 한 공동체가 형성될 것이다.

또한 만일 골프가 취미라면 골프장 주변에 있는 부지를 물색해 펜션을 짓는다. 골프와 관련된 다양한 정보들을 모아서 고객들에게 제공해주고 이들과 함께 골프에 대한 토론도 할 수 있다. 경우에 따라서 주변의 골프장과 연계해 소개를 해줄 수도 있으며 맴버가 모자라

는 경우 그들과 함께 라운딩 하면서 서로 취미를 바탕으로 한 공감대를 형성할 수 있을 것이다. 요즘 많은 사람들이 주말과 평일의 구분 없이 골프를 즐긴다. 보통 새벽 골프를 치기 위해서는 오전 3시에 일어나서 준비하고 골프장에 도착하면 5시 정도가 된다. 새벽 골프를 해봤던 사람들은 아마도 새벽부터 일어나서 허겁지겁 준비해 골프장에 가다 보면 피곤하기도 하고 정신이 몽롱해지기도 하는 것을 경험했을 것이다. 나의 경우 만일 골프장 주변에 펜션이 있다면 전날 밤에 펜션에 가서 충분한 휴식을 취하고 아침에 산뜻하게 일어나서 가벼운 샤워를 하고 골프에 임한다면 훨씬 좋을 것이라는 생각을 많이 해보았다.

이렇게 자신의 다양한 취미와 주변 여건의 특성을 이용해 찾아오는 고객들과 자연스런 공감대를 형성하고 동호인 클럽으로 발전시켜 나간다면, 전원 생활의 즐거움도 만끽 할 수 있고 안정적인 고객층이 형성되어 성공적인 펜션 운영자가 될 수 있을 것이다.

3.

펜션 창업 비용과 수익성

창업 비용은 얼마나 드나

펜션을 창업하기 위해서는 우선 자신이 가지고 있는 자금의 규모와 대출에 의한 조달 가능액을 따져보고 토지의 면적과 건물의 크기를 결정해야 한다. 요즘에는 펜션의 높은 수익성에 비해 은행권 대출 금리가 훨씬 낮아 대출을 활용해서 펜션을 창업해도 큰 무리는 없을 것이다.

우선 예상되는 사업비를 도표로 예시해보면 다음과 같다.

항목	산출근거	예상금액	비고
토지 매입비	평당 10만 원×500평	약 5,000만 원	B급 지역기준
인·허가비	200평 전용허가시	약 5,000만 원	농지, 임야
설계 감리비	건물60평×10만 원	약 3,000만 원	
토목 공사비	도로, 부지 조성, 지하수, 정화조, 조경 공사 등	약 2,000만 원	
건축 공사비	60평 기준×350만 원	약 2억 1,000만 원	목조주택 기준
집기·비품비	룸 6개×400만 원	약 2,400만 원	침대, TV, 에어컨 등
총 계		약 3억 1,500만 원	

창업자금 준비하기

　보통 펜션 1동을 창업하기 위해서는 토지나 건물의 크기에 따라 작게는 2억 원에서 많게는 3억~4억 원 정도의 자금이 들어간다. 그러나 펜션에 대한 창업 자금은 자기가 거주하는 주택 외에 별도의 자금이 소요되는 일반적인 소매점 창업과는 다르다. 현재 자신이 살고 있는 집을 처분해 전원에 내려가 땅을 고르고 집을 지어 사는 것이기 때문에 주거 환경의 변화만으로도 펜션을 창업할 수가 있다.

　전에 토지를 미리 구해놓은 사람들의 경우에는 창업 자금이 전혀 없어도 기존에 살고 있는 주택을 우선 담보로 금융 기관에서 대출을 받아 초기 건축비로 충당하면 된다. 보통 펜션 한 동을 건축하는 데 소요되는 기간이 3개월 정도임을 감안할 때 이 기간 동안에 기존 주택을 매각해 공사비 잔금을 충당한 후 입주해 살면서 펜션을 운영하면 된다.

만일 펜션 완공시까지 기존의 주택이 매각되지 않는다면, 완공된 펜션을 담보로 부족한 공사비를 충당할 수 있으며 기존의 주택을 매각할 때까지 임대로 전환하면 아무런 문제가 없다.

요즘 각 금융 기관마다 자금을 운영할 대상이 마땅치 않아 아파트의 경우 보통 시가의 70~80%까지도 대출이 가능하다. 연간 대출 금리가 6~7%대로, 현재 운영되고 있는 펜션들의 연간 평균 수익률이 20% 이상인 점을 감안할 때, 펜션에서 벌어들인 수익으로 대출 이자를 내고도 충분히 남기 때문에 대출 발생에 대해 크게 걱정을 할 필요는 없다.

수익성은 얼마나 되나

• 펜션엔 성수기와 비수기가 있다

모든 업종에 약간의 편차는 있겠지만 계절별로 매출액의 차이가 있다. 펜션 역시 우리나라 레저 문화의 특수성으로 인해 커다란 차이를 보이고 있다.

성수기에는 대부분의 펜션들이 100%에 가까운 객실 가동률을 보이고 있으나 비수기의 경우에는 보통 40~80% 사이다. 펜션의 위치나 시설의 고급화 차이, 단골 고객의 확보 여부에 따라 달라지므로 항상 이를 감안해 운영 지출 계획을 세워야 한다. 물론 이는 마케팅 전문 회사가 운영하는 경우이며 개인이 혼자서 운영할 경우에는 위치에 따라 다르겠지만 보통 연간 객실 가동률이 10~30% 사이에서 결정된다.

• 지역에 따라 수익성이 달라진다

펜션이 어느 지역에 위치하느냐에 따라 수익률에서 많은 차이를 보인다. 여름 성수기에는 바닷가나 산과 계곡 주변 등 대부분의 지역이 비슷하지만, 가을의 경우에는 주로 유명한 산을 중심으로 단풍 놀이를 많이 가는 곳이 매출이 높다. 겨울에는 온천과 스키장이 몰려 있는 지역의 매출이 당연히 높게 나타나며, 봄에는 수도권에서 가까운 지역이 아무래도 매출이 높게 나타난다. 특히 겨울철 스키장의 경우 스키 시즌이 12월부터 2월까지 3개월이나 되어서 여름 휴가철 2개월을 포함하면 1년 중 5개월이 성수기다. 계절에 관계없이 꾸준한 객실 가동률을 유지하는 지역은 대개 서울에서 가까운 수도권 지역과 대도시 주변에서 가까운 관광지가 될 것이다.

• 비싼 땅과 싼 땅에도 매출 차이가 있다

펜션 부지를 고를 때 무조건 관광지의 중심에 위치해야 한다고 믿는 사람이 있는가 하면, 한적하고 조용한 곳에 싼 땅을 구해서 해야 한다는 사람이 있다. 이 문제는 본인의 자금 여력과 펜션 운영 방법을 먼저 생각한 후 결정해야 한다.

만일 돈을 많이 벌 목적만을 가지고 펜션을 창업해 운영하고자 한다면 분명 땅 값이 비싼 대규모 관광지의 중심에 펜션이 입점하는 것이 여러 가지 면에서 고객을 끌어들이기가 편할 것이며 매출 또한 높

게 나타날 것이다.

또한 마케팅 전문 회사에 의뢰하지 않고 본인이 스스로 홍보와 마케팅을 전개해 나름대로 색다르게 운영하고자 한다면 당연히 고객확보가 용이한 관광지 중심에 있는 비싼 땅에 펜션을 지어 운영해야 할 것이다.

하지만 이런 곳에 토지를 구하려면 평당 100만 원이 넘어 300평만 구입해도 3억 원 이상이 들어가며 여기에 건축비 등을 합하면 5~6억 원 이상이 소요된다. 따라서 총 투자비 대비 연간 수익률은 보통의 펜션과 비슷하게 나타날 것이다.

보통 펜션에 적합한 부지의 평당 가격이 경기도의 경우 15~30만 원대이고 강원도나 기타 지역의 경우 10~15만 원대로 관광지 주변의 한적한 곳에 있는 준농림지나 자연녹지 등을 선택하면 무리가 없다. 저절로 찾아오는 손님이 적은 만큼 마케팅 전문회사에 홍보와 고객유치를 맡겨 운영한다면 오픈 초기부터 충분한 매출을 올릴 수 있을 것이다.

- **객실 가동률에 따른 수익성 비교**
  - 총면적 60평 기준
  - 주인 거주 공간 20평, 객실 공간 40평으로 구성
  - 창업 비용 총액 약 3억 원(앞의 표 참조) 중 주인 거주 공간 20평에 1억 원 소요, 객실 공간 40평에 2억 원 소요
  - 객실수 : 가족룸(4인기준) 8평형 5개 실
  - 객실당 1박 요금 : 8만 원
  - 일일 매출 총액 : 8만 원×5개 실 = 40만 원
  - 월간 매출 총액 : 40만 원×30일 =1,200만 원

객실 가동률에 따른 수익성 비교			(단위 : 원)
항 목	**가동률 40%시**	**가동률 60%시**	**가동률 80%시**
월간 매출액	4,800,000	7,200,000	9,600,000
전기 요금 등 공과금	200,000	250,000	300,000
월평균 난방비	200,000	250,000	300,000
소모품비 (비누, 화장지 등)	100,000	150,000	200,000
홍보 및 고객 관리 비용(매출액×15%)	720,000	1,080,000	1,440,000
제 비용 합계	1,220,000	1,730,000	2,240,000
월간 운영 수익	3,580,000	5,470,000	7,360,000
연간 운영 수익	42,960,000	65,640,000	88,320,000
총액 대비 연간 수익률 (연간수익÷3억×100)	14%	21%	29.4%
실투자 대비 연간 수익률 (연간수익÷2억×100)	21%	32%	44%

* 펜션은 주인이 함께 거주하며 운영하기 때문에 60평을 기준으로 할 때 총 투자 비용은 3억 정도이나 다른 창업 아이템과 비교해볼 때 주인 거주 공간(약 20평)은 제외하고 영업에 실제 사용되는 순수 객실 공간(약 40평)에 대한 투자 비용은 2억 원 정도로 이에 따른 실투자 대비 연간 수익률을 별도로 산출한 것임.

• **렛츠고 펜션의 가동률과 수익성**

렛츠고 펜션의 설계기준에 의거 신축된 펜션 가맹점들의 평균객실 가동률은 경기도 지역의 경우 80% 정도이며, 강원도 지역의 경우 70% 정도다. 월 평균 매출액은 객실면적이 30평(4개 룸) 정도면 650만 원 정도이고, 객실면적이 50평 정도(6개 룸)이면 900만 원 정도다. 이는 프랜차이즈 시스템과 본사 홈페이지에 의한 실시간 예약시스템이 적용된 결과로 매월 객실 가동이 높아지고 있어 신규 가맹점이 전국적으로 대폭 늘어날 때까지는 이러한 매출신장세와 객실부족현상은 계속될 것으로 보인다.

렛츠고 펜션 홈페이지(www.aletsgo.com) 방문자수를 보면 1일 5,000~6,000명선에서 월평균 15만~20만 명선에 이르고 있으나, 전체 객실수가 100여 실 정도에 불과해 홈페이지에 들어왔다가 객실예약이 불가능하여 그냥 빠져나가는 고객의 수가 엄청난 것을 알 수 있다. 방문자 모두에게 충분한 객실을 공급해주지 못하는 데 대해 진심으로 미안하게 생각하며 전사적으로 가맹점 확산 및 객실증대를 위해 최선의 노력을 다하고 있다.

4.
펜션만의 독특한 설계와 건축요령

같은 면적이라도 설계에 따라 매출액이 4배나 차이가 난다

　펜션의 설계에 있어 각 공간별 면적의 배분은 바로 매출액과 직결된다. 펜션 내부의 공간은 크게 주인·거주 공간과 객실 공간, 그리고 공동의 휴식 공간으로 나누어지며, 각 공간 간의 효율적인 연계성과 프라이버시의 보호가 가장 중요하다. 즉 주인 거주 공간과 객실 공간 간의 자연스런 분리와 상호 서비스를 위한 연결성이 동시에 고려되어야 하며 공동의 휴식 공간은 주인과 고객 모두가 함께 이용하기에 편리한 상호 교류의 장이 되어야 한다. 사실 이 문제는 매우 어려운 작업이며 펜션 설계에 임했을 때 가장 고심을 하게 되는 사항이다.

펜션을 설계할 때 고려해야 할 사항은 가장 효율적인 객실당 면적이 어느 정도인가 하는 것이다. 펜션을 이용하고자 하는 고객층을 분류해볼 때 2인 단위가 45% 정도이고, 한 가족(4인 가족) 단위가 38%를 차지하고 , 친구끼리와 소그룹 단위가 16%, 기타 단체가 1% 정도를 차지한다. 이는 어떤 크기의 룸을 어떤 비율로 배치하느냐를 결정하는 데 있어 매우 중요한 사항이다.

즉 가장 수요층이 많은 2인실과 4인 가족이나 소그룹 단위를 위한 객실을 5 대 5 또는 6 대 4의 비율로 배치한다면 가장 많은 고객을 흡수할 수 있어 객실 가동률이 높아질 것이다. 두세 가족이 함께 펜션을 이용하고자 하는 경우는 2~3개의 가족실을 한 가족단위로 모두 예약하면 더욱더 편리하게 이용할 수 있다. 대규모 단체를 제외하고 총 수요층의 95%를 소화할 수 있는 2인실과 4인 가족실만으로 구성하는게 가장 합리적으로 객실 가동률을 극대화할 수 있는 방법이 될 것이다. 그러나 향후에는 가족단위 고객이 60% 이상을 차지할 것으로 예상되며, 이에 대한 수요를 감안하여 설계하는 것이 바람직하다.

그러면 2인실과 가족실의 크기는 몇 평 정도가 가장 적당할까? 보통 2인실에 별도의 개별 화장실을 설치하고, 룸에는 퀸 사이즈의 침대를 놓고, 둘이서 차 한 잔을 마실 수 있는 티테이블과 TV, 소형 냉장고, 화장대 등을 배치하려면 최소한 전용 면적이 5평 이상이 되어야 하며 만일 간이 주방을 설치해 취사가 가능하도록 하려면 보통 6~7평 정도가 되어야 한다. 4인 가족의 경우 부부와 어린 자녀 2인이 함께 사용한다고 할 때 별도의 개별 화장실을 설치하고, 퀸 사이즈의 침대를 놓고, 간이 주방을 설치하고, 4인용 식탁과 2인용 티 테이블, TV, 냉장고, 화장대 등을 배치한 후 바닥에 자녀 2인이 이불을

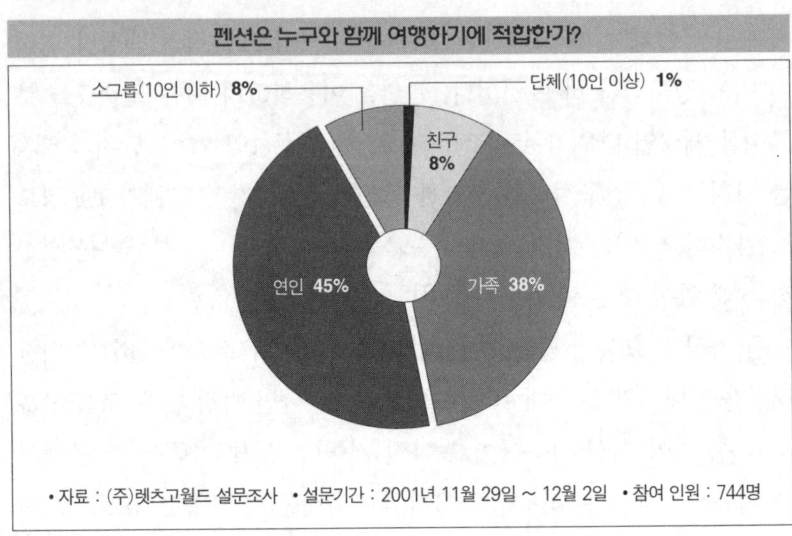

깔고 잘 수 있는 공간이 나와야 하므로 최소 8~10평 정도가 되어야 하며, 부부 룸을 별도로 두고 거실 겸 주방을 배치하려면 최소한 12~15평 정도가 필요하다.

만일 이러한 고객 단위 비율을 고려치 않고 객실당 면적을 15평 이상으로 크게만 배치했을 경우에는 객실당 이용 요금이 비쌀 수밖에 없어 주말과 성수기 외에는 이용자가 적어 객실 가동률이 떨어질 수도 있다.

점주의 특성에 따라 설계가 달라진다

펜션을 설계함에 있어 점주의 가족 구성을 파악해 가족 공간을 먼저 고려한 후에 객실 공간을 배려해야 한다. 이는 펜션이 수익만을 목적으로 하는 것이 아니라 자연과 더불어 자신의 인생을 즐겁게 사는 것도 목적으로 하기 때문이다. 또한 점주와 점주 가족의 이러한 모습에서 펜션을 찾아온 고객들이 편안함을 느끼게 될 것이다. 만일 펜션의 점주가 오로지 돈만을 목적으로 운영해 그 가족 구성원들의 찌들어 있는 모습을 보게 된다면 고객은 모처럼의 펜션 여행이 그다지 편하지 않아 다음부터는 오기를 꺼려하게 될 것이다.

만일 부부끼리만 펜션에서 직접 거주하며 운영하고자 한다면 부부가 사용할 방 1개와 별도 주방, 별도 화장실 , 그리고 고객들과 공동으로 사용할 수 있는 거실이 있으면 충분하다. 그리고 객실 공간과의 완전한 분리보다는 적당한 동선의 변화만으로도 충분히 프라이버시가 보호될 수 있도록 공간을 배치하는 것이 좋다. 하지만 점주의 부모와 자녀가 함께 거주하며 펜션을 운영하고자 한다면 분명히 점주의 가족 공간과 객실 공간은 철저히 분리해야 할 것이다. 예를 들어 아이가 있는 경우에 아이들은 실내에서 이곳저곳을 뛰어다니며 놀기 때문에 투숙객들에게 본의 아니게 피해를 줄 수도 있다. 또한 숙박업의 특성상 자녀들에게 교육상 좋지 않은 경우도 생길 수 있기 때문에 출입구를 다르게 하는 등 서로의 생활 공간을 분리해야 한다.

다음으로 점주의 나이나 펜션을 운영하고자 하는 목적에 따라 설계가 달라질 수 있다. 만일 점주가 조용히 전원 생활이나 하면서 취미 삼아 펜션을 운영하고자 한다면 펜션의 설계에 있어 점주의 거주 공간의 편리성을 최대한 배려해 하나의 전원주택과 같은 느낌이 들도록 설계해야 한다. 또한 점주가 펜션을 수익을 목적으로 한 전문적인 숙박시설로 운영하고자 한다면 점주의 거주 공간을 최대한 축소하고 객실 공간을 최대한 배려해야 한다. 모든 객실이 외부에서 별도로 출입이 가능하도록 해 투숙객들의 프라이버시가 최대한 개별적으로 보호되도록 하는 것이 좋다. 경우에 따라서는 여러 개의 방갈로 형태도 고려해 볼 수 있다.

지역 특성이나 부지 면적에 따라 설계가 달라진다

먼저 펜션이 들어서는 지역이 관광지냐 전원주택지냐, 바다를 배경으로 하느냐 산을 배경으로 하느냐, 호수를 배경으로 하느냐 또는 강이나 계곡을 배경으로 하느냐 등에 따라 설계가 달라진다. 또한 해당 부지가 낮은 곳에 있느냐 높은 곳에 있느냐에 따라 달라질 수 있다. 이런 모든 것은 주변의 자연환경과 펜션이 얼마나 조화를 이룰 수 있느냐로 직결되어 외벽의 칼라와 지붕의 모양까지도 함께 고려해야 한다.

또 부지의 면적에 따라 설계가 달라지는데 해당 부지가 넓으면 추후 펜션 증축을 위한 부분을 감안해 단지 전체에 대한 배치 설계를 먼저 완료한 후 본동에 대한 설계를 해야 한다. 만일 부지 면적이 작다면 단층보다는 2층으로 설계해 최대한 토지의 효율성을 높여야 하며 추가적인 시설이 불가능한 만큼 언제든지 구조 변경이 가능하도록 다목적으로 이용할 수 있는 부분까지 감안해야 한다.

숲을 이용한 펜션 개발은 부지의 전면에 본동과 관리동을 배치하고, 후면 숲속에는 다양한 형태의 소규모 별장동이나 방갈로동을 배치해 자연 친화적인 설계가 이루어지도록 한다. 그리고 객실에서의 조망은 전면, 측면, 후면 등 숲의 배경을 감안한 다양한 설계로 객실 간 프라이버시를 최대한 보호할 수 있도록 해야 한다. 호수나 강을 배경으로 한 펜션 설계의 경우에는 호수나 강이 잘 바라다보이는 방향으로 건물을 배치한다. 모든 객실에서 강이나 호수의 조망권이 확보되도록 하고 각 객실 전면에 데크나 발코니를 설치해 옥외 티테이블이나 파라솔 등을 놓을 수 있도록 한다.

펜션 설계시 점검 사항

- 투숙객들 간의 프라이버시 보호를 위한 출입구의 동선과 방문의 배치
- 주인 거주 공간과 객실 간 차별화된 설계로 점주의 사생활 보호
- 주인의 취미나 개인적 특성을 살릴 수 있는 공간의 확보
- 데크 등을 이용한 객실과 외부 정원과의 자연스런 동선 확보
- 각 객실 간 별도의 방음시설이나 화장실, 붙박이장 등을 서로 맞대어 설계
- 각 객실마다 개별 화장실과 욕실, 간이 취사시설의 설치
- 객실당 적정 면적을 고려해 커플 룸과 가족 룸의 수를 결정

전원주택에 비해 시공비가 훨씬 많이 드는 이유

펜션은 자기 가족만이 거주하는 전원주택과는 달리 다양한 사람들이 함께 이용하는 시설이므로 여러 면에서 설계가 달라야 한다는 것

은 앞 부분에서 충분히 설명이 되었다. 이런 설계상의 차이는 곧 공사비의 증가로 이어지는데 이에 대한 구체적인 증가 요인을 살펴보기로 한다.

- 펜션은 주로 자연친화적인 소재인 목구조나 통나무 등으로 지어지므로 일반 조적조나 콘크리트조에 비해 같은 마감재를 사용했을 경우 10% 정도 공사비가 더 들어간다. 특히 목구조 주택의 경우 수분 함수율을 18~19%까지 가마 건조시킨 수입 가공목을 사용해 지어야만 휘어짐과 뒤틀림이 없고 강도가 2배 이상 강해 펜션으로서의 제 기능을 발휘할 수 있다.
- 일반적인 전원주택의 경우 룸 수가 3~4개 정도이고 화장실과 욕실이 1~2개소인데 비해 펜션은 60평 기준으로 룸 수가 6~7개에 이르고 룸마다 화장실과 욕조가 설치되어 보통 6~7개가 들어간다. 화장실 1개를 추가하는 데는 보통 300만 원 정도가 더 소요되어 5개 추가시 약 1,500만 원 정도가 더 들어간다.
- 전원주택의 경우, 룸과 화장실의 수가 적어 창호와 도어의 수가 적으나, 펜션은 룸과 화장실이 보통 2배 이상 많아 창호의 수와 도어의 수가 많은 만큼 자재 구입비와 인건비가 추가되며 60평 기준으로 약 1,000만 원 정도가 더 들어간다
- 전원주택의 경우 메인 주방 시설이 1개소이지만, 펜션의 경우 주인이 사용하는 메인 주방 외에도 룸마다 간이 주방이 설치되어 보통 6~7개의 간이 싱크대를 설치해야 하는데 1개소 당 100만 원 정도를 잡아도 대략 600~700만 원 정도가 더 들어간다.
- 전원주택의 경우 화장실과 욕실, 주방시설을 모두 합해도 3개소

이내이나, 펜션의 경우 화장실과 욕실, 주방 시설을 모두 합하면 보통 12~14개소로 수도와 하수도 배관 시설 등에 따른 설비 공사가 추가되어 보통 60평 기준 300~400만 원 정도가 더 들어간다.

- 전원주택의 경우 가족들만이 사용하므로 목구조로 시공할 경우 내벽을 2″×4″를 사용해 양면에 석고보드 1장을 부착한 후 벽지 마감을 하나, 펜션의 경우엔 방음시설을 철저히 갖추어야 하기 때문에 2″×6″ 두께에 2″×4″스터드를 지그재그로 이중처리하고 인슐레이션을 넣은 후 방음 채널을 대고 양면에 석고보드를 각각 2장씩 부착한 후 벽지 마감을 해야 하기 때문에 60평을 기준으로 보통 400~500만 원 정도가 더 들어간다.

- 전원주택의 경우 현관문과 외부문이 1~2개이고 데크의 경우 보통 거실 전면에만 일부 설치하나, 펜션의 경우 1층의 여러 객실은 대부분 외부문이 부착되고 출입구와 전면창 앞에 모두 데크를 설치하게 되어 추가 공사에 60평을 기준으로 400~500만 원 정도가 더 들어간다.

- 이런 여러 가지 추가 사항을 완벽하게 갖춘 것이 펜션이며 이러한 기능들이 제대로 갖추어 지지 않은 경우에 펜션으로서의 제 기능을 발휘할 수가 없어 고객들에게 외면을 받아 객실 가동률이 현저하게 떨어질 것이다. 이런 기준대로 펜션을 신축하게 되면 똑같은 목구조 자재로 시공을 한다 해도 일반적인 전원주택과 비교해 볼 때 보통 평당 50~60만 원 이상 공사비가 추가된다. 시공업체 선정시 이러한 사항들이 설계에 충분히 반영되어 있는지를 살펴보고 건축비를 결정해야 한다. 단순히 평당 얼마에 짓는다는 식의 말에 현혹되어서는 안 된다.

최적의 펜션 자재는 자연 친화적 소재

　요즘 들어 펜션으로 이용 고객이 몰려드는 이유 중의 하나가 펜션이 주로 목조나 통나무로 지어졌기 때문일 정도로 일반인들의 목조나 통나무에 대한 선호도는 높다.

　대부분의 펜션 이용 고객들이 도시에 거주하고 있고 이들이 현재 거주하는 주택의 형태가 콘크리트로 지어진 아파트나 빌라, 벽돌조의 단독 주택이다.

　모처럼 휴가를 내어 여행을 가거나 주말을 이용해 가족들과 함께 도시 외곽의 조용한 곳으로 쉬러 갈 때 콘크리트나 벽돌로 지어진 집에서 머물고 싶은 생각이 없을 것이다. 이용 고객의 특성에 따라 펜션은 자연친화적인 소재로 지어져야 하며 목조주택이나 통나무, 흙집 등이 여기에 속할 것이다.

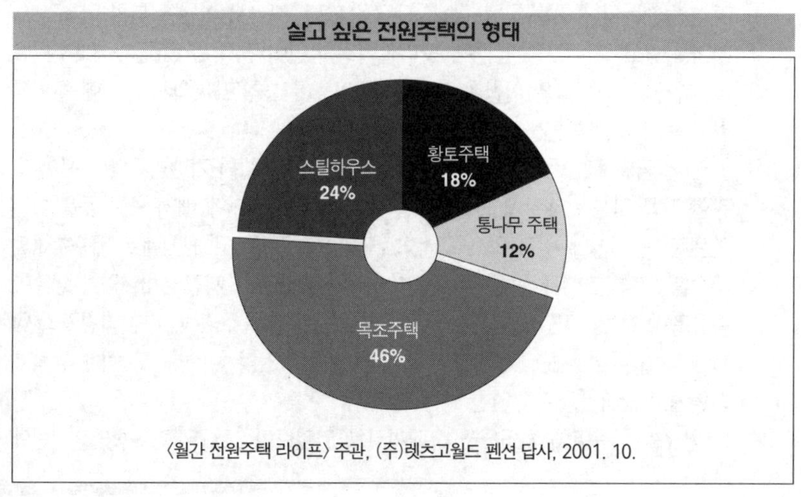

〈월간 전원주택 라이프〉 주관, (주)렛츠고월드 펜션 답사, 2001. 10.

평창 에델바이스점 계곡 입장료 사건

2001년 8월 초 주말이었던 것으로 기억된다. 사무실에서 퇴근해 집에서 쉬고 있는데 오후 5시경에 핸드폰으로 직원에게서 연락이 왔다. 성수기 주말이어서 직감적으로 예약 사항에 무슨 일이 생겼구나 하는 생각이 들었다. 아니나 다를까 평창 에델바이스 점에서 회원에게 문제가 생겨 난리가 났다는 소식이었다.

내용인즉, 20대 후반의 한 회원이 임신한 부인과 함께 강원도 ㅇ펜션점을 예약해 가던 중 홍정계곡 입구에서 입장료를 달라고 하자 이에 항의하며 따지다가 싸움이 발생했다. 화가 난 회원은 에델바이스 점주에게 전화를 걸어 『왜 여기를 들어가는데 입장료를 받느냐』, 『관청에서 허가는 받았느냐』며 화풀이를 했다. 이에 점주가 상냥하게 응대를 했으면 문제가 아닌데 원래 말투가 상냥하지도 못한데다 느닷없이 걸려온 전화에 황당했는지, 또는 고향에 대한 애향심이 발동했는지 점주는 퉁명스럽게 대답을 했다. 따라서 회원은 화가 더욱더 치밀어 올랐고 결국 그날 펜션에 도착해 점주와 한바탕 서로 삿대질을 하며 싸웠다. 화가 풀리지 않은 회원은 그 펜션을 이용하지 않고 나와서 본사에 전화를 걸어 숙박료 전액 환불 및 배액 보상을 요구했다.

나는 담당 직원에게 이번 사건은 렛츠고 펜션 본사나 가맹점주와는 전혀 무관한 계곡 입장료 때문에 발생한 사건이어서 당사가 이에 배액 보상 등을 하는 것은 전혀 이치에 맞지 않으니 숙박료만 환불 조치하고 원칙대로 대응하라고 지시를 했다. 그때가 여름 성수기여서 예약을 했다가 사전 취소 없이 당일에 이용을 하지 않으면 가맹점에 공실이 발생해 피해를 주기 때문에 회원가입 약관에 당일 취소는 100% 환불하지 않도록 되어 있다. 이 회원도 이에 동의해 회원에 가입되었음은 당연한 일이다.

월요일에 출근해서 인터넷 홈페이지를 열어보니 그 고객이 이용 후기란에 당사와 가맹점을 비난하는 글을 **빽빽**이 올려놓았다. 숙박료만 전액 환불한 조치에 납득할 수 없으니 본사에서 가맹점주의 무례에 대한 정신적 피해 보상으로 배액을 내놓으라는 것이었다. 곧이어 다른 회원이 이 글을 읽고 공감을 했는지 동조의 글을 올려 본사를 상대로 투쟁에서 이기라는 격려까지 했다.

나는 즉시 회사의 공식 입장을 정리해 답글을 올렸다. 계곡 입장료는 그 지역 주민들이 휴가철에 사람들이 쓰레기 등을 함부로 버리고 가 이를 수거하기 위해 받는 것으로 관청에서 허가 받아 하는 것인 만큼 당사나 가맹점과는 무관한 일이다. 이로 인해 감정이 상해 펜션을 이용하지 않고 돌아온 것에 대한 유감 표명과 가맹점주의 불손에 대해서는 당사가 대신 정식으로 사과한다는 내용이었다. 또한 숙박료는 당일 취소에 대해 환불하지 않도록 되어 있음에도 불구하고 즉시 환불 조치했음을 알렸다. 그리고 당사는 유럽풍의 고급 민박만을 모아 정보를 제공하고 성수기 바가지 요금 등을 없애 새로운 건전한 레저 문화를 보급하기 위해 노력하고 있다고 덧붙였다.

회사의 공식 입장이 게재되자마자 또 다른 회원이 이번 사건은 회원측의 잘못이라는 글이 올라왔고 네티즌들의 참여가 잇달았다. 무려 2~3일 간에 걸쳐 10여 명 이상이 본 사건에 대하여 언급을 했는데, 모두가 당사의 입장을 지지하고 회원측에서 무리한 요구를 했다는 평가를 내렸다. 처음에 회원의 견해를 지지했던 사람까지도 예의에 대한 것은 누구에게 금전적인 보상을 요구할 수 있는 성격이 아니라며 회원측의 요구가 무리한 것임을 지적하고 나왔다.

사실 나는 이 사건이 처음 터졌을 때 정면 대응을 하면 인터넷의 특성상 계속해서 안 좋은 글이 부각될 것 같아 적당히 보상해주고 무마시켜서 올린 글을 삭제해 달라고 요청할 생각도 들었다. 임직원들도 대부분 『나에게 조용히 처리하는 게 어떨까요?』라는 건의를 했다.

그러나 나는 정정당당히 내가 추구하는 펜션 사업에 대한 회원들의 평가를 받고 싶었기에 정면 대응에 승부를 걸었다. 그 결과 회사측의 완벽한 판정승으로 끝나자 임직원들도 한층 더 펜션 사업에 대한 자신감을 갖게 되었다.

일반인들이 향후 구입하거나 짓고자 하는 전원주택에 대한 선호도 조사에 따르면 목조주택이 단연 1위이며 그 뒤를 스틸하우스와 통나무주택이 따른다. 이어서 황토주택 수요자가 중년층을 중심으로 일정 부분을 차지하고 있다. 모든 주택을 통틀어서도 아파트나 콘크리트 주택보다는 목조주택이 단연 선호도 1위를 차지한다. 아마도 외국여행을 해본 사람이 늘어난 영향도 있고 최근 5년 내에 경기도 양평, 용인 등지에 지어진 많은 목조주택들을 직접 본 영향도 있을 것이다.

펜션을 직접 예약해서 이용하는 이용 고객 입장에서 보면 이러한 현상이 더욱 두드러진다. 펜션을 이용하는 계층이 주로 20대에서 40대의 젊은층이다.

이들이 선호하는 펜션의 건축 형태는 당연히 목조나 통나무 주택이 85%정도에 이르고 있어 사실상 펜션을 무엇으로 건축할 것인지의 문제는 이미 고려의 대상이 아니다.

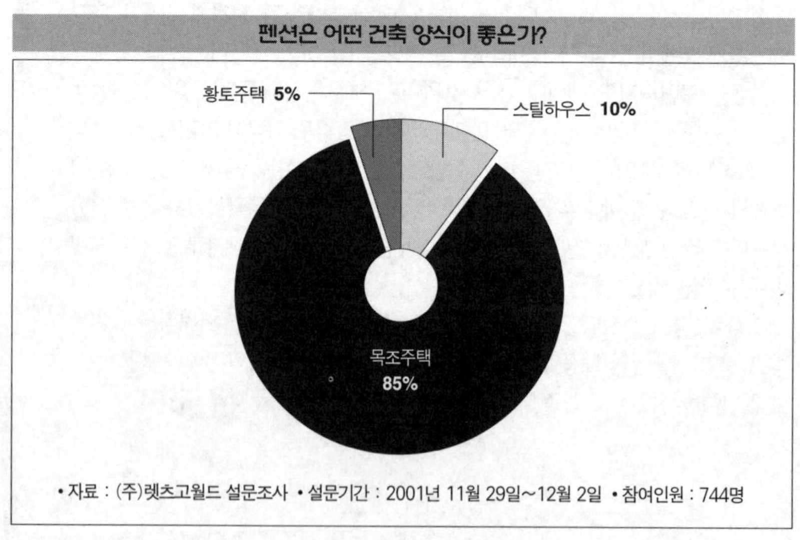

　펜션을 창업하고자 하는 사람 자신이 선호하는 주택 형태를 고집해 콘크리트나 황토흙 등으로 건축한다면 이를 선호하는 펜션 이용자가 적어 아마도 객실 가동률이 현저하게 떨어질 것이다. 펜션에 대한 창업 상담을 하다 보면 이런 건축 형태에 벽돌조로 지으면 안되느냐, 또는 주로 50대 이상의 연령층에서 난 개인적으로 황토집을 선호하는데 황토집으로 지으면 안되느냐는 등의 질문을 자주 받는다. 내가 이들에게 할 수 있는 말은 단 한 가지다. 『콘크리트나 황토집의 경우 이용고객들의 선호도가 떨어져 객실 가동률이 낮고 수익성에서 현저하게 떨어집니다. 굳이 흙집을 개인적으로 선호한다면 고객을 위한 펜션 본동은 목조로 짓고 본인이 거주할 주택을 흙집으로 지으십시오.』 물론 나도 건강 지향의 자연 친화적인 소재로는 황토만한 게 없다고 생각 한다. 하지만 레저 인구의 대부분이 20~40대이고, 현재의 10대가 조만간에 20대가 되어서 펜션을 이용하는 주고객이 될 것이다. 따라서 이들이 선호하는 형태가 무엇인지를 잘 생각해서 결정해야 한다. 황토집에 대한 선호층이 주로 50대 이상의 장년층이고 세월이 흐를수록 이러한 연령대가 줄어들어 이용자가 감소할 수 있음을 고려해야 할 것이다.

펜션은 아름다움과 고급화가 생명이다

　나는 외국 여행을 하면서 다양한 주택 단지들을 둘러보았다. 일본은 무채색으로 된 집들이 많아 화려함은 덜 하지만 짜임새 있는 공간

배치와 아기자기한 외관이 돋보였고, 미국은 주택의 외관은 단조롭지만 정원과의 잘 조화된 아름다움이 돋보였으며, 호주와 뉴질랜드의 경우 화려한 파스텔톤의 다양한 컬러 감각과 모두가 서로 다른 모양으로 설계되어 똑같은 집이 없으면서도 서로 조화를 이루는 점이 돋보였다. 뉴질랜드는 같은 동네에 똑같은 집이 있으면 건축 허가가 나지 않아 어디가 달라도 다르게 설계해야 한다. 그래서 도시를 가든 외곽으로 나가든 서로 다른 모양의 다양한 집들이 자연 조경이나 나무 등과 잘 조화되어 도시 전체가 아름답게 공원화되어 있는 느낌이었다.

그러나 한국의 경우는 어떠한가. 도시 내에도 서로 다른 건축물들이 무질서하게 지어져 있고 색상 또한 서로 조화됨 없이 제각각이어서 도무지 서로 조화된 아름다움이란 어느 곳에서도 찾아보기가 힘들다. 최근에 계획도시로 만들어진 분당 등 신도시에서조차도 주택지역의 집들을 보면 1층은 대부분 음식점이고 2~3층은 벌집 모양의 셋집으로 설계되어 있다. 살기 좋은 조용한 주택가로서의 기능을 상실한 채 오로지 세가 많이 나오는 수익성에만 매달려 지어지다 보니 서로 조화된 아름다움이란 찾아볼 수가 없다. 그나마 일산 신도시의 정발산 공원가에 있는 전용 주거지역만이 나름대로 서로 조화를 이룬 유일한 곳이랄까.

나는 가끔 제주도를 여행할 때마다 호주나 뉴질랜드 등과 비교를 하게 된다. 제주도가 가지고 있는 자연적인 아름다움과 화산 폭발로 이루어진 다양한 관광 자원, 섬과 바다를 배경으로 한 독특한 환경 등 그 어느 면으로 보나 제주도는 세계적인 관광지로 손색이 없을 만큼 천혜의 조건을 가지고 있다. 그러나 도시와 외곽도로로 이어져 지어진 집들은 천혜의 자연환경과는 너무도 어울리지 않게 제멋대로여서 눈살을 찌푸리게 된다. 콘크리트 슬라브집과 조립식 창고 형태로 지어진 집, 붉은 벽돌로 지어진 집, 화산석으로 지어진 집들이 서로 뒤섞여 어지럽기 그지없다. 만일 제주도가 도시 설계와 건축 허가에 있어 나름대로 건축의 형태와 외관, 컬러 등에 대한 기준을 정해 허가를 내주고 이에 대한 행정 지도를 한다면 당장은 아니더라도 10~20년이 지난 뒤의 제주도는 지금보다 훨씬 아름다운 모습으로 변할 것이다.

펜션은 자연 속에 위치하는 레저와 휴식을 위한 건축물로 당연히 주위 환경과 잘 조화된 아름다움을 갖춰야 하며 그 구조나 내부 인테리어, 가구 등의 배치에 있어서도 고급화가 이루어져야 한다. 만일 펜션이 고급화가 이루어지지 않는다면 일반적인 민박집과 그다지 차이가 없을 것이다. 민박집은 대부분 시설의 미비함과 불편함으로 인해 비수기의 고객 확보에 실패했고 더구나 외국 관광객들을 유치한다는 것은 상상도 할 수가 없는 상태다. 우리나라 관광산업의 발전을 한 단계 더 끌어올리고 차원 높은 고객의 수요에 부응하기 위해서라도 펜션은 고급화되어야 한다.

전국의 모든 펜션을 다르게 건축한다

나는 펜션 사업을 국내에 처음 도입하면서 여섯 가지 목표를 세웠다. 그 첫째가 펜션을 통해 가족 단위에 적합한 건전한 레저 숙박 문

화를 널리 보급하자는 것이다. 둘째는 전국의 모든 펜션을 다르게 설
계해 이용 고객들에게 항상 새로운 펜션을 경험하게 하자는 것이고,
셋째는 이러한 서로 다른 고급화된 펜션을 전국 구석구석에 1,000개
소를 신축해 하나의 네트워크를 형성하는 것이다. 넷째는 이렇게 형
성된 전국적인 펜션 네트워크를 인터넷을 통해 누구든지 실시간으로
자유롭게 예약 이용토록 하는 것이며, 다섯째는 펜션에 외국인 관광객
들을 대거 유치해 한국의 지역 문화를 이들에게 체험하게 함으로써 국
내 관광 산업을 한 차원 발전시키겠다는 것이며, 여섯째는 이런 좋은
레저 문화를 후손들에게 물려주겠다는 것이다.

　펜션은 이용 고객들의 차원에서 보면 1년 중에 몇 차례 정도 이용
하는 레저 숙박시설의 일종이다. 만일 펜션을 이용하는 고객의 처지
에서 전국의 어디를 가나 건물들이 모두 똑같은 형태라면 어떠할까.
아무리 맛있는 음식도 자주 먹으면 물리듯이 아무리 아름답고 고급
화된 펜션이라도 항상 똑같은 모습이라면 고객으로서는 당연히 싫증

을 느끼게 될 것이다. 요즘 들어 내가 운영하고 있는 렛츠고펜션 예약 사이트 회원들을 보면 매월 서로 다른 펜션들을 계속해서 바꿔가며 예약 이용하고 있는 펜션 매니아들이 점점 증가하고 있음을 알게 된다. 요즘 매월 2~3개 정도의 신규 펜션들이 서로 다른 곳에서 신축되고 있는데 이러한 신규점이 오픈할 때마다 이를 돌아가며 이용하고 있다. 이들이 만나는 펜션은 항상 새로운 디자인이어서 아마 이들은 앞으로 몇십 년 동안 계속해서 새로운 펜션을 만나게 될 것이다.

설계유형별 펜션의 종류와 사례

• 전원주택형 펜션

일반적으로 퇴직한 후 노후 생활을 겸해 조용히 전원생활을 하고자하는 50~60대 이상의 사람들에게 적합하다. 객실은 5개 미만으로 부부가 힘들이지 않고 운영할 수 있다. 조용하고 경치 좋은 전원주택지로 적합한 장소에 신축하는 경우로 언제든지 자신들만의 전원주택으로 전환할 수 있도록 지어진 펜션이다 (양평 팜스테이 펜션).

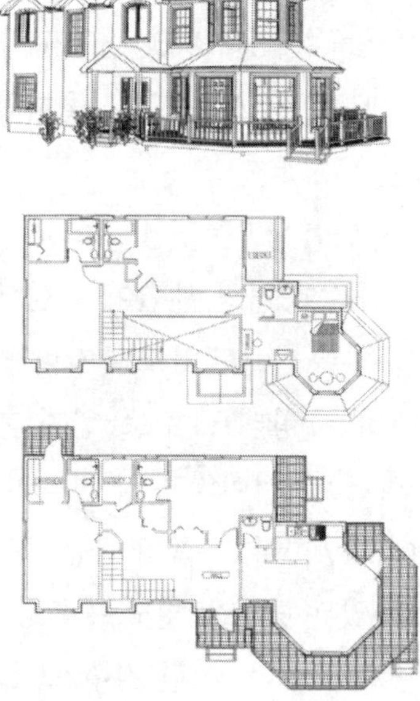

• 전업형 펜션

전업형 펜션이란 관광지 등
에 주로 지어져 건전한 레저
숙박 사업을 전문적으로 운영
하고자 하는 경우로서 30~40
대의 젊은 연령층에 적합하다.
고객들을 위한 테마의 발굴이
나 서비스를 적극적으로 전개
해 많은 수입을 올리는 것을
목적으로 지어진다. 이러한 펜
션은 객실이 주로 외부에서 직
접 출입할 수 있도록 설계되며
누구든지 한눈에 숙박시설임
을 알 수 있다(평창 에델바이
스 펜션, 양양 흐르는 강물처럼 펜션).

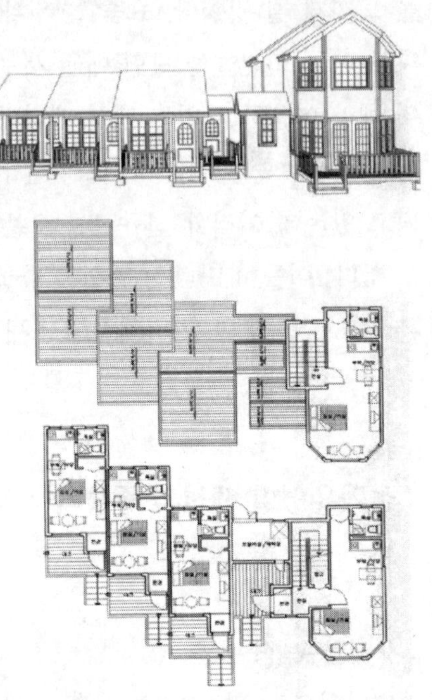

• 가족 동거형 펜션

가족 동거형 펜션이란 펜션을 운영하
는 부부 외에도 부모나 자녀들이 함께 거
주하는 형태로 주로 현지 거주민이나
30~50대 사이의 부양 가족이 딸린 경우
에 해당한다. 가족 구성원 모두가 거주할
수 있는 공간을 별도로 구성, 객실과 차
별해야 한다. 이런 경우 보통 펜션과 주

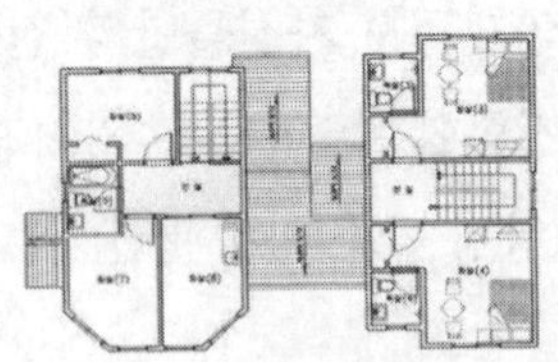

택을 각각 짓거나 한 동으로 지을 경우
에는 객실과 주인 거주공간에 대한 출입
구가 서로 분리되고, 2층의 경우 계단이
각각 분리되어 설계된다(안성 퓨전 펜
션, 제주 미라지 펜션).

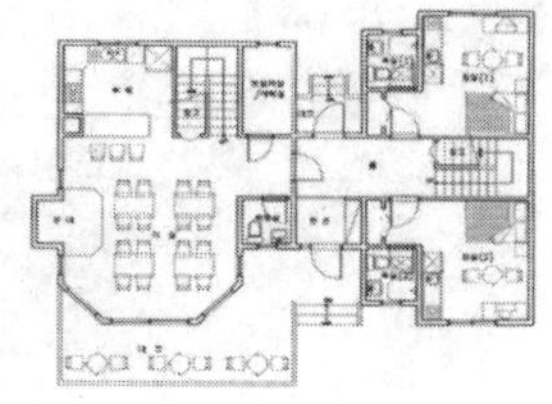

• 카페형 펜션

카페형 펜션이란 펜션과 카페가 같
이 있는 경우로 주로 관광지 등에 많이
지어진다. 1층은 카페, 2층은 펜션으로
짓거나 카페동과 펜션동을 따로따로
짓는 경우가 있다. 주로 30~40대의 카
페 운영에 경험이 있거나 젊은 층이 많
이 선호하며 단순히 투숙객에게 잠자
리만 제공하는 것보다 카페 운영의 재
미를 동시에 추구하는 사람들에게 적
합한 펜션이다(제주 미라지 펜션).

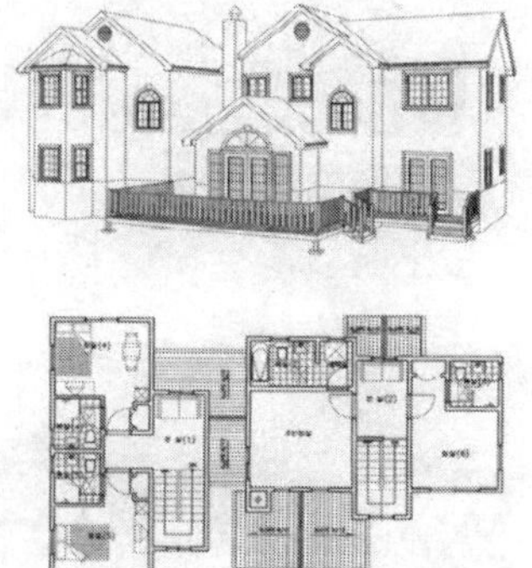

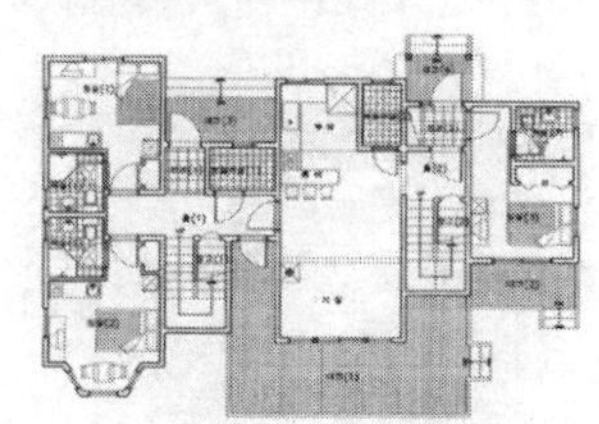

• 방갈로형 펜션

방갈로형 펜션이란 한 동에 여러 개
의 객실이 들어가는 것이 아니라 주인
거주 공간을 두고 그 주위에 6~10평
정도의 독립된 방갈로를 여러 개 배치
해 펜션으로 운영하는 경우를 말한다.

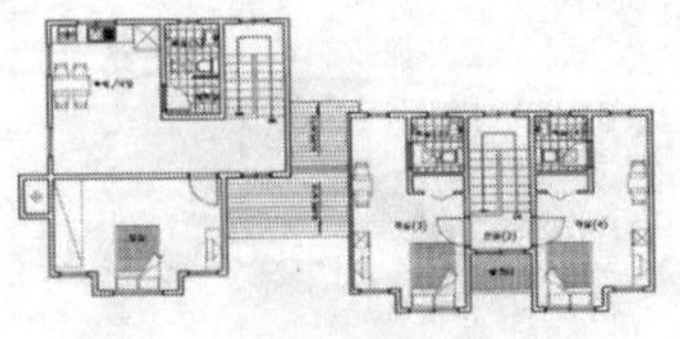

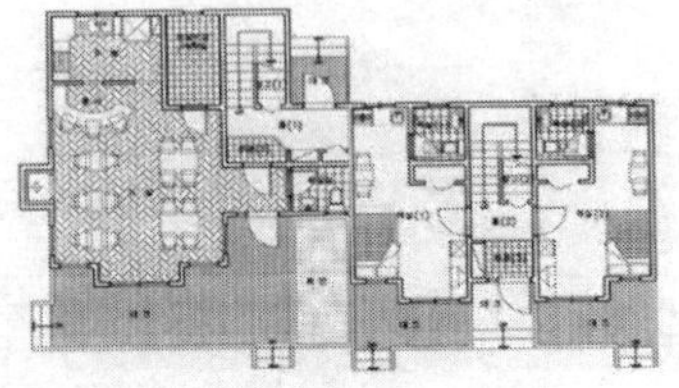

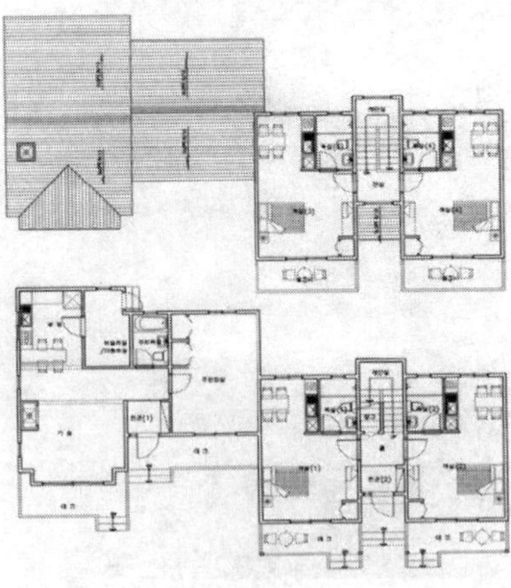

주로 관광지 주변의 부지가 넓은 숲 속 등에 적합하며 펜션 본동을 크게 짓기에 부적합한 급경사지를 활용하는 경우도 있다. (가평 깊은산속 옹달샘 펜션)

• **별장형 펜션**

별장형 펜션이란 하나하나 완전히 독립된 주택으로 지어지는 경우로 최소 전용면적이 12평 이상이 되어야 독립된 한 채의 주택으로 등기가 가능하다. 방갈로가 하나의 독립된 주택이 아닌 부속물로서 존재하는 것과는 차이가 있다. 별장형 펜션의 크기는 다양하게 구성될 수 있으며 보통 15~25평 사이가 비교적 수요층이 많아 객실 가동률이 높으며 25평 이상의 경우 한 가족이 쓰기엔 너무 크고 이용요금도 비싸 주로 단체용으로 사용된다. 이런 경우 객실 가동률은 일반적인 펜션에 비해 보통 3분의 1 이하로 떨어진다. 전원주택단지로 조성을 했다가 분양이 되지 않아 별장단지형 펜션으로 전환하는 경우가 종종 있으며 처음부터 별장단지 형태의 펜션을 구상하는 것은 수익면에서 바람직스럽지 못하다.

• 절충형 펜션

절충형 펜션이란 여러 가지 형태의 펜션들이 복합적으로 지어지는 경우다. 예를 들어 전원주택형 펜션에 방갈로 몇 동을 추가하는 것 등을 들 수 있다. 또한 전업형 펜션을 한 동 지어서 운영하다 보니 고객이 늘어 객실이 부족하게 되자 큰 본동을 짓기엔 자금이 부족해서 20~30평대의 듀플렉스 형태로 추가동을 신축할 수도 있으며, 또한 가족 동거형 펜션과 카페가 결합한 형태도 가능하다.

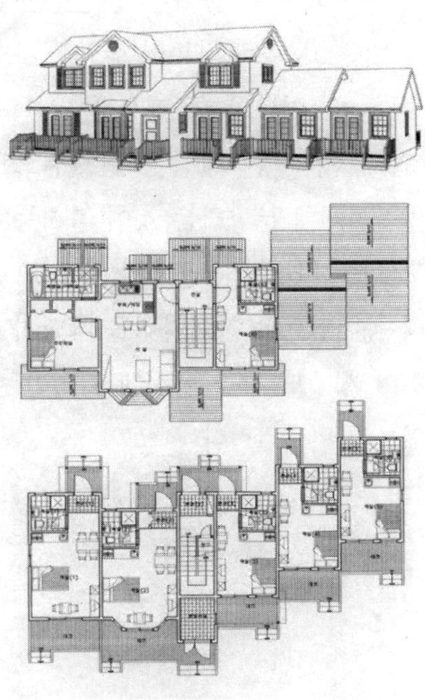

• 콘도형 펜션

콘도형 펜션이란 제주도 개발 특별법상 제주도에서만 가능한 형태다. 2실부터 10실까지가 최대 한도이며 완전히 구분 등기된 한 실 한 실을 10~20구좌로 나누어 회원권 분양을 할 수 있도록 한 펜션을 말한다. 소규모의 개인 펜션을 회원권으로 일반인에게 분양하는 것이 불가능하고 회원 관리상의 문제와 제주도 현지 농어민으로 참여자격을 제한하고 있어 제주도 관광 발전에 기여할 수 있을지 의문스럽다.

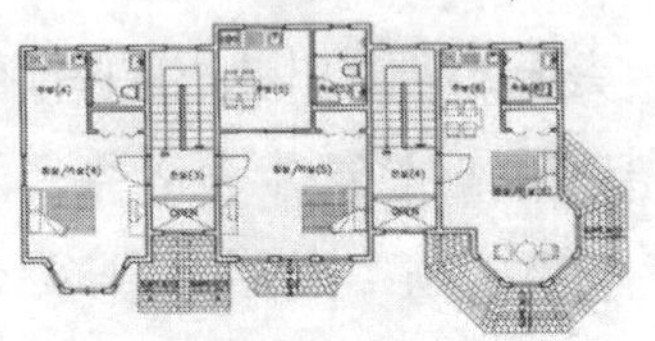

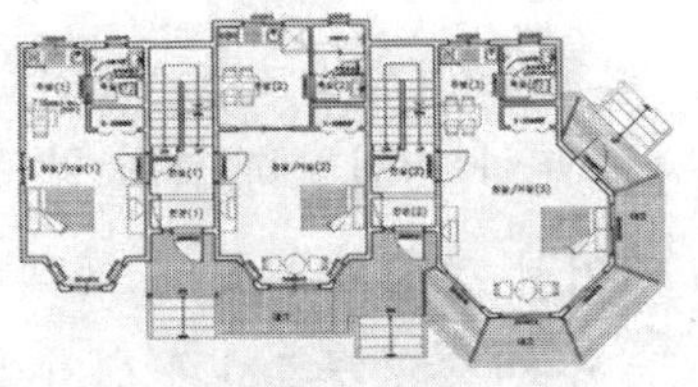

5.

렛츠고 펜션 창업 성공사례

강원도 평창 에델바이스점

  강원도 평창군 봉평면에 허브나라로 유명해진 흥정계곡이 있다. 에델바이스점은 이 흥정계곡을 따라 1.5km 정도 올라가다가 좌측 계곡 건너편에 위치해 있다. 에델바이스점을 창업한 점주 한성래(34세) 씨는 얼마 전까지 대우자동차 부평공장에서 근무를 하고 있다가 2001년 초 부도로 인한 대량 정리해고시에 회사를 그만 둔 상태였다. 30대 중반의 젊은 나이에 부인과 어린 자녀 둘이 딸린 가장으로서 앞으로 살아갈 길이 막막해진 한 씨는 그 동안 직장생활을 하면서 벌어 놓은 돈도 없고 퇴직금 등을 다 모아야 3,000만~4,000만 원밖에 되지 않았다. 따라서 고향인 평창에 내려가 부모님이 농사를 지으시던 밭 6,000평을 활용하여 무엇을 할 것인지 고민하다가 신문에 난 펜션에 대한 기사를 읽고 당사를 찾아온 경우다.

처음 당사에 찾아왔을 때는 실직에 대한 분노로 노동부 등을 찾아다니며 항의를 하던 중이었다. 그런데 나와 만나서 고향에 있는 밭을 활용하여 펜션을 짓고 운영하자는 계획을 세우고 나자 마음이 홀가분해졌는지 이제는 펜션이나 하겠다며 의욕을 불태우기 시작했다. 문제는 손에 쥔 자금이었다. 고작해야 퇴직금 등을 다 합쳐봐야 가진 돈이 3,000만~4,000만 원밖에 되지 않아 토지는 있다고 해도 건축비와 집기 비품비가 문제였다.

그래서 나는 처음부터 욕심 내지 말고 건축규모를 최대한 줄이고 부모님 소유 밭 6,000평을 농협에 담보로 제공하여 대출금으로 부족분을 충당하자고 제안을 했다. 한 씨는 밭의 일부를 평당 10만 원이라도 좋으니 일부를 팔아주면 이를 가지고 건축비에 충당하는 것이 어떻겠느냐고 제안해왔다. 하지만 나는 오랫동안 부모님이 경작해온 농토를 판다는 것이 어쩐지 마음이 내키지 않아 은행에서 대출 받는 방향으로 밀어붙였다.

그리하여 펜션은 목조주택으로 짓되 총 건축면적은 38평으로 하고 전부 객실로 꾸며 룸을 5개(커플룸 7평형 3개, 가족룸 10평형 2개)로 설계했다. 한 씨 가족은 부모님이 살던 벽돌조 주택에서 그대로 거주하기로 했다. 총사업비는 건축비로 평당 300만 원씩 들어가 1억 1,400만 원이 들었고, 인·허가비와 가입비, 조경비 등으로 약 1,500만 원, 객실 내 집기비품비로 약 2,000만 원이 들어 약 1억 4,900만 원이 소요되었고 부족한 사업비는 농협에서 토지를 담보로 1억을 받아 처리하고 집기비품비는 우리 회사에서 숙박료 매출로 상환하기로 하고 선지원을 했다.

2001년 3월에 처음 회사를 방문하여 4월 말에 농지전용허가를 완료하고 5월 초 착공에 들어가 여름 성수기가 시작되는 7월 13일에 정식으로 오픈했다. 한 씨는 처음 우리 회사를 방문하여 상담할 때 정말로 렛츠고 펜션을 해서 돈을 벌 수 있을까라는 불안감을 가지고 있었으며 매월 200만 원만 벌 수 있다면 정말 좋겠다는 말을 여러 차례 했었다.

그러나 막상 7월 13일에 오픈을 하자마자 인터넷상으로 사전 예약을 받아놓았던 당사 회원들이 밀물처럼 밀려들어가자 얼굴에 희색이 만연해졌다. 한 씨의 어머니가 특히 기뻐서 어쩔 줄 몰라하며 찾아온 고객들에게 밭에서 재배한 여러 가지 채소나 옥수수, 감자 등을 양껏 나누어주셨다. 이용회원들의 입장에서는 흥정계곡가에 그림같이 예쁜 목조주택에서 휴가를 보내게 된 것도 좋은데, 이렇게 후하게 내주는 농촌 인심이 너무너무 좋았는지 연일 홈페이지 이용후기란에 에델바이스점에 대한 대만족의 글이 올라왔다. 이러한 후기 덕분에 에델바이스점을 예약하려는 사람들이 더욱더 몰려들고 예약이 완료된 날이 많자 취소 건이 있으면 알려달라는 개별 부탁 전화가 많이 접수되었다.

이렇게 하여 에델바이스점은 7월도 매출이 약 750만 원 남짓 올랐고 8월에는 약 1,200만 원 정도 올라 90%가 넘는 객실 가동률을 달성했다.

9월이 되면서 우리는 약간 불안한 마음을 가지고 있었다. 여름 휴가가 끝나고 9월이 되면 여행객이 급격히 감소하고 추석 명절이 다가

오기 때문에 여행을 자제하는 1년 중 가장 비수기가 되기 때문이었
다. 그러나 막상 9월이 되자 이러한 우리의 염려는 기우에 지나지 않
았다. 9월에도 약 600만 원 정도의 매출이 올랐고, 10월이 되자 650
만 원으로 증가하더니 11월에는 700만 원 정도로 증가했다. 에델바
이스점은 보광 휘닉스 파크에서 승용차로 10분 거리에 있어 12월은
본격적인 스키 시즌에 접어들기 때문에 매출이 더욱 증가하여 약 780
만 원 정도의 실적을 올렸다. 연면적 38평에 객실 5개를 가지고 이러
한 매출과 객실 가동률을 달성한 데 대하여 나를 비롯한 임직원은 물
론이고 점주와 점주의 가족들 모두 놀랐다. 내가 처음 상담할 때 한
씨에게 제시했던 연간 예상 객실 가동률이 40% 선에 월 매출이 350
만 원 선이었던 점을 감안할 때 비수기조차 목표의 2배가 넘는 대성
공을 거둔 셈이다.

　한 씨는 처음에는 평당 10만 원에라도 땅을 일부 팔아서 펜션을 하
려고 했지만, 지금은 에델바이스점이 엄청난 수익을 내자 주위에서
훨씬 높은 가격을 줄 테니 일부를 자기한테 팔라는 요청을 자주 받게
되었다. 따라서 펜션을 운영해서 얻는 수입도 중요하지만 나머지 땅
에 대한 자산가치가 큰 폭으로 상승하여 펜션에 과감히 투자한 것에
대해 지극히 만족해하고 있다.

　앞으로 에델바이스점은 펜션 주변의 밭 6,000여 평에 허브와 다양
한 꽃들을 재배하여 공원화하고, 다양한 무공해 채소 등을 심어 이를
투숙객들과 공유하겠다는 계획을 가지고 있다. 올 봄에는 이러한 변
화된 모습을 찾아오는 투숙객들에게 보여줄 수 있을 것이다.

경기도 안성군 죽산면에 용설저수지라는 조그만 호수가 있다. 안성 퓨전점은 이 용설저수지를 따라 1km 쯤 올라가다 호수 우측의 한적한 전원마을 한가운데에 있다. 안성 퓨전점의 점주 조남국(54세) 씨는 서울에서 인쇄소를 경영하며 살다가 도시생활에 염증을 느껴 수 년 전부터 전원생활을 꿈꾸어왔다. 그래서 주말이면 부인과 함께 전원주택지를 구하려고 이곳저곳 돌아다니며 마땅한 부지를 물색 중에 있었는데, 가장 큰 고민이 시골에 내려가 마땅히 할일이 없고 수입이 없다는 점이었다.

그러던 중 2001년 5월 경 렛츠고 펜션에 대한 잡지기사를 읽고 바로 이거다! 라는 생각에 우리 회사를 방문하여 상담한 경우다. 조 씨

의 경우 아들은 군대에 갔고 딸이 중앙대 안성캠퍼스에 다니고 있는 관계로 위치에 대해선 안성으로 일찌감치 정해놓은 상태였다. 렛츠고 펜션을 지어서 전원생활 속에서 펜션을 운영하며 살고자 하는 결심을 굳히자마자 안성 주변의 경치 좋은 곳을 중심으로 땅 물색에 들어갔다.

안성은 대규모 관광지가 있는 지역이 아니어서 가급적 저수지를 끼고 있는 곳이 주 물색 대상이었다. 하다못해 낚시를 즐기려는 사람들을 대상으로 펜션을 운영해도 어느 정도의 고객 확보가 가능하다는 판단에서였다. 마침 용설저수지 주변에 준농림지 700여 평이 평당 20만 원에 매물로 나온 것이 있어 계약을 채결하기 전에 당사에서 적정부지 여부를 확인하는 답사를 실시한 결과, 총 700여 평 중 200여 평에 대하여 이미 토지주가 전용허가를 받아놓은 상태이고 지적도상 도로가 있어 펜션 건축에 법적인 하자는 없었다. 땅의 위치에서 호수가 저멀리 내려다 보이고 뒷편엔 산으로 둘러 쌓여 있어 나름대로 조용하고 아늑한 분위기여서 전원생활을 겸한 펜션을 짓기에는 안성맞춤이었다.

그래서 당사의 컨설팅 결과에 따라 즉시 매매계약을 체결하고 펜션 설계에 들어갔다. 조 씨의 가족사항과 본인들이 전원생활에 필요한 주거면적을 충분히 반영하여 주인 부부방과 아들, 딸을 위한 방 각 1개씩을 배치하고, 가족과 이용고객간의 프라이버시를 최대한 보호하고자 출입구를 2개로 하고 2층으로 올라가는 계단도 따로따로 설계를 했다. 결국 2개동으로 구분하여 연면적 60평을 2층으로 짓되 주인 거주동(36평)과 객실동(24평)을 서로 연결하여 복도로 통할 수 있도록 했다. 이는 전원주택형 펜션으로서 가족동거를 최대한 고려한 설계로 향후 펜션 설계상의 하나의 모델이 되었다. 또한 아들이 나중에 군대를 제대한 후에 사용할 방 하나를 당분간 객실로 사용할 수 있도록 1층 외부에서 직접 출입할 수 있도록 하고 모든 룸에 개별 화장실을 설치했다. 이는 딸이 언젠가는 결혼해서 나가 살 때를 가정하여 언제든지 객실로 전환할 수 있도록 다목적으로 설계되었기 때문이다. 이러한 설계가 확정되자 2001년 7월 초부터 본격적인 펜션 신축공사에 착수하였다.

펜션을 하기 위한 사업비는 토지매입비가 평당 20만 원씩 700여 평으로 약 1억 4,000만 원, 건축비로 60평을 짓는데 평당 330만 원(고급형)씩 들어 약 2억 원, 집기비품비로 룸 5개(6평형)에 약 2,000만 원, 토목 및 조경비 등으로 약 1,500만 원이 들어 총 3억 7,500만 원이 들었다. 조 씨는 가지고 있던 현금 약 8,000만 원에 서울의 아파트를 처분한 돈 약 3억 원을 가지고 사업비를 조달하였는데, 펜션 공사 기간 중에는 안성 현지의 창고를 빌려 임시 거주하다가 2001년 10월 초 건물이 완공되어 입주하게 되었다.

조 씨 부부는 처음에 당사를 방문하여 상담하면서 자신들은 돈을 많이 버는 것이 목적이 아니고 어차피 전원생활을 하고 싶어 오랫동안 준비해온 만큼, 렛츠고 펜션으로 지어서 월 평균 수입이 200만 원만 되면 더 이상 바랄 것이 없다고 하였는데, 막상 건물을 완공하고 10월 13일자에 오픈을 하자마자 미리부터 예약 대기하고 있던 회원들이 줄줄이 들이닥치자 어안이 벙벙해졌다. 오픈 첫 달인 10월은 13일부터 고객을 받기 시작해 약 18일 간 운영한 결과 280만 원의 매출이 발생했다. 전원 속의 아름다운 펜션을 경험한 당사 회원들이 이용 후기란에 좋은 글을 올리기 시작하자 11월부터 예약이 몰려들기 시작하여 6평형 커플룸 5개를 가지고 약 500만 원대의 매출이 올랐다. 12월은 객실 가동률이 80%를 넘어 평일에도 빈방이 거의 없는 상태로 월간 매출액이 680만 원까지 올라갔다. 총 투자비 3억 8,000만 원 중 주인거주 공간을 제외한 객실 면적 대비 투자금액은 1억 9,000만 원 정도로 매출액의 70%가 순수익임을 감안할 때 연간 투자수익률이 30% 선에 이르는 대성공을 한 셈이다.

조 씨 부부는 올해부터는 펜션 주위의 나머지 토지에 텃밭을 가꿔 무공해 채소 등을 재배하여 찾아오는 고객들에게 영농체험을 할 수 있도록 한다는 계획을 가지고 있다. 또한 자신의 오래된 취미인 목공예와 부인의 취미인 사물놀이를 테마로 하여 고객들과 서로 교류하면서 즐거운 전원생활을 영위한다는 계획에 부풀어 있다.

강원도 양양 「흐르는 강물처럼」점

강원도 양양에 있는 하조대 해수욕장 입구에서 어성전리라는 팻말을 따라 8km쯤 들어가면 어성전리 계곡이 나오는데 이 계곡을 따라 법수치 방면으로 거슬러 올라가면 동화 속에서나 나옴직한 하얀색 목조주택이 나온다. 도로와 계곡의 사이에 위치하여 펜션 객실에서 계곡의 물줄기가 한눈에 들어온다. 그래서 펜션의 이름도 영화 제목을 본따 「흐르는 강물처럼」으로 했다.

흐르는 강물처럼의 점주 주기용(43세) 씨는 서울에서 무역회사의 영업부장으로 재직하면서 평소 강원도의 잘 알려지지 않은 계곡이나

바닷가를 자주 찾아다니며 낚시를 즐기는 취미가 있었다. 이러한 취미에 도취되어 회사생활과 도시생활에 어느 정도 염증을 느끼게 되자 1년 전부터 경치 좋은 계곡 주변에 땅을 구입하여 민박집을 짓고 살기 위한 준비를 해오고 있었다.

2001년 7월경 렛츠고 펜션에 대한 신문기사를 읽고 회사로 상담전화가 걸려왔다. 오랫동안 펜션과 같은 민박집을 하려고 구상해 왔는데 잘 되었다며 퇴근 후에 압구정동의 한 일식집에서 만나자는 제의를 해왔다. 한 번도 만난 적이 없는 사람이 무턱대고 밖에서 만나 저녁식사나 하자고 하니 처음엔 어리둥절하였으나 한편으론 궁금하기도 해서 임원 2명을 대동하고 약속 장소에 나갔다. 그 날 펜션사업에 대한 전반적인 이야기가 화기애애한 분위기에서 이어졌고 부지물색이 끝나는 대로 펜션을 짓는다는 데 합의가 이루어졌다. 그래서 1차적인 부지물색은 주 씨가 매 주말마다 자기가 평소 선호하던 양양의 법수치 계곡에 내려가 구하기로 하고 우리는 주기용 씨가 구해온 물건 중에서 인허가 사항과 적정부지 여부를 컨설팅해 주기로 했다.

그 후 한 달 남짓 지나서 나름대로 물색한 부지를 보아달라며 연락이 왔다. 직접 답사해 보니 도로와 계곡 사이에 접한 900평 정도의 준농림지로, 약 300평 정도는 이미 지주가 다가구 주택을 짓기 위해 허가까지 받아놓은 상태였다. 또한 부지의 맨 끝부분에 20평 정도의 낡은 구옥이 있는데 주 씨 부부가 이곳을 사용하고 펜션동 60평은 전체를 객실로 꾸미기로 결정하고 설계에 착수했다. 모든 객실에서 계곡이 바라보이도록 하고 총 객실수는 7개로 커플룸 4개와 가족룸 3개로 구성했다. 1층의 경우 방마다 계곡을 향해 데크를 설치하여 외부와의 연결에 신경을 썼다.

8월 말까지 설계가 확정되자 9월 초부터 본 공사에 착수하여 11월 20일경에 완공을 하였는데, 펜션 주변의 조경과 객실 내 집기 및 비품을 모두 배치하고 나니 12월 초에 가서야 오픈을 할 수 있었다. 펜션을 창업하는 데 들어간 사업비로는 부지매입비로 평당 8만 원씩 900평에 약 7,200만 원, 건축비로 60평에 평당 330만 원(기본형)씩 약 2억 원이 들었고, 집기비품비로 약 2,800만 원, 토목 조경비 등으로 약 2,000만 원이 들어 총 3억 2,000만 원이 들었다.

「흐르는 강물처럼」점은 오픈하기 한 달 전부터 본사 홈페이지에 오픈 예고를 했는데, 그 이름이 특이하여 많은 회원들의 입에 오르내리곤 했다. 그 영향 때문인지 서울에서 네 시간 이상이 걸리는 깊은 산 속에 위치해 있는데도 불구하고 12월 초부터 예약이 쇄도했다.

처음부터 위치가 동해 바다와도 멀리 떨어져 있고 설악산에서도 멀어서, 한겨울에 과연 이 깊숙한 골짜기에 예약신청이 들어올 것인가 하는 것에 나는 물론이고 주 씨 자신도 예측하기가 어려웠다. 개업에 임박해서는 모두가 시험을 치른 학생들처럼 초조해지게 마련이다.

그러나 이러한 염려는 기우에 지나지 않았다. 오픈 후 1주일쯤 지나자 이곳을 이용한 회원들이 올린 이용후기가 홈페이지에 줄줄이 올라오는데, 회원들의 반응은 대체로 『깊은 산 속의 마술의 성 같다』는 표현이었다.

또 한 가지는 점주인 주 씨가 바닷가에 나가 명주조개를 자루로 사 갖고 와서 추운 겨울인데도 밤에 모닥불을 피워놓고 찾아온 고객들을 일일이 불러내어 소주와 함께 조개를 구워주었다는 것이다. 서로 처음 보는 점주나 투숙객들끼리 하나의 공감대가 형성되어서인지 이러한 색다른 체험과 인심이 회원들에게 좋은 추억을 마련해준 셈이다.

12월도 총 매출액은 약 900만 원 정도로 첫 달 치고는 예상치 않았던 결과여서 우리 모두는 펜션 사업에 대한 확고한 자신감을 갖게 되었다. 어느 회원의 「마술의 성 같다」는 표현처럼 시각은 다르지만 우리가 하는 일이 산간 오지의 쓸모없는 땅에 렛츠고 펜션을 지어 엄청난 수익을 창출하는 마술의 성을 만들어간다는 자신감이, 그 동안 펜션을 국내에 도입하여 전도사 역할을 해오면서 겪었던 수많은 어려움들을 모두 잊게 해주기에 충분했다.

주기용 점주는 앞으로 그 동안의 회원들의 호응에 보답하기 위한 나름대로의 독특한 테마를 준비하고 있으며 계곡의 특성을 이용한 계곡 탐사여행이나 오프로드, 바닷가에 나가 직접 어선체험을 할 수 있는 프로그램을 개발하여 더 많은 이용고객을 끌어들일 계획이다.

Pension

제5부

전국 펜션 안내

펜션 투어 인사이드

산언덕 작은 숲 속에 지은 제주 「미라지」 펜션

제주 「미라지 펜션」에 가면 주인장 김창진씨의 라이브 음악을 들을 수 있다. 젊은 안주인이 차려준 갈치국으로 맛있게 저녁 식사를 마친 뒤, 커피 한 잔을 들고 데크로 나서는 순간…. 주인장의 분위기 있는 음색이 집안 가득 울려 퍼진다.

땅거미가 내려앉고, 멀리 앞 바다에 떠 있는 어선의 불빛이 하나 둘씩 켜지고…. 옷깃을 여며야 할 만큼 바람이 차가워지면서, 커피는 더욱 따뜻한 온기를 전하고 진한 향기를 내어뿜는다. 재수가 좋은 날이면 큰 딸 초민이의 피아노 반주까지 곁들여 들을 수 있다.

깔끔한 펜션의 이미지만큼 젊은 부부의 서비스도 인상적인데, 대화를 나누어 보니 예전에 라이브 카페를 운영한 적이 있다고 한다. 오픈한 지 며칠 안 된 터라 침대 시트는 아직도 까칠까칠한 감촉 그대로고, 내부 집기류에서도 반짝반짝 윤이 난다.

김창진·김수정 씨 부부가 제주에 온 것은 지난 8월 「미라지」 펜션을 오픈하면서부터다. 사실 제주가 고향이지만 두어 살 때 이곳을 떴으니 제주에 대한 기억은 별로 없다. 제주에 오게 된 것은 거동이 불편한 홀로 되신 아버지를 자신이 모셔야 했기 때문이다.

그 동안 줄곧 마산에서 살았지만, 아버지를 모시기에 제주만큼 자연환경이 쾌적한 곳도 없는데다, 아버지 역시 당신의 고향으로 가고 싶어했고, 마침 3년 전 아버지가 사두었던 땅이 있던 터라 별 다른 선택의 여지가 없었다. 주변에 친척들이 살고 있다는 것도 마음 든든한 일이었다.

다만 제주에 가면 경제적인 문제는 어떻게 해결해야 할 것인지가 가장 큰 고민거리였다. 그 동안 마산에서 3년 정도 라이브 카페를 운영했던 경험을 살려 카페도 생각해 보았고, 음식점도 생각해 보았으나 선뜻 결정을 내리지 못했다.

그러던 중 알게 된 것이 펜션이었다. 여러 각도에서 나름대로 검토해 보았는데 일단 제주가 관광지인데다, 자신의 경우엔 이미 땅도 있으니 건물만 지으면 되지 않겠냐는 생각에 스스로의 계산만으로도 확신을 가질 수 있었다. 제주에 내려와 살 생각을 했으니 어차피 집을 지어야 했던 만큼 이미 자신은 펜션을 위한 여러 가지 조건들을 충족시키고 있었다.

이러한 자신의 생각은 「렛츠고월드」와의 상담을 통해 크게 빛나가지 않았음을 확인할 수 있었다. 카페를 정리하고 남은 자금과 약간의 여유 자금을 합치니 건축에 소요되는 비용은 어렵지 않게 맞출 수 있었다.

몇 차례의 상담과 계약 과정을 거친 뒤, 6월부터 본격적인 착공에 들어갔다. 북제주군 애월읍 광령2리에 마련한 땅은 130평에 불과했으나 주변으로 숲과 나무 등 여유 공간이 많은데다 마침 이 땅들이 군 소유지여서 자연스럽게 활용이 가능했다.

건물의 기본적인 컨셉은 자신이 주거할 수 있는 공간과 객실을 분리해 왼쪽 동 2층에 자신의 거처를, 그리고 오른쪽 동은 객실로 꾸미기로 했다. 그리고 왼쪽 동 1층은 홈바를 겸한 라이브 무대를 마련해 손님들이 카페처럼 편안하게 쉴 수 있는 공간으로 꾸몄다.

건물은 8월 중순 완공되었고 8월 24일 정식으로 오픈할 수 있었다. 객실은 모두 4개로 1, 2층 각각 2개씩이며 객실 당 평수는 7평 정도다.

여름의 끝자락이었던 터라 오픈과 함께 이내 손님들을 맞을 수 있었다. 시기적으로 여름 휴가 시즌을 놓친데다 제주도라는 특수성이 작용하

는 만큼 당장 큰 결과를 기대하지는 않았는데도 20여 일 간 약 15팀 정도가 다녀갔다.

애초부터 투자 개념에서 시작했던 것이 아니라 생활개념에서 접근했던 만큼 이 정도면 꽤 만족스런 결과다. 뭐니뭐니 해도 아버지를 모시고 온가족이 함께, 그것도 친척들과 가까운 곳에 살게 됐다는 점에서 마음 든든한 일이고 가장 큰 수확이다.

그 동안 들어간 비용을 따져보니 순수 건축비용으로 2억여 원, 시설비용으로 2,000만 원, 그리고 기타 부대 비용으로 2,000만 원이 더 들어가 약 2억 5,000만 원이 소요됐다. 예전에 사두었던 땅 구입비까지 포함하면 3억 가까운 자금이 소요됐다.

3억 원을 투자해 앞으로 얻을 것은 제쳐두더라도 당장 아버지를 모시고 살 수 있게 됐으니 그보다 더 마음 편하고, 큰 소득은 없다. 초민이와 다민이의 더욱 밝아진 표정도 아빠의 어깨를 한층 가볍게 만들어준다.

제주의 저녁 햇살이 얼굴 한가득 머문다.

〈월간 전원주택 라이프〉, 2001년 10월

고향에서 시작한 펜션, 평창 「에델바이스」

한성래 씨가 펜션에 관심을 갖게 된 것은 지난 겨울 우연히 인터넷을 통해서였다. 인천에 있는 자동차회사에서 근무했지만 봄이 오면 회사를 떠나야 하는 상황이었기 때문에 무엇이든 「호구지책」을 마련해야 했다.

유력한 대안으로 떠오른 것이 바로 펜션이었다. 그러나 약간의 현금과 고향인 강원도 평창군 봉평면 흥정리에 있는 밭 6,000평이 재산의 전부였던 터라 문을 두드리기 전까지는 갈등과 걱정이 많았다. 먼저 가지고 있는 현금이 별로 없다는 점에서 자신이 없었고, 펜션 예정지가 지역적으로 괜찮은 곳인지에 대한 판단과 확신도 좀처럼 서지 않았다. 그리고 마지막으로 이 먼 곳까지 얼마나 많은 사람이 와줄 것인지, 사업이 잘 될 것인지 하는 점도 걱정거리였다. 그러나 자신의 길었던 고민과 달리 해법은 당장 나타났다.

지난 7월 13일 오픈한 이래 두 달 간 올린 매출이 무려 2,400만 원이었다. 기타 운영비를 제외하면 실제 손에 쥐어지는 돈은 이보다 다소 적지만 어쨌든 두 달 간 어지간한 사람의 연봉에 육박하는 매출을 올렸으니 본인 스스로도 놀라지 않을 수 없는 일이었다.

애초 펜션에 대해 관심을 가질 때만 해도 큰 기대를 하지 않았던

것이 사실이고, 오픈을 앞두고서도 이렇게까지 좋은 결과가 올 줄은
미처 생각하지 못했다. 이런 결과엔 계절적인 요인도 있었고, 흥정계
곡을 끼고 있다는 좋은 입지 여건도 작용했겠지만, 뭐니뭐니 해도 가
장 큰 힘이 됐던 것은 역시 「렛츠고월드」다. 더욱이 구조조정의 회오
리 속에서 회사를 그만두어야 하는 정신적 공황기에 「렛츠고월드」를
통해 사업 아이템을 얻었으니 한성래 이수영 씨 부부에겐 「렛츠고월
드」가 구세주나 마찬가지다.

우선은 땅을 담보로 대출을 받아 자금을 확보해 두라는 것이 「렛츠고월드」측의 주문이었다.

나머지 방마다 들어가는 시설들은 회사측에서 여신을 주겠다는 것이었는데 한성래 씨 입장에선 마다할 수 없는 좋은 조건이다. 게다가 회사 차원에서 홍보 및 예약 관리를 대행해 주기 때문에 한성래 씨처럼 사업 경험이 없는 경우엔 더 없이 좋은 시스템이었다.

「렛츠고월드」측에선 펜션이 들어설 자리가 흥정계곡과 접해 있고, 겨울이면 스키어들이 몰리는 지역이라는 점, 그리고 가을에 메밀꽃 축제가 있어 거의 계절을 가리지 않는 전천후 지역이라는 점에서 더 없이 좋은 조건이라는 분석을 곁들여주었다. 과거와 달리 차분히 가족적인 분위기를 원하는 사람들이 늘고 있고, 주 5일 근무제가 실시되면 상황이 더 좋아질 것이란 설명도 큰 힘이 되었다.

용기를 얻고, 길이 보이자 일은 일사천리로 진행되었다. 그 후 몇 차례의 상담을 거쳐 계약을 한 뒤, 얼마 지나지 않아 설계도면이 나왔고, 본격적인 건축도 시작되었다. 객실은 5개를 갖추기로 했는데, 방 3개는 6.5평, 나머지 2개는 9.5평으로 연건평은 40평에 이르렀다.

애초 계획은 1, 2층 가운데에 큰 객실을 2개 들여 포스트로 하고, 양쪽으로 작은 객실을 각각 3개씩 배치할 생각이었으나 역시 자금이 문제였던 터라 오른쪽 작은 객실 3개는 후일을 기약해야 했다.

7월 초 기본적인 건축이 끝나고 마무리가 한창일 무렵, 본사로부터 벌써부터 예약이 들어온다는 전화를 받았고, 급기야 일정을 앞당겨 7월 13일 정식으로 오픈을 했다. 그리고 「에델바이스」란 간판도 내걸었다.

그렇게 시작된 여름은 두 달 내내 흥정계곡을 달구며 연일 예약매진 사태를 빚었다. 감히 상상조차 할 수 없었던 현실이 눈앞에서 펼쳐지는 통에 하루하루를 어떻게 보냈는지 모를 정도였다.

두어 달을 보내고서야 한 숨을 돌릴 수 있게 됐는데, 매출만 따져보니 2,000만 원을 훌쩍 넘겼다. 이런저런 운영비와 부대비용을 제하고 나니 두 달 간 손에 쥐어진 돈이 만만한 액수가 아니었다. 물론 계절적인 요인이 크게 작용했지만 어쨌든 총 투자비용이 2억 원이었는데, 두 달 동안 투자비의 약 10%를 건진 셈이 됐다.

인생만사 「새옹지마」라고 했던가, 암울했던 작년 이맘 때와는 전혀 다른 세상이다. 한성래 · 이수영 씨 부부는 지난 여름 「희망」을 보았다고 했다.

겨울 스키어 맞을 준비에 여념 없는 이들 부부의 얼굴에 웃음꽃이 피었다.

〈월간 전원주택 라이프〉, 2001년 10월

서울 생활 정리하고 고향에서 시작한 안성 「퓨전」 펜션

경기도 안성시 죽산면 용설리. 조남국 · 유수용 씨 부부는 이른 아침 자전거를 타고 저수지 주변을 한 바퀴 도는 것으로 하루일과를 시작한다. 지난 달 새 집을 짓고 이 곳으로 이사를 왔으니 벌써 한 달째. 땅거미가 이제 막 걷힐 무렵이니 임자 없는 가로등의 스위치도 내리고, 일찌감치 밭일을 나온 동네 주민들과도 인사를 나눈다. 조금 여유가 있다 싶을 땐 밭으로 들어가 일손도 거드는데, 엊그제 이사온

외지인이란 느낌을 좀처럼 찾
아볼 수 없다.

　사실 조남국 · 유수용 씨 부
부는 꽤 오래 전부터 전원생활
을 준비해 왔다. 그 동안 서울
의 한복판이라고 할 수 있는
삼성동 아파트에서 살며, 부부
가 각자 개인 사업체를 운영했
다. 그러나 서울 생활이 지속
될수록 시골에 대한 그리움은
커졌고, 급기야는 도시 생활을
정리하고 시골로 돌아가기로
부부가 뜻을 모았다.

　대개는 남편이 먼저 제안을 하고 아내가 나중에 뜻을 함께 하는 것
이 보편적인 형태인 데 반해 이들 부부의 경우는 누가 먼저랄 것도
없이 애초부터 뜻이 맞았다.

　물론 갈등이 전혀 없었던 것은 아니다. 미우나 고우나 어쨌든 삶
의 대부분을 보냈던 서울 땅이었던 만큼 나름대로 정이 들었고, 현
실적으로 아이들의 교육도 문제였다. 각각 중학생 · 고등학생이었던
남매를 서울에 두고 떠날 수도 없는 노릇이었고, 그렇다고 중요한
시기에 전학을 시키는 것도 이롭지 않다는 생각이 들었다. 결론은
기다리는 수밖에 없었다. 적어도 아이들이 대학에 진학할 때까지는
기다리기로 했다.

　그 기간은 3~4년 정도가 걸렸다. 그리고 지난 해 고등학교 3학년

이었던 둘째가 올 초 대학에 진학하면서 비로소 본격적인 준비에 들어갈 수 있었다. 애초엔 단순한 전원생활을 꿈꾸었었지만 그 동안 관련 서적도 탐독하고 경험자들의 조언도 참고했던 바, 막연하게 접근하는 전원생활은 실패할 공산이 크고, 그 과정도 녹녹치 않다는 것을 알게 되었다. 현지 주민들과의 원만한 관계가 매우 중요하다는 것도 이 기간 동안 나름대로의 공부를 통해 알게 된 새삼스런 것들이다. 공부의 깊이가 더해질수록 준비해야 할 것도 많고, 염두에 두어야 할 것도 많아졌다.

『적적하고 무료해질 수 있는 가능성을 원천적으로 배제하고, 게다가 수익도 보장된다면….』

이러한 바람은 지난 해 우연히 신문을 통해 보도된 「렛츠고 월드」를 통해 해법을 찾을 수 있었다. 그리고 이들 부부는 상담을 통해 자

신들이 가지고 있는 능력을 펜션에 십분 발휘할 경우 누구보다 유리하게 사업을 이끌어갈 수 있다는 진단을 받았다.

사실 유용수 씨는 현재 「여성 민우회」 풍물패 「단비」의 회장직을 맡고 있다. 자신이 가지고 있는 정서와 능력을 한껏 발휘한다면 동네 주민들과 쉽게 어울릴 수 있을 것이고, 펜션을 운영하는 데 있어서도 적잖은 도움이 될 것이란 게 자신의 생각이자 「렛츠고월드」측의 설명이었다.

상담을 통해 가능성을 확인한 이들 부부는 마음을 굳히고 우선 땅을 알아보기로 했다. 처음엔 지도를 펴놓고 여러 지역을 놓고 고민했지만 지역적 선택은 의외로 쉽게 결정이 났다.

우선은 심리적으로 편안하게 다가가는 고향이 좋을 것이란 생각을 하게 되었고, 아내의 고향인 이 곳 용설저수지 주변이 1순위로 꼽혔다.

특히 이 저수지 주변으로는 유명 무용가인 홍신자씨와 연극인 김

아라 씨 등이 살고 있다는 점에서도 더욱 마음이 끌렸다. 결국은 지난봄 이 곳의 땅 700평(준농림전 500평, 대지 200평)을 마련하고 본격적인 준비에 들어갔다.

건축은 지난 7월부터 시작되어 지난 달 중순에 완공되었다. 4개의 객실(객실당 6평)을 갖춘 2층 목조주택으로, 건평은 모두 60여 평. 여기에 거실을 겸한 주방과 방 3개도 포함되어 있는데 이 공간은 가족들을 위한 주거용 공간이다.

주변 정리가 덜 된데다 이제 막 심어진 잔디들도 아직은 어색한 모습이다. 아직 마음의 정리도 채 끝나지 않아 무엇부터 손을 대야 할지 망설여진다. 우선은 멋진 오픈식을 생각중이다. 풍물패들과 함께 놀이마당도 열고, 추후엔 고객들과 함께 하는 별도의 이벤트도 마련할 생각이다. 또 마을주민들을 대상으로한 풍물학교를 올 겨울 열어볼 참

안성 퓨전 팬션 건축정보	
위치	경기도 안성군 일죽면 용설리
부지면적	600평(준농림전 400평, 대지 200평)
건축형태	2층 목조주택
건축면적	60평(1층 35평, 2층25평)
건축공사기간	2001년 7월~10월 초
외벽마감	드라이비트
내부마감	벽지, 루바(거실 하단쪽)
지붕재	아스팔트 2중 그림자 싱글
바닥재	온돌마루(거실, 방, 객실)
데크	14평
난방	기름보일러(이원화)
건축비	평당 330만 원

인데, 이미 이 같은 뜻이 마
을 주민들에게 전달되어 흔
쾌히 허락도 받아냈다.

상쇠의 꽹과리 소리가 푸
른 하늘에서 춤춘다.

〈월간 전원주택 라이프〉, 2001년 11월

주말주택을 펜션으로 활용한 단양 「한울」 펜션

집 앞으로 동강의 지류가 유유히 흐르고 사방으로 높직한 산들이
우뚝 서 있는 아름다운 곳. 한겨울 눈까지 쌓이면 영락없는 유럽의
어느 시골마을 같은 고즈넉한 분위기를 연출하는 이 곳에 「한울」 펜
션이 자리잡고 있다. 행정구역상으로는 충북 단양군 가곡면 가대리
에 속한다.

주인장 엄학주 씨의 취미는 낚시. 조력만 해도 30년이 넘는 베테랑
으로 민물낚시, 바다낚시, 하천에서의 견지낚시 등 다양한 경험을 가
지고 있으며 단양과 인연을 맺은 것도 순전히 이 낚시 때문이다.

엄학주 씨는 6~7년 전 낚시를 위해 처음 단양을 방문한 이후, 여름
이면 삼삼오오 낚시 친구들과 함께 서너 차례씩 내려와 견지낚시를
즐기고 돌아가곤 했다. 당시 노년의 쉼터로 단양은 이미 엄학주 씨의
눈에 쏘옥 들어왔는데, 특히 중앙고속도로가 생기면서 서울과의 거

리가 가까워진데다 낚시터가 있고, 자연환경도 쾌적해 여기저기 다녀본 바로도 이 만한 곳이 없었다.

　일이 잘 풀리려고 했는지, 마침 자연부락이었던 이 일대가 1999년 농어촌기반공사에 의해 「가대리 문화마을」로 조성되었고, 결국 135평 규모의 지금 집터를 평당 17만 원씩 주고 구입했다. 「가대리 문화마을」은 전체 부지면적 2만여 평 규모로 농어촌기반공사에서 40억 원의 공사비를 투입해 조성한 단지 형태의 문화마을.

　건축은 이후 두 해를 묵히고, 지난 겨울부터 시작되어 2001년 봄에 완공되었다. 큰아들 엄진우 씨가 건축관련 사업을 했던 만큼 설계에서부터 시공 마무리까지 모두 엄진우 씨의 손에 의해 진행되었다. 일종의 주말주택 개념에서 접근하여 시간이 있을 때 들러 낚시도 하면서 쉬었다 갈 수 있도록 설계 컨셉을 잡았고, 낚시 친구들이나 가족, 친척들이 오더라도 독립적으로 편안하게 묵고 갈 수 있도록 배려했

다. 이 집의 설계가 크게 독립된 3개의 공간으로 나누어지게 된 것도 바로 이 때문이다.

외형상로는 2×6 2층 목조주택으로 전체 건축면적은 48평이며 1층이 30평, 2층이 18평이며 1층은 다시 좌우로 각각 15평씩 차지한다.

현관문을 밀고 들어가 왼쪽으로 집 주인의 자리인 메인 공간이 있고, 오른쪽으로 독립된 공간이 있으며 그 위층에 나머지 또 하나의 독립된 공간이 있다. 각각의 공간에는 거실과 침실, 주방, 식탁, 화장실이 모두 독립적으로 설계·설치되어 있어 서로의 프라이버시가 침해되지 않는 구조를 하고 있다.

지금에야 펜션으로 용도를 변경했지만, 마치 펜션으로의 용도변경을 염두에 두었던 것처럼 공간활용이 딱 맞아떨어진 것이다. 이 집은 한 동안 주말주택으로 이용하다 지난 여름부터는 엄학주 씨가 아예 내려와 살고 있다. 오래 전 현직에서 은퇴했기 때문에 시간도 넉넉한데다 노년의 즐거움을 공기 좋고 물 맑은 이 곳에서 보내고 싶다는 생각에서였다.

다만 낚시를 자주 왔던 것 외엔 별 다른 연고가

없다보니 혹시 외로울 수도 있다는 일부 가족들의 의견에 따라 보완책을 생각해 보았는데 그것이 결국 「펜션」이 되었다. 「렛츠고월드」에 문의한 결과 답변은 「실내 구조상 크게 문제가 없다」는 진단을 얻을 수 있었고, 이미 집이 지어져 있고 일부 시설도 갖춰져 있는 만큼 몇 가지만 보완하면 당장 오픈하여도 손색이 없다고 했다.

결국 두어 달의 준비 기간을 거쳐 지난 달 정식 오픈을 하게 되었는데, 주말마다 2개의 객실이 빌 날이 없었다. 다른 펜션에 비해 객실이 15평 안팎의 넓은 평수여서 방문객들의 호응이 매우 좋은 편이었고, 단양 시내가 가까운데다 주변으로 소백산, 고수동굴, 온달관광지 등이 있다는 것도 큰 힘이 되었다.

펜션을 시작하며 엄학주 씨에겐 「이보다 더 좋을 순 없다」는 영화 제목이 현실로 다가왔다. 물 좋고 공기 좋은데다 좋아하는 낚시를 즐길 수 있고, 방문객들이 있어 적적함도 느낄 수 없으니 엄학주 씨에겐 더 바랄 게 없는 결과가 된 것이다.

팔순이라는 나이가 믿기지 않을 만큼 건강한 그의 얼굴에 웃음꽃까지 활짝 피었다.

<월간 전원주택 라이프>, 2001년 12월

영화 속 느낌 그대로, 「흐르는 강물처럼」 펜션

노인이 되어 다시 고향으로 돌아온 노먼, 이제 그 곳엔 동생 폴도 없고 아버지 멕클레인도 없다. 강렬한 역광 속에서 형 노먼은 그 옛날 그랬던 것처럼 흐르는 강물 위에 다시 「플라이(Fly)」를 날린다. 부정형의 포물선을 그리며 강물 위로 날아가는 낚싯줄은 역광에 의해 그 궤적을 더욱 선명하게 그려내고…. 잠언을 듣는 듯한 잔잔한 아버지의 낮은 음성이 흐르며 화면은 이내 진한 여운을 남긴 채 사라진다. 마치 흐르는 강물처럼….

1992년 개봉되어 한 동안 많은 사람들의 입에 오르내렸던 영화 <흐르는 강물처럼>. 주기용씨가 자신의 펜션을 「흐르는 강물처럼」으로 이름지은 데는 이 영화의 영향이 적지 않았던 게 사실이다. 산과 계곡 그리고 바다, 자연을 좋아해 여행을 즐겼고 낚시를 즐겼던 그였기에 이 영화는 그의 애기나 다름없었고, 그 무대는 마치 자신이 품어왔던 마음의 고향처럼 남아 있다.

그리고 그는 지난 해 11월 문을 연 자신의 펜션에 「흐르는 강물처

럼」이란 멋진 이름표를 달았다. 실제 그의 펜션 앞엔 「어성전 법수치 계곡」이 흐르고 영화에서처럼 「플라이 낚시」가 가능한 곳이어서 제법 그 느낌과 분위기가 잘 표현된다. 마치 한국판 「흐르는 강물처럼」의 무대처럼 말이다.

주기용 · 정희영 씨 부부는 지난 해 11월 펜션 「흐르는 강물처럼」을 오픈하면서 이 곳 양양에 왔다. 서울에서 나고 자란 만큼, 양양과는 아무런 연고가 없었지만 여름과 주말만 되면 도지는 그의 「시골병」 때문에 10여 년 전부터 자주 드나들게 되었고, 어느덧 제2의 고향과 같은 곳이 됐다.

그 동안 주기용 씨의 꿈은 영화 〈흐르는 강물처럼〉의 무대 같은 그런 곳에서 사는 것. 그러나 그의 꿈은 현실성과 구체성, 한 마디로 대

책이 없는 일종의 꿈 자체였다. 시골에 대해, 시골 생활에 대해 아는 것이 없었고, 또 그 곳에서 경제적인 문제를 해결할 대안도 없었기 때문이다.

그러던 그에게 희망을 던져주었던 것은 펜션 전문 기업 「렛츠고 월드」였다. 지난 해 봄 우연히 「렛츠고월드」를 알고 자신의 꿈이 「단순한 꿈」만은 아닐 것이란 생각을 하게 되었고, 상담을 거치면서 그 꿈에 확신을 가지게 되었다.

확신이 서면서 취한 다음 조치는 부지 마련. 오래도록 양양 등 강원도 일대를 돌아다녔던 터라 누구보다도 이 지역 정세에 밝았고, 계획이 서자 가장 먼저 떠오른 곳이 지금 펜션 자리인 강원도 양양군 현북면 어성전리였다.

그러나 모든 상황이 순조롭지만은 않았다. 줄곧 서울서 생활해 왔던 아내 정희영 씨의 흔쾌한 허락을 받아내는 데도 시간이 필요했고, 중학교에 다니는 아들 녀석을 교육문제 때문에 따로 서울에 떼어놓아야 한다는 사실도 여간 마음에 걸리는 것이 아니었다.

땅에도 문제가 있었다. 마음에 두었던 땅이 있었으나 알고 보니 복잡

한 권리관계 때문에 선뜻 도장을 찍기가 어려웠다. 그러나 몇 날 며칠을 생각해 보고, 아무리 따져 봐도 자신의 생각과 구상에 그만큼 들어맞는 땅도 드물었고, 마음이 한 번 쏠리니 그 땅에 대한 영상이 도무지 지워지지 않았다. 결국 경매로 넘어가, 다소 복잡한 땅이었음에도 불구하고 웃돈을 얹어줘가며 경매가보다 높은 가격에 땅을 다시 매입을 하는 결단을 내렸다. 모두 1,100평 규모였으며 평당 가격은 13만 원.

땅을 마련했으니 이제는 집을 지을 차례다. 집 짓는 일은 크게 어려운 과정이 없었고, 나머지 문제도 「렛츠고월드」와 상의를 거쳐 진행해나가 3개월의 공사 끝에 지난 해 11월 정식으로 입주를 하고 오픈을 했다.

총 소요 자금은 대략 4억 원이 넘게 소요됐다. 부지 구입에 1억 2,000만 원가량이 소요됐고, 펜션 신축에 2억 원 정도, 그리고 합병 정화조 설치에 1,300만 원, 지하수 공사에 1,000만 원, 토목 및 조경에 2,000만 원, TV·침대 등 집기류 구입에 3,000여 만 원이 소요되

었다.

　기타 눈에 보이지 않는 부대 비용까지 포함하면 대략 4억 원이 소요됐고, 여기에 4륜구동으로 차를 바꾸고, 2,300만 원을 들여 추가로 태양열 시스템을 설치하니, 4억 원이 훌쩍 넘는 목돈이 됐다. 난방 및 온수는 현재 기름보일러가 설치되어 있지만 한여름을 제외하고는 연중 보일러 가동이 불가피해 태양열 보일러를 겸용으로 사용하기로 했다.

　지난 해 11월 오픈한 이후 한 달여가 조금 넘었다. 빼어난 주변 경관과 여기에 어울리는 현대식 목조주택, 그리고 그의 손님을 대하는 감각적인 센스까지 더해져 「흐르는 강물처럼」은 단숨에 인기 펜션으로 자리잡았다. 짧은 기간에도 불구하고 「렛츠고월드」 홈페이지 「이용자 후기」 코너에는 빼어난 주변경관과 친절한 주인 부부를 칭찬하는 글이 적잖은 비중을 차지한다.

　사실 주기용 씨는 몇 년 전 경포대에서 1년 간 민박을 임대, 운영해 본 경험이 있어 손님을 맞는 자세나 주의할 점에 대해서도 많은 지식을 가지고 있다. 그런 경험에다 만남을 즐기고, 만남을 소중히 여기는 천성까지 갖추었으니 그와 펜션은 더할 나위 없이 「궁합」이 잘 맞는 사이다.

　펜션 「흐르는 강물처럼」은 연면적 60평 규모의 2층 목조주택으로, 1층이 40평, 2층이 20평이며 객실은 모두 7실을 갖추고 있다. 1층에 5실이 있고, 2층에 2실이 있으며 평형별로는 6평형이 4실, 8평형이 2실, 14평형이 1실이다. 객실마다 침대, TV, 냉장고, 에어컨, 그리고 티테이블, 화장대, 헤어드라이어, 취사도구 등이 공통으로 갖춰져 있고, 외부엔 바비큐 그릴도 있다.

「어성전 법수치 계곡」이 집 앞으로 흐르고, 하조대 해수욕장이 15분 거리, 설악산과 오대산이 각각 40분 거리이며 알프스 스키장은 1시간 거리에 위치해 있다.

〈월간 전원주택 라이프〉, 2002년 1월

전원생활의 꿈이 담긴 펜션, 양평 「에버그린」

시인 고유자 씨는 오래 전부터 전원생활을 꿈꿔왔다. 지금 자리를 잡고 있는 용문산 근처 외에도, 과거 충주호 근처에서 자그마한 농가를 마련해 시간이 날 때마다 내려가 휴식을 취하곤 했다. 그러나 지금이야 교통이 좋아져 먼 거리가 아니지만 당시만 해도 서울에서 충주호까지는 적잖은 거리였고, 시간도 많이 소요됐다. 자연히 발걸음이 뜸해질 수밖에 없었다.

용인에서도 비슷한 경험이 있었다. 농가를 마련해 휴양 목적으로 오가곤 했는데, 경우는 조금 달랐지만 용인 일대가 개발되어 한적한 분위기가 사라지면서 더 이상 휴양 목적으로는 적합하지 않게 되었다.

그러고 보면, 이 곳 경기도 양평군 용문면은 벌써 세번째 터전인 셈이다. 충주호 근처나 용인쪽 땅과 달리, 우선 서울과 먼 거리가 아니라는 점과 이미 오래 전 사두었던 땅이지만 예나 지금이나 변한 것이 별로 없다는 점에서 지금까지도 인연을 이어올 수 있었다.

이 곳은 야트막하지만 가파른 야산을 등지고 정남향으로 앉은 양

지바른 터전이다. 집 앞으
로 맑은 개울이 흐르고 그
너머로는 논밭을 지나 멀
리 산능선까지 시야가 달
아나는 탁 트인 곳이다. 서
울과 가깝지만 도심과는
단절되어 있고, 용문사 가
는 길목에 자리잡고 있음
에도 어수선한 유원지 같
은 분위기가 없어 옛날 시
골 마을의 정취를 그대로
간직하고 있다.

　펜션을 짓기 전까지는
작은 컨테이너 건물을 마련하고, 잠시 내려와 텃밭을 가꾸기도 하고
글을 쓰기도 하는 등 쉼터이자 시상(詩想)을 떠올리는 마음의 공간으
로 활용되었다. 10여 년 이상을 그래왔던 만큼 이미 마을사람들과도
절친한 사이가 되었고, 주변의 풍광도 이젠 고향인양 포근하게 다가
오는 그런 곳이 됐다.

　고유자 씨가 이 곳에 집을 짓고 정착하기로 마음먹은 것은 작년
봄. 사실 그 동안 시골에 정착할 생각은 늘 해왔지만 좀더 후의 일이
고, 당장의 일은 아니었다. 늘 바쁜 그였기에 아직 도심에서 해야 할
일이 더 많이 남아 있었기 때문이다.

　이런 생각에 마침표를 찍게 된 계기는 재작년 크게 몸이 아프고 나
서였는데 그렇게 한 번 아프고 나니 더 이상 도심에 머문다는 것이

무의미한 일이란 생각이 들었다. 투병 중에 많은 생각이 오갔고, 그렇게 힘든 과정을 거치는 중에 시골의 논과 밭, 조용한 마을 풍경이 어느 새 그의 눈앞에 가까이 다가와 있었다. 더 늦기 전에 실행하지 않으면 기회가 없을지도 모른다는, 불현듯 떠오른 불안감이 그의 마음을 더욱 재촉했다.

이런 생각에 더욱 힘을 실어준 것은 펜션이었다. 오래 전부터 전원생활에 대해 관심을 갖고 부분적으로나마 경험해 본 결과, 자칫 무료하고 적적해질 수 있는 위험부담을 펜션이 해결해 줄 수 있을 것이란 생각이 들었다.

사실 경제적 소득에 대한 기대는 부차적인 문제였다. 사람과의 만남을 소중히 여기고 이를 즐기는 그의 천성에 비추어, 전원생활에 활

력을 불어넣어 주고, 주위의 문인이나 예술인들과 교류의 장으로 활용할 수 있을 것이란 기대감이 가장 큰 이유였다.

펜션 전문회사 「렛츠고월드」에 상담을 의뢰한 결과, 서울서 가깝다는 점과 용문사로 가는 길목에 자리잡고 있다는 점, 그리고 집 앞으로 개울이 흐르고 논밭이 적당히 펼쳐진 차분한 시골 마을이란 점에서 매우 적합한 입지여건을 갖추었다는 평가를 받았다. 게다가 스스럼없이 남을 대하는 친밀감 있는 성품과 예술 방면에 조예가 깊은 고유자 씨의 개인적인 면면에 대해서도 펜션과 아주 궁합이 잘 맞는 경우라는 기대하지 않았던 분석까지 곁들여주었다.

고유자 씨 스스로의 판단이 서면서 실행을 위한 구체적인 공부가 시작되었다. 이미 「렛츠고월드」를 통해 펜션을 시작한 여러 곳을 다니면서 조언을 얻고, 시설물을 살피면서 공부를 했다.

그러기를 몇 달, 지난 해 11월, 드디어 건축이 시작되었다. 모두 59평 규모로 1층이 42평, 2층이 17평이며 왼쪽에 주거 공간을, 그리고 오른쪽에 4개의 객실을 배치했다. 객실 면적은 모두 10평 규모로 그동안 다녔던 다른 펜션과 달리 비교적 큰 평수로 설계했는데, 특히 욕실을 겸한 화장실을 넉넉하게 할애했다.

각 객실마다 창문쪽으로 별도의 데크를 만들어 활용할 수 있는 공간을 많이 만들어주었다.

전체적으로 밝은 톤으로 실내 분위기를 연출했고, 가구 하나하나에도 색감과 비용을 따졌는데, 자칫 저렴한 가구들로 인해 격조가 떨어질 수 있다는 생각 때문에 내가 쓸 가구인양 적잖은 비용을 투자해 내부 집기류를 구입했다. 3개월 가까운 공사기간 끝에 지난 1월 말 드디어 펜션이 완공되었고, 「에버그린」이란 이름표를 달았다.

펜션이 완공된 지 두어 달이 지났다. 그러나 고유자 씨는 그 동안 오픈을 잠시 뒤로 미뤄두다 최근에야 오픈을 했다. 오픈을 늦춘 것은 지난 해 펜션을 준비하느라고 몸과 마음이 모두 바빴기 때문인데 잠시 일상의 여유를 갖고 싶어서다. 이제 오픈을 했으니 그의 부푼 꿈이 봄 내음과 함께 피어난다.

〈월간 전원주택 라이프〉, 2000년 3월

작고 소중한 삶의 여유로움

꼬끼오….

어디선가 잠을 깨우는 닭 울음소리에 눈을 뜨니, 전원의 새벽 공기는 달고 싱그럽다. 지난 밤, 까만 창문 위에 촘촘히 매달려 쏟아질 것만 같던 별들도 희뿌연 빛으로 아직 남아있고, 자욱한 안개 속으로 쉼 없이 흐르는 계곡 물소리가 봄을 알리는 사연을 담은 듯 은은하고 청아하다.

일찍이 생떽쥐베리는 『자연은 만 권의 책보다도 더 많은 것을 우리에게 가르친다』고 했던가…. 그렇다, 나도 세월의 한 켠에 서서 삶의 지혜와 의미를 자연에서 배우고 익힌다.

대개의 사람들이 그렇듯이 복잡한 도시를 떠나 전원생활의 여유로움을 누리고 싶다는 생각을 한 번쯤은 해보았을 성싶다.

특히 세월에 떠밀려 50~60대에 이르는 사람들은 더욱더 그러하리라고 본다. 그러나 웬만한 각오나 용기가 수반되지 않으면 결코 쉽지 않은 이 생활!

나도 이 아름다운 여유를 얻기 위해 그 동안 살아오면서 얻은 많은 것들을 미련 없이 버려야 했고 인내와 수고, 혹은 대가도 톡톡히 치러야 했다. 내가 이곳 풍경에 반해 인연을 맺은 곳은 서울에서도 그리 멀지 않은 양평군 용문면 덕촌리 계곡이다. 뒤쪽으로는 경관 아름다운 용문산이 병풍처럼 펼쳐져 있고 앞마을을 휘돌아가는 계곡은 사계절 맑은 물이 마를 날 없이 음 높이를 조율한다. 또한 그 물길을 따라 갈대밭과 신작로 길이 이어져 있을 뿐만 아니라 여울목 언덕으로 어깨를 나란히 한 집들이 옹기종기 모여 과거사와 현세를 오가며 이야기꽃을 피우는 마을이다.

나는 이제 이곳에서 자연과 더불어 사랑하는 이웃들과 함께 따스한 가슴으로 삶의 여유로움을 누려본다.

〈월간 전원주택 라이프〉, 에버그린 점주 고유자, 2002년 3월

2.

렛츠고 펜션 이용 안내 (홈페이지 중심)

전국 펜션 찾기

마이 페이지	국내 펜션보기	국외 펜션보기	리조트	펜션 서비스	참여마당	호주 유학정보	펜션 비지니스
펜션검색	서울	일본	준비중	꽃,케익	예약문의	호주안내	펜션의개념
펜션예약	경기도	호주		프로포즈	여행후기	유학정보	펜션창업절차
예약확인	강원도			퀵서비스	불편문의	영어연수	펜션수익성

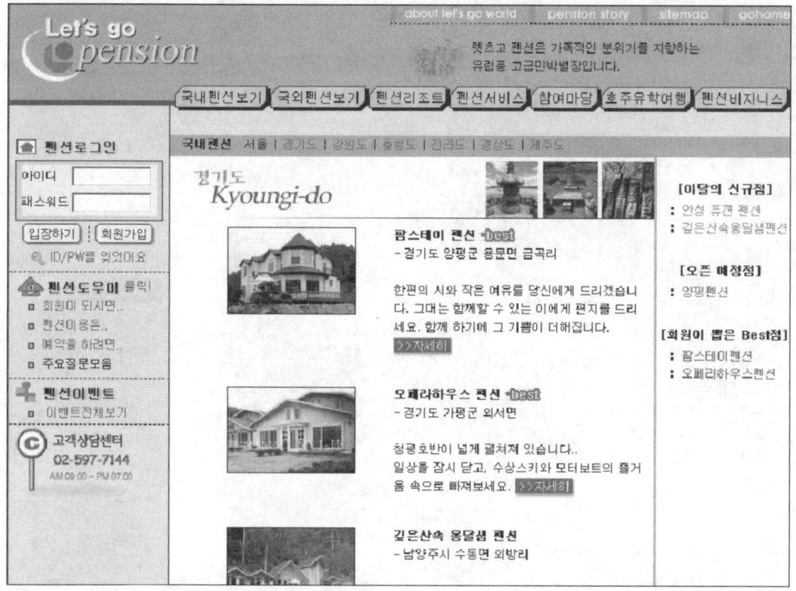

Let's go pension

렌츠고 펜션은 가족적인 분위기를 지향하는
유럽풍 고급민박별장입니다.

국내펜션보기 | 국외펜션보기 | 펜션리조트 | 펜션서비스 | 참여가담 | 호주듀하여행 | 펜션비지니스

국내펜션 서울 | 경기도 | 강원도 | 충청도 | 전라도 | 경상도 | 제주도

팜스테이 펜션

함께하는 그대가 있기에 항상 행복합니다
당신의 소중한 마음 그 마음을 더 넓은
사람들 속에 가슴깊이 펴라세요

펜션로그인
아이디 [　　　　]
패스워드 [　　　　]
[입장하기] [회원가입]
ID/PW를 잊었나요

펜션도우미 클릭
- 회원이 되시면
- 펜션이용을
- 예약을 하려면
- 주요질문모음

펜션이벤트
- 이번트전체보기

고객상담센터
02-597-7144
AM 10:00 ~ PM 07:30

팜스테이
:: 펜션디리보기
:: 객실안내
:: 주변관광지
:: 찾아가는길
:: 이용후기모음
:: 회원이용평가
:: 예약가능날짜

[예약하기]

객실 안내

객실수 4 실   수용인원 14 명

룸구분	타입	실수	평형	인원/주	최대수용	별도화장실	별도주방	취사도구	침대
커플룸	A	1	6평	2명	2주	O	X	X	O
	성인 2인까지만 이룻에 가능하며, 인원추가가 어렵습니다								
훼밀리룸	A	3	10평	4명	4주	O	O	C	O
	가족적인 침실로 성인 2인, 어린이 2인이 이룻가능하여 인원추가는 어렵습니다. 성인 2인 이상 이용이 금지됩니다.								

펜션 이용 시 애완견 동반이 금지됩니다

요금안내
커플룸 : 주중 - 50,000원 / 주말 - 60,000원
훼밀리룸 : 주중 - 60,000원 / 주말 - 80,000원
-> 주중(월~목) / 주말(금~일)
겨울 성수기 안내 (2001년 12월 1일 ~ 2002년 1월 31일)
주중(월~목)에도 주말 요금이 적용됩니다.

부대시설
족구장 / 바비큐장 / 배드민턴장 / 서비스룸

팜스테이 펜션

양평 용문산 근방에 위치한 펜션으로 편안하고 안락한 여행
을 위한 펜션이다.
표주 바닷과 족구장과 바비큐장이 준비되어있다.
각크에 준비된 우드테이블(파라솔)은 안깃 자연의 운치를 느
껴할 수 있다

커플룸 안내

커플룸은 펜션 2층에 위치하여 8평으로 된 다락한 빛으로 5평
로 창으로 햇살이 가득히 룸안을 채운다.
(침대 | TV | 화장대 | 냉장고 | 헤어드라이 | Tea-Table
에어컨 | 선풍기)

훼밀리룸 안내

훼밀리룸은 간이 취사가 가능하여 한 가족이 이용하기에 안락
한 룸이다.
어린이 2을 포함하여 성인 4명이 인원 기준이다.
후사 시설로는 모든 쉬기 셋트가 갖추어져 있다.
(침대 | TV | 화장대 | 냉장고 | 헤어드라이 | Tea-Table
에어컨 | 선풍기)

서비스룸 안내

3각드로 된 1층의 공동거실로 2개의 편안하고 안락한 Table
이 준비되어있다.
이 공고객 누구나 자유로운 장소가 될 수 있으며, 간단한 식사
와 술, 음료가 간이판대흔다.
(Table | 라디오 | 전자렌지가 준비되어있다.)

바비큐 이용
1. 바비큐 그릴, 찬숯, 번개탄 - 10,000원
(바비큐 이용은 유료서비스이며, 이용하실때 펜션 점주님께
말씀해주세요)

회원 가입하기

about let's go world   pension story   sitemap   go home
Let's go
pension
렛츠고 펜션은 가족적인 분위기를 지향하는
유럽풍 고급민박별장입니다.
국내펜션보기 국외펜션보기 펜션리조트 펜션서비스 참여마당 호주유학여행 펜션비지니스
Welcome to let's go!
Sign up and
회원가입
[회원가입]
아래 항목을 빠짐없이 정확하게 기재하셔야 합니다. 만약 타인의 정보나
허위 정보를 입력하셨을 경우, 사전 통보없이 가입을 취소할 수 있습니다.
아이디(ID)   4~10자로 영문 or 숫자
중복확인
비밀번호   4~8자로 영문 or 영문+숫자
비밀번호확인
-----비밀번호는 타인에게 노출되지 않도록 조심해서 관리하세요.-----
E-mail
-----E-mail은 정확하게 입력하여 주세요.-----
이름
주민등록번호   ("-" 없이 연속으로 입력하십시오.)
-----정확한 본인의 이름과 주민등록번호를 입력해 주세요.-----
연락처   집   선택 - -
회사   선택 - -
휴대폰   선택 - -
주소 (자택)   우편번호
나머지 주소
주소 (직장)   우편번호
나머지 주소
-----주소는 회원카드 또는 기념품, 경품 등의 수신을 위해 사용됩니다.-----
주소는 1개 이상, 연락처는 2개 이상을 기재해 주시기 바랍니다.
확인   취소
업무제휴 | 광고문의 | 채용안내 | 개인정보 보호정책 | contact us
Copyright © 2000-2001 Let's go world. All rights reserved.
확인해 주세요
모든 예약은 E-mail과 전화
연락를 기반으로 이루어집니
다. E-mail과 연락 가능한 번
호를 정확하게 작성하여 주
시기 바랍니다.
회원가입과 관련하여 궁금사
항이나 문의가 있으시면 E-
mail 또는 전화문의 부탁드립
니다.
E-mail : skh78@aletsgo.com
Call : 02-597-7144
(단, 전화문의는 주중 오전 9시-
오후 6시 / 토요일 오전9시-오후
2시까지 부탁드립니다.)

예약하기와 숙박요금 결제

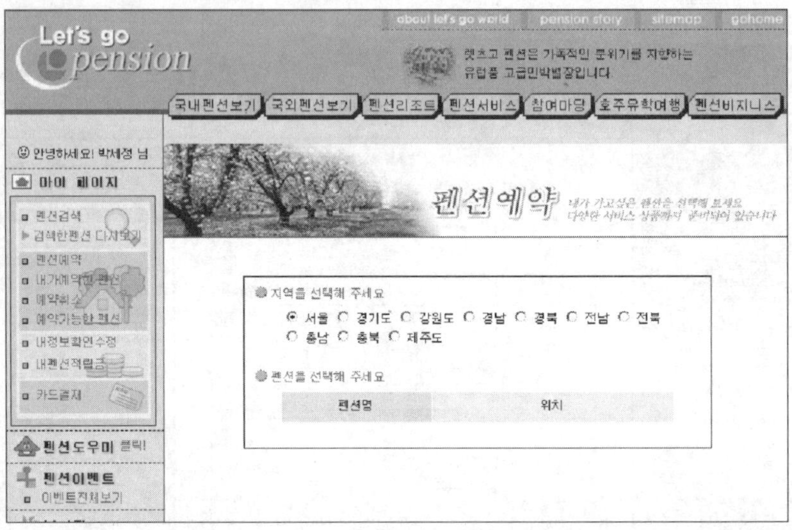

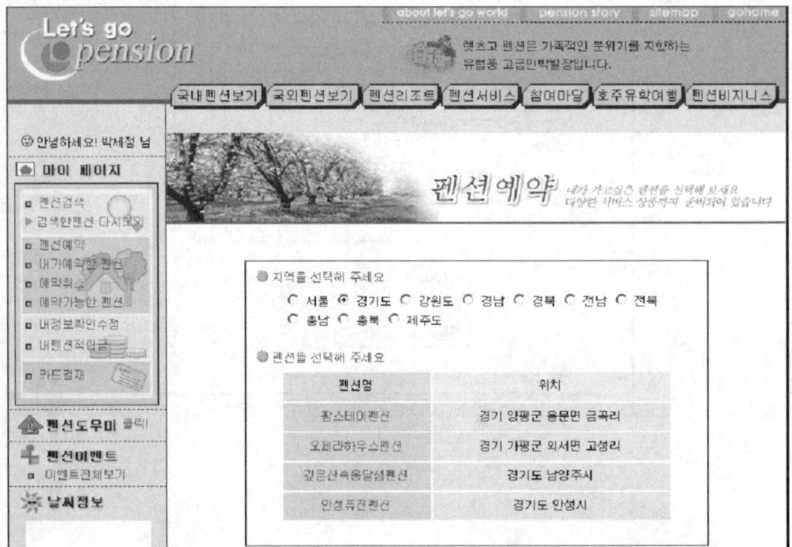

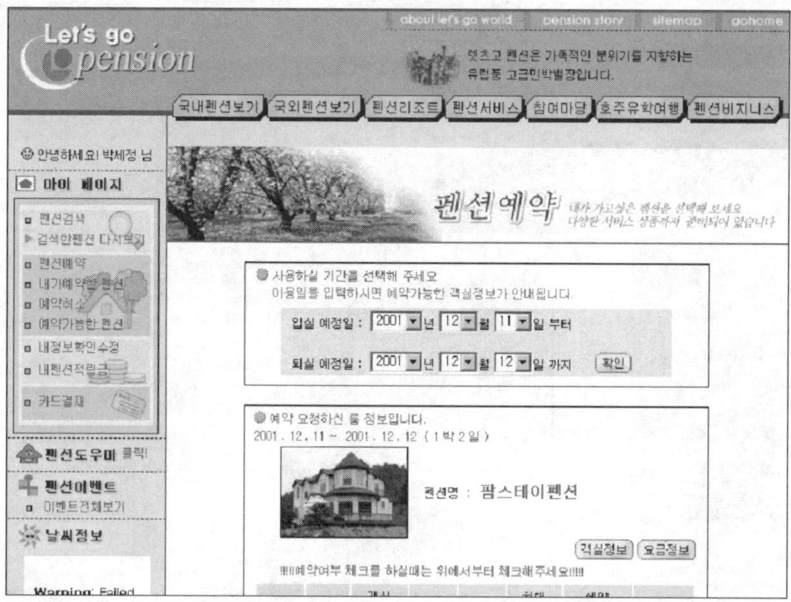

about let's go world   pension story   sitemap   gohome
Let's go pension
렛츠고 펜션은 가족적인 분위기를 지향하는 유럽풍 고급민박별장입니다.
국내펜션보기 국외펜션보기 펜션리조트 펜션서비스 참여마당 호주유학여행 펜션비지니스
안녕하세요! 박세정 님
마이 페이지
펜션검색
검색한펜션 다시보기
펜션예약
내가예약한 펜션
예약취소
예약가능한 펜션
내정보확인수정
내펜션적립금
카드결재
펜션도우미 클릭!
펜션이벤트
이벤트전체보기
날씨정보
펜션예약 내가 가고싶은 펜션을 선택해 보세요 다양한 서비스 상품까지 준비되어 있습니다
사용하실 기간을 선택해 주세요
이용일을 입력하시면 예약가능한 객실정보가 안내됩니다.
입실 예정일 : 2001 년 12 월 11 일 부터
퇴실 예정일 : 2001 년 12 월 12 일 까지   확인
예약 요청하신 룸 정보입니다.
2001. 12. 11 ~ 2001. 12. 12 (1박 2일)
펜션명 : 팜스테이펜션
객실정보 요금정보
!!!예약여부 체크를 하실때는 위예서부터 체크해 주세요!!!
Warning: Failed

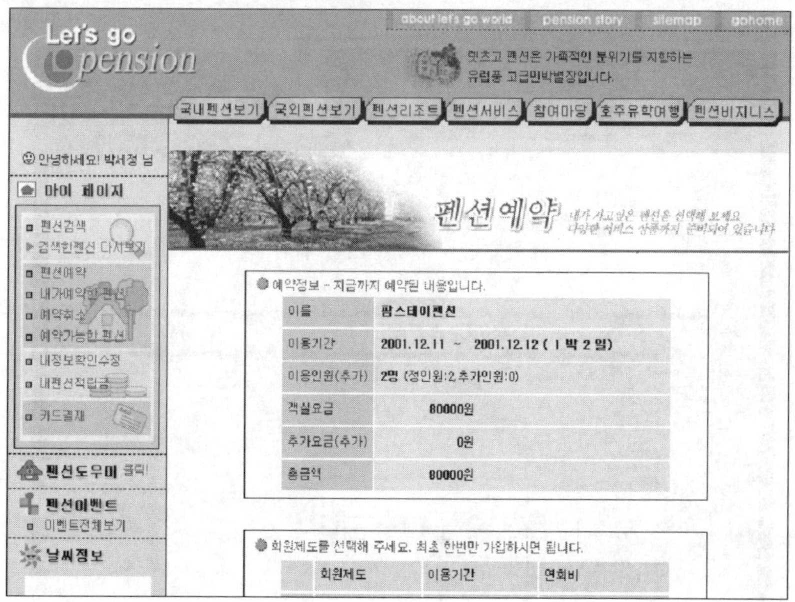

about let's go world   pension story   sitemap   gohome
Let's go pension
렛츠고 펜션은 가족적인 분위기를 지향하는 유럽풍 고급민박별장입니다.
국내펜션보기 국외펜션보기 펜션리조트 펜션서비스 참여마당 호주유학여행 펜션비지니스
안녕하세요! 박서정 님
마이 페이지
펜션검색
검색한펜션 다시보기
펜션예약
내가예약한 펜션
예약취소
예약가능한 펜션
내정보확인수정
내펜션적립금
카드결재
펜션도우미 클릭!
펜션이벤트
이벤트전체보기
날씨정보
펜션예약 내가 가고싶은 펜션을 선택해 보세요 다양한 서비스 상품까지 준비되어 있습니다
예약정보 - 지금까지 예약된 내용입니다.
이름   팜스테이펜션
이용기간   2001.12.11 ~ 2001.12.12 (1박 2일)
이용인원(추가) 2명 (정인원:2 추가인원:0)
객실요금   80000원
추가요금(추가)   0원
총금액   80000원
회원제도를 선택해 주세요. 최초 한번만 가입하시면 됩니다.
회원제도   이용기간   연회비

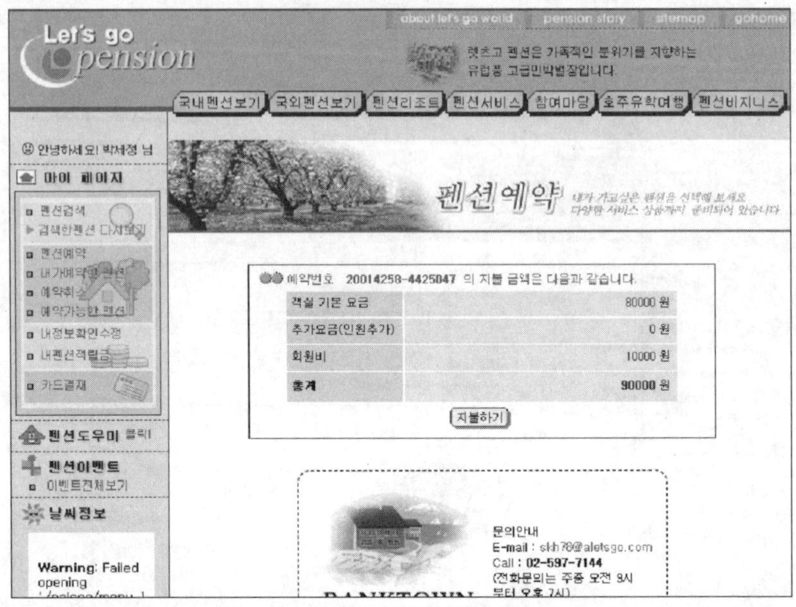

Let's go pension
about let's go world   pension story   sitemap   gohome
렛츠고 펜션은 가족적인 분위기를 지향하는
유럽풍 고급민박별장입니다
국내펜션보기   국외펜션보기   펜션리조트   펜션서비스   참여마당   호주유학여행   펜션비지니스
안녕하세요! 박세정 님
마이 페이지
펜션검색
검색한펜션 다시보기
펜션예약
내가예약한 펜션
예약취소
예약가능한 펜션
내정보확인수정
내펜션적립금
카드결제
펜션도우미 클릭
펜션이벤트
이벤트전체보기
날씨정보
Warning: Failed
opening
펜션예약
내가 가고싶은 펜션을 선택해 보세요
다양한 서비스 상품까지 준비되어 있습니다
예약번호 20014258-4425047 의 지불 금액은 다음과 같습니다.
객실 기본 요금   80000 원
추가요금(인원추가)   0 원
회원비   10000 원
총계   90000 원
지불하기
문의안내
E-mail : skh78@aletsgo.com
Call : 02-597-7144
(전화문의는 주중 오전 9시
부터 오후 7시)
BANKTOWN

뱅크타운 신용카드 지불서비스 - MICROSOFT INTERNET EXPLORER
뱅크타운 신용카드지불 , 뱅크타운 캐시
뱅크타운 신용카드지불
Banktown
New
SAMSUNG samsungcard로 5만원이상 결제시 2~3개 월
무이자 할부혜택을 드립니다.
신용카드 정보를 입력하여 주십시오.
CARD
카드번호 :   ('-'없이 입력)
유효기간 : 01 월 2001 년
할부개월 : 일시불

펜션 이용 요령

LET'S GO PENSION
자연속의 조용한 휴식공간
"렛츠고 펜션"
MERRY CHRISTMAS!
회사소개   펜션스토리   기사모음   inside   sitemap   home
펜션 Log-in
아이디   ? Id/pw를 잊었어요
패스워드   로그인 회원가입
What's New 전체공지
파인힐 펜션 운영 중단 안내 more
[강원] "흐르는 강물처럼" 펜션 open more
new [충청] 동강 한울 펜션 open more
new 회원정보 확인을 부탁드립니다. more
new 예약을 하신후 꼭 확인 해주세요! more
렛츠고 펜션 Event
전문가 제공의 정보와 상담
펜션과 함께 하는 스키 여행
렛츠고펜션 설문조사 종료
펜션에서 즐기는 Leisure Sports
펜션 & 드림톤 회원전용카드
프로포즈
Let's go world RENT A CAR
페이지바로가기
Pension 어떻게 이용하나요?
회원제도는요
예약은요
입퇴실은요
펜션이용인원기준
New 펜션

Let's go pension
about let's go world   pension story   sitemap   gohome
렛츠고 펜션은 가족적인 분위기를 지향하는 유럽풍 고급민박별장입니다
국내펜션보기 국외펜션보기 펜션리조트 펜션서비스 참여마당 호주유학여행 펜션비지니스
펜션로그인
아이디
패스워드
입장하기 회원가입
ID/PW를 잊었어요
펜션도우미 클릭!
회원이 되시면..
펜션이용은..
예약을 하려면..
주요질문모음
펜션이벤트
이벤트전체보기
고객상담센터
02-597-7144
AM 09:00 ~ PM 07:00
펜션도우미 회원제도 연회비 예약 입퇴실 펜션이용시 예약취소 펜션이용인원기준
펜션 Doumi
회원제도는요 — 연회비는요 — 예약은요 — 입퇴실은요 — 펜션 이용시에는요 — 예약취소는요

회원제도는요!
렛츠고 월드 회원제도는 I10, I30, I55회원으로 구분되며,
각 회원 제도마다 다른 유효기간이 적용됩니다.
가입비는 펜션을 처음 이용시 납부하시며,
회원제도에 따른 유효기간동안 추가 가입비는 없습니다.

I10   가입비는 10,000원 이며, 예약체결일로부터 1년 동안 유효기간이 적용됩니다.

I30   가입비는 30,000원 이며, 예약체결일로부터 5년 동안 유효기간이 적용됩니다.
여름/겨울 성수기 우선 예약권을 제공합니다.

I55   가입비는 55,000원 이며, 예약체결일로부터 10년 동안 유효기간이 적용됩니다.
여름/겨울 성수기 최우선 예약권을 제공합니다.

업무제휴 | 광고문의 | 채용안내 | 개인정보 보호정책 | contact us
Copyright © 2000~2001 Let's go world. All rights reserved

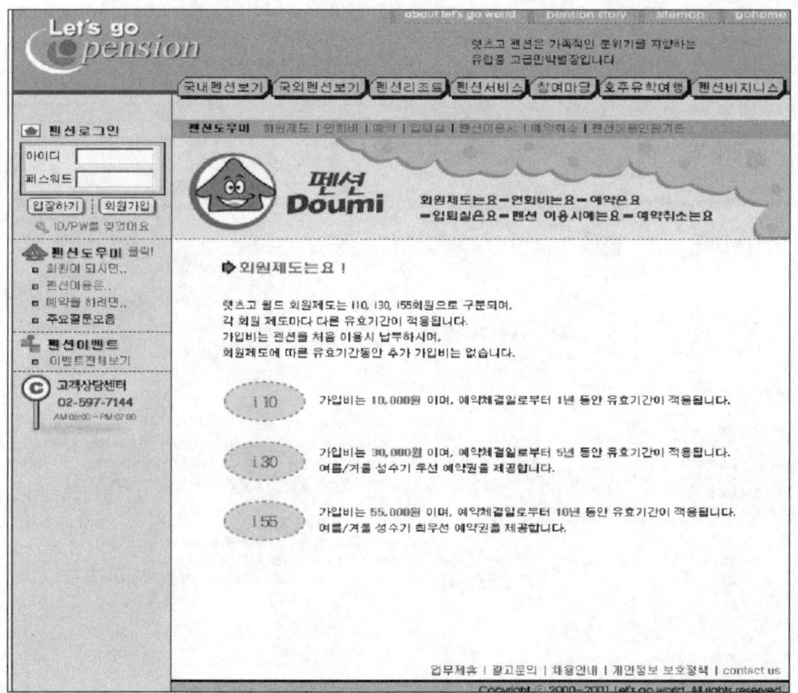

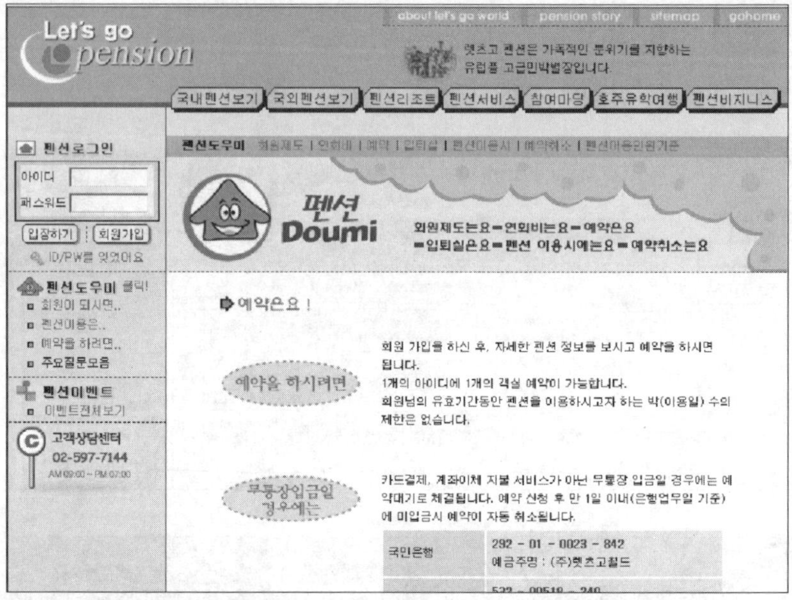
about let's go world   pension story   sitemap   gohome
Let's go pension
헷츠고 펜션은 가족적인 분위기를 지향하는
유럽풍 고급민박별장입니다.
국내펜션보기 국외펜션보기 펜션리조트 펜션서비스 참여마당 호주유학여행 펜션비지니스
펜션도우미 회원제도 | 연회비 | 예약 | 입퇴실 | 펜션이용시 | 예약취소 | 펜션이용민원기준
펜션 Doumi
회원제도는요 = 연회비는요 = 예약은요
= 입퇴실은요 = 펜션 이용시에는요 = 예약취소는요
펜션로그인
아이디
패스워드
입장하기 회원가입
ID/PW를 잊었어요
펜션도우미 클릭!
□ 회원이 되시면..
□ 펜션이용은..
□ 예약을 하려면..
□ 주요질문모음
펜션이벤트
□ 이벤트전체보기
고객상담센터
02-597-7144
AM 09:00 - PM 07:00
예약은요 !
예약을 하시려면
회원 가입을 하신 후, 자세한 펜션 정보를 보시고 예약을 하시면
됩니다.
1개의 아이디에 1개의 객실 예약이 가능합니다.
회원님의 유효기간동안 펜션을 이용하시고자 하는 박(이용일) 수의
제한은 없습니다.
무통장입금일
경우에는
카드결제, 계좌이체 지불 서비스가 아닌 무통장 입금일 경우에는 예
약대기로 체결됩니다. 예약 신청 후 만 1일 이내(은행업무일 기준)
에 미입금시 예약이 자동 취소됩니다.
국민은행   292 - 01 - 0023 - 842
예금주명 : (주)헷츠고골드
532 - 00519 - 240

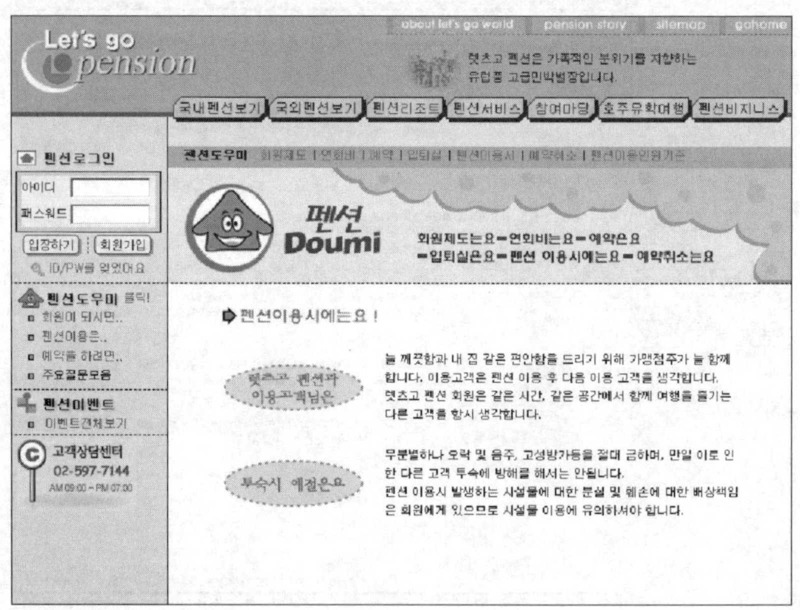
about let's go world   pension story   sitemap   gohome
Let's go pension
헷츠고 펜션은 가족적인 분위기를 지향하는
유럽풍 고급민박별장입니다.
국내펜션보기 국외펜션보기 펜션리조트 펜션서비스 참여마당 호주유학여행 펜션비지니스
펜션도우미 회원제도 | 연회비 | 예약 | 입퇴실 | 펜션이용시 | 예약취소 | 펜션이용민원기준
펜션 Doumi
회원제도는요 = 연회비는요 = 예약은요
= 입퇴실은요 = 펜션 이용시에는요 = 예약취소는요
펜션로그인
아이디
패스워드
입장하기 회원가입
ID/PW를 잊었어요
펜션도우미 클릭!
□ 회원이 되시면..
□ 펜션이용은..
□ 예약을 하려면..
□ 주요질문모음
펜션이벤트
□ 이벤트전체보기
고객상담센터
02-597-7144
AM 09:00 - PM 07:00
펜션이용 시에는요 !
헷츠고 펜션과
이용고객님은
늘 깨끗함과 내 집 같은 편안함을 드리기 위해 가맹점주가 늘 함께
합니다. 이용고객은 펜션 이용 후 다음 이용 고객을 생각합니다.
헷츠고 펜션 회원은 같은 시간, 같은 공간에서 함께 여행을 즐기는
다른 고객을 항시 생각합니다.
투숙시 예절은요
무분별하나 오락 및 음주, 고성방가등을 절대 금하며, 만일 이로 인
한 다른 고객 투숙에 방해를 해서는 안됩니다.
펜션 이용시 발생하는 시설물에 대한 분실 및 훼손에 대한 배상책임
은 회원에게 있으므로 시설물 이용에 유의하셔야 합니다.

3.

전국 펜션 소개

팜스테이 펜션

⚙ 객실 현황

• 객실수 : 4실   • 수용 인원 : 14명

구분	형태	실수	평형	인원 기준	최대 수용	별도 화장실	별도 주방	취사 도구	침대
커플룸	A	1	6평	2명	2명	○	×	×	○
커플룸	성인 2인까지만 이용이 가능하며, 인원 추가가 어렵습니다.								
훼밀리룸	A	3	10평	4명	4명	○	○	○	○
훼밀리룸	가족형 객실로 성인 2인, 어린이 2인이 이용 가능하며, 인원 추가는 어렵습니다. 성인 2인 이상 이용이 금지됩니다.								

• 펜션 이용시 애완견 동반이 금지됩니다.

⊛ **요금 안내**

• 커플룸 : 주중 5만 원 / 주말 6만 원
• 훼밀리룸 : 주중 6만 원 / 주말 8만 원
  *주중(월~목) / 주말(금~일)
• 겨울 성수기(2001년 12월 1일~2002년 1월 31일)에는 주중(월~목)
  에도 주말 요금이 적용됩니다.

⊛ **부대 시설**

• 족구장 / 바비큐장 / 배트민턴장 / 서비스룸

⊛ **특징**

• 양평 용문산 근처에 위치해 편안하고 안락한 여행을 위한 펜션이다.
• 넓은 마당과 족구장과 바비큐장이 준비되어 있다.
• 데크에 준비된 우드테이블(파라솔)에는 한껏 자연의 운치를 즐길
  수 있다.

⊛ **커플룸 안내**

• 커플룸은 펜션 2층에 위치해 있으며 8각으로 된 아담한 방으로, 5각
  의 창문을 통해 햇살이 룸 안을 가득 채운다.
• 침대 / TV / 화장대 / 냉장고 / 헤어드라이 / 티테이블 / 에어컨 / 선
  풍기

⊛ **훼밀리룸 안내**

• 훼밀리룸은 간이 취사가 가능하며 한 가족이 이용하기에 안락하다.

- 인원 기준은 어린이 2명을 포함해 성인 2명.
- 취사시설로 모든 식기 세트가 갖춰져 있다.
- 침대 / TV / 화장대 / 냉장고 / 헤어드라이 / 티테이블 / 에어컨 / 선풍기

⚙ 서비스룸 안내

- 8각으로 된 1층의 공동 거실로, 2개의 편안하고 안락한 탁자가 준비 되어 있다.
- 이용고객 누구나 자유롭게 이용할 수 있으며, 간단한 식사와 술, 음료를 간이 판매한다.
- 테이블 / 오디오 / 전자레인지가 준비되어 있다.

⚙ 바비큐 이용

- 바비큐 그릴, 참숯, 번개탄 : 1만 원
  * 바비큐 이용은 유료 서비스이며, 이용하실 때 펜션 점장님께 말씀해 주세요.

다시 한 번 가고 싶은 곳 팜스테이

바쁘고 불확실한 일과 때문에 미리 예약해서 여행한다는 것은 특히 이번 경우만은 매우 힘들었다. 그러기에 몇 번을 예약 변경하느라 예약 담당자를 불편하게 한 점 대단히 죄송하게 생각한다.

렛츠고 펜션은 팜스테이가 처음인 나로서는 매우 흥미로운 여행이 아닐 수가 없었다(4. 29.~4. 30. 1박 2일).

아내와 나는 내 생일과 며칠 후에 있을 결혼기념일을 한데 묶어 약 한 달 전부터 예약을 했던 참이다.

팜스테이는 펜션의 일반적인 분위기인 친척 별장에 초대된 기분을 한껏 나타나게 한 곳이기도 하며 특히 관리 점주인 최승희(MBC 작가) 씨의 예술가적인 실내 분위기 연출과 대화가 너무 좋았다.

도시인들은 보통 휴가를 콘도와 같은 곳에서 보낸다. 그러나 콘도는 휴식이 아닌 도시생활의 번잡함이 그대로 나타나는 곳이다.

그러나 팜스테이에는 클래식 음악이 있고 벽에는 최승희 씨가 만든 아름다운 사진들과 글들이 있으며 최승희 씨와의 문학, 미술, 사진 등의 폭넓은 진솔한 대화가 있는, 정말 아름다운 추억을 만들어주는 곳이기도 하다.

이날 격려차 이곳에 오신 렛츠고 본사의 장병권 이사님은 주변 환경정리를 하느라 하루 종일 땀 흘렸는데 진정 아름다운 노동이었다.

팜스테이를 다녀와서…

조회수 [471]

첨에 갈 때 얼마나 설레는 마음으로 갔는지 가는 시간 내내 오빠한테 내가 그림으로 봤던 팜스테이를 설명하느라 오빠의 귀가 따가울 정도였어요. 근데 도착해서 보니 왜 이리 조용한지…. 첨에 방에 들어서니 완전히 우리 집에 온 기분에 얼마나 좋고 포근하던지…. 주인 아주머니께서 웃으며 반겨주시는 게 정말 좋았어요. 아주머니랑 말을 많이 하고는 싶었지만 제가 낯을 가리는 성격이라서ㅋㅋㅋ. 얼마나 말붙이기가 어렵던지… 죄송^^.

정말 시원하고 조용한 하루를 보낼 수 있었어요. 에어컨도 나오고 텔레비전도 조용하게 볼 수 있죠. 떠드는 사람들 없어서 군 휴가 나온 오빠랑 정말 편하고 좋았어요. 얼마나 조용하던지 거기에 있던 강아지 정말 귀여웠어요. 한 번 안아보고 싶었는데 제가 강아지가 짖으면 놀래거든요. 얼마나 무섭게 짖는지 그래도 귀여웠어요. 자연과 어우러져 있는 그런 공간에서 정말 조용한 하루 보내게 해주신 렛츠고 월드 감사합니다. 나중에도 갈 거예요. 친구들이랑 울 오빠 다시 휴가 나오면요. 근데 그 때는 아주머니랑 얘기도 하고 그래야지요~. 거기에서 좋은 추억 많이 만들었구요. 시설이 깨끗하고 너무 좋았어요. 글도 쓰고 왔어요. 다음 사람을 위해서…. 나중에 다시 가고 싶은 곳이에요. 요번 겨울에 갈 거예요. 그 때도 아주머니께서 웃으면서 받아주시길…. 팜스테이 가시는 분들 정말 좋으니까요.

많이 이용하세요.

너무 잘 쉬고 왔어요~

정말 오랫만에 한가한 여행이었어요.

조용하고. 왠지 마음에 여유까지…

아이들이 심심해할까봐 책이랑, 장난감을 가지고 갔지만 필요가 없었어요.

배드민턴 치고, 축구하고, 강아지랑 놀고, 밤에는 바비큐 파티(?)도 하고 남의 집 같지 않고 친척집에 온 것 같은 분위기가 더 좋았던 거 같네요.

특히 우리 딸아이가 너무도 좋아한 거는 얼마 전에 가수 god가 왔다갔다 는 사실로도 너무 흥분해서…저희 식구가 잔 곳이 데니가 잔 곳이라서♤♠♡♥♧♣

그리고 아주머니와 아저씨랑 보낸 시간도 너무 즐거운 시간이었어요. 감사하구요. 다음에도 또 찾아뵐 게요. 저희집에 꼭 놀러오세요

좀 쉬고 싶으신 분들이라면 팜스테이션을 추천하고 싶네요.

이렇게 예쁜 집에서 하루밤을 자고 일어나면서 보는 시골 아침은 정말 말로 표현 못해요

팜스테이 다녀온 후기 (+소개 ??)입니당~

가실 분은 정독하시면 좋아요… 조회수 [376]

안녕하세요~ ^^. 다름이 아니라 얼마 전(24~25일) 1박 2일 일정으로 제 사랑하는 님과 함께 팜스테이 펜션에 다녀왔거든요~. 하야~. 생각할수록 기분이 좋아지네요~. 애인과 단 둘이 함께 할 수 있었다는 것만으로도 물론 행복하고 즐거웠던 시간이었지만, 저희 행복한 웃음 뒤에는 이름만큼이나 편안하고 따뜻했던 팜스테이가 있었거든요~. 여러분이 사진으로 확인해보셨음 아시겠지만, 건물 외관도 아름답고 방도 참 아담하고 예쁘게 생겼죠? 사실 저희도 100%를 믿고 간 건 아니었지만 (요새 사진기술이 하도 좋아져서^^;;) 실제로 보시면요 여러분이 생각하시는 것보다도 더~ 예쁘고 아름답다는 걸 직접 느끼게 되실 거라 생각합니다. 가는 길이 궁금하시죠? 기차표는 기왕이면 하루 전에 예매를 해두심 좋아요.

팜스테이 펜션의 하이라이트!! 팔각방을 소개하겠습니다(천장이 팔각으로 돼 있고 이층이라서 높은 성안에 있는 것 같아요. 마치 왕자와 공주가 된 듯한 느낌이 들죠*^^*). 아, 참. 밤에는 조금 건조하니까요 비염이 있거나 기관지가 약하신 분들은 수건에 물을 적셔서 널어놓으세요. 그리고 아침에는 택시가 또 바로 온다니까 출발 전에 점주님께 말씀하시면 10분 내로 역에 도착하실 수 있어요. 저희는 그 날 마침 촬영을 오신 박민재 과장님과 사진작가 아저씨께서 태워주셨어요(감사감사~ *^^*). 그리고 불꽃!! 라이터!!!!! 장작은 둘이서 함께 고르세요(조그만 나뭇가지들이 있으니 웬만하면 정말 불이 붙거든요). 작은 팔각방 콘서트를 준비해보세요. 마이크는 숟가락, 노래는 무지 분위기 있는 발라드. 엄청 재미있게 할 수 있거든요. 저는 한밤에 얼굴 근육이 아프도록 웃었습니당~.

님들도 단 하루일지라도 바쁘게 바쁘게 행복한 시간들 만들고 오세요.

팜스테이엔 따뜻한 커피 한 잔이…

결혼 2주년을 맞아 어디를 갈까 고민고민하다가 먼저 다녀온 친구의 추천으로 이 곳 레츠고 펜션을 알게 되었어요. 설렘과 기대 속에 다녀왔던 짧은 여행은 너무 따뜻하고 소박했습니다. 사랑하는 남편과 소담한 얘기를 많이 나눌 수 있었어요. 준비해간 기념 파티를 위한 케이크와 와인은 단단히 한 몫을 했지요. 커플룸을 이용하시는 분들에게 도움을 드리자면

* 정성스러운 도시락을 한번 준비해 보세요 저는 결혼 후 처음 도시락을 준비했는데요, 보온 도시락에 찰밥도 싸고 장조림 밑반찬 등 준비하는 재미도 쏠쏠했답니다(전자레인지를 이용해서 장조림 등은 다시 데워 먹을 수 있었어요). 도시락이 여의치 않으신 분들은 즉석 요리 제품만 준비하셔도 간단한 식사는 가능하겠죠!!

* 추울 것 같아 바비큐 고기를 준비해 가지 않았는데 후회했어요. 정원에서 고기 굽는 냄새가 얼마나 좋던지^^. 대신 치킨 배달이 가능해서 치킨 시켜 먹었는데 참 맛있었어요.

* 자가용을 이용하신다면 너무 늦지 않게, 어둡기 전에 도착하시는 것이 좋습니다. 초행길에는 펜션 팻말 등이 잘 안 보일 수 있거든요. 용문산 콘도만 잘 찾으시면 가는 길은 어렵진 않습니다

* 저는 원두커피를 너무 좋아해서 가져갔는데요, 너무 지나친 준비였어요^^. 1층에는 따뜻한 원두 커피향이 언제나 진동합니다(점주님이 바쁘실 때는 제가 직접 타먹기도 했어요).

* 낯설어하지 마시고 서비스룸 거실에 앉아서 커피도 마시고 책도 보고 서비스룸에서 보는 바깥경치는 정말 평화롭거든요.

아침엔 주변 산책도 꼭 하세요. 아침 공기가 정말 좋았습니다!!

1박 2일이 아쉬웠어요. 다음 여행 때는 좀더 여유를 갖고 푹 쉴 수 있는 여행이었으면 하는 아쉬움이 있었습니다. 일상으로부터, 또 바쁜 세상으로부터 잠시 휴식과 여유를 가질 수 있는 공간…. 사랑하는 사람과 함께라면 훨씬 행복하겠죠!! 즐거운 추억들 많이 만드시길 바랍니다.

깊은산속 옹달샘 펜션

⚽ 객실 현황

• 객실수 : 7실　　　　　　　　　　　• 수용 인원 : 36명

구분	형태	실수	평형	인원 기준	최대 수용	별도 화장실	별도 주방	취사 도구	침대
커플룸	A	5	7평	2명	4명	○	○	○	○
	성인 2인이 이용 가능하며, 인원 추가시 1인 당 1만 원 추가금이 가산됩니다(성인 2인 이상 이용은 금지합니다).								
훼밀리룸	A	2	13평	4명	8명	○	○	○	○
	가족형객실로 성인 2인까지 이용 가능하며 5인 가족 여행에 좋은 객실입니다.								

• 펜션 이용시 애완견 동반이 금지됩니다.
• 미니 매점을 운영하며 고기 및 주류를 판매합니다. (야채는 판매하지 않습니다.)

⊛ **요금 안내**

- 커플룸 : 주중 4만 원 / 주말 6만 원
- 훼밀리룸 : 주중 8만 원 / 주말 10만 원

  *주중(월~목) / 주말(금~일)
- 겨울 성수기(2001년 12월 1일 ~ 2002년 1월 31일)에는 주중(월~목)에도 주말 요금이 적용됩니다(추가요금 1인당 1만 원).

⊛ **부대 시설**

- 바비큐장 / 캠프파이어장

⊛ **특 징**

- 축령산 휴양림에 위치한 깊은산속 옹달샘 펜션은 서울에서 가깝워 대중교통으로도 편하게 이용할 수 있다. 펜션 바로 앞에 계곡이 위치하고 있으며, 객실마다 파라솔과 바비큐 시설이 준비되어 있다.

⊛ **커플룸 안내**

- 원룸 형의 객실이며 객실마다 파라솔과 바비큐 시설이 갖추어져 있다(부탄가스 별도).
- 침대 / TV / 냉장고 / 헤어드라이 / 티테이블 / 취사도구

⊛ **훼밀리룸 안내**

- 전경 사진의 가운데 2개 동이 훼밀리룸이며, 복층 구조의 객실 하나와 단층 구조의 넓은 객실 하나가 운영되고 있다. 객실마다 파라솔과 바비큐 시설이 갖추어져 있다.

• 침대 / TV / 냉장고 / 헤어드라이 / 티테이블 / 취사도구

⚽ 바비큐 이용

• 바비큐 그릴, 참숯, 번개탄 : 1만 원
  * 바비큐 이용은 유료 서비스이며, 이용하실 때 펜션 점주님께 말씀
  해주세요.

안성 퓨전 펜션

⚽ 객실 현황

• 객실수 : 5실   • 수용 인원 : 10명

구분	형태	실수	평형	인원 기준	최대 수용	별도 화장실	별도 주방	취사 도구	침대
커플룸	A	2	6평	2명	2명	○	○	○	○
	B	3	6평	2명	2명	○	×	×	○

• 펜션 이용시 애완견 동반이 금지됩니다.
• 커플룸 A, B는 성인 2인 이용 가능합니다(성인 2인 이상 이용은 금지합니다).

⚽ 요금 안내

• 커플룸A : 주중 4만 5,000원 / 주말 5만 5,000원

  *주중(월~목)에도 주말 요금이 적용됩니다.

• 커플룸B : 주중 4만 원 / 주말 5만 원

  *주중(월~목) / 주말(금~일)

• 겨울 성수기(2001년 12월 1일 ~ 2002년 1월 31일)에는 주중에도 주말 요금이 적용됩니다.

⚽ 부대 시설

• 자전거 하이킹 코스 / 바비큐장

⚽ 특징

• 안성 용설 저수지 앞에 위치한 안성 퓨전 펜션은 예쁜 목조주택으로 1층에 커플룸 A 2실과 커플룸 B 1실, 2층에 커플룸 B 2실로 구성되어 있다.

✿ 커플룸 A

- 침대 / TV / 냉장고 / 티테이블 / 화장대 / 헤어드라이 / 취사도구

✿ 커플룸 B

- 침대 / TV / 냉장고 / 티테이블 / 화장대 / 헤어드라이
- 자전거 이용
- 1회 이용(1대) : 2,000원 (총 4대가 준비되어 있다).
  * 자전거 이용은 유료 서비스이며, 이용하실 때 펜션 점주님께 말씀
  해주세요.

✿ 바비큐 이용

- 바비큐 그릴, 참숯, 번개탄 : 1만 원
  *바비큐 이용은 유료 서비스이며, 이용하실 때 펜션 점주님께 말씀
  해주세요.

안성 퓨전 다녀왔습니다

　어제 친한 친구랑 안성 퓨전 펜션에 다녀왔습니다.

　저는 수원에서 출발했는데 수원 버스 터미널에서 2시에 버스를 타고 3시에 죽산에 도착했죠(버스비 편도 3,600원).

　바로 근처에 있는 「하나 마트」에서 고기랑 상추랑 햇반이랑 사서 터미널 옆에 있는 택시 승강장에서 택시를 탔습니다(고기는 약간 두껍고 큰 걸로 썰지 말고 구입하세요. 소금을 뿌려 구우면 더 맛있는데, 아저씨가 소금을 주시기도 합니다 ^_^).

　택시비는 퓨전 팬션 마당까지 3,600원이 나옵니다.

　방은 사진보다 더 이쁘고, 새집이라 그런지 너무너무 이쁩니다.

　오후 3시가 조금 넘어 도착했을 때는 우리밖에 없어서 아주머니가 제일 이쁜 방을 주셨죠. ^_^ 동네는 참 조용하고 한산합니다.

　펜션 근처에 매점이 있기는 하지만, 시골 마을 구멍가게 같아서 겉에서 보면 일반 가정집처럼 보입니다. 몇 가지 과자와 라면, 필름 등은 있지만 생필품까지는 파는것 같지 않습니다.

　여자들끼리 와서 그런지 동네 아저씨들이 펜션집 딸이냐구 물어보기도 하시고 이것저것 가르쳐주시기도 하시더군요.

　저수지를 산책해도 좋구여, 주인 아주머니 말을 빌리자면, 새벽에 안개 낀 저수지를 못보면 절반은 놓친 거라고 하더군여(아침 7시경에 주인 아주머니랑 주인집 흰색 개랑 산책함).

　방도 너무너무 이쁘고 고기 구워먹는 테라스도 멋지고.

　가전제품이며 가구며, 어느 것 하나 좋지 않은 것이 없었습니다.

안성 퓨전을 다녀와서^__^…

조회수 [351]

지금 막 안성퓨전에서 집에 도착했습니다. 저희는 2박 3일 동안 있었는데, 그래도 올 때 너무 아쉽더라구요. 춥다고 걱정하시는 분들 전혀 걱정하지 마세여. 춥지도 않고(저녁에는 오히려 더워요) 따뜻한 물도 펑펑 나온답니다. 그리고 칸막이가 되어 있는 샤워부스는 너무 예쁘고. 주인 아주머니 친절하셔서 커피도 얻어 마시고 이쁜 강아지도 있어요. 그리고 강추할 부분은…바비큐…정말 맛있습니다. 그냥 먹는 고기랑 비교할 수가 없습니다. 정말 이렇게 맛난 고기도 있나 해여.

아저씨의 따뜻한 배려로 의자에 방석 깔고 앉아 있으면 추운지도 몰라요. 안성퓨전 오실분들은 꼭 고기 두껍게 썰어 와서 바비큐 해서 드세요. 정말 색다른 기분에 맛난 고기…. 저흰 첫날 와서 바비큐 해먹고 둘째 날에는 그냥 방에서 맥주 마셨는데 밑에서 바비큐 해먹는 커플을 보니깐 또 먹고 싶더라니까요. 정말 강춥니당. 그리고 눈 쌓인 저수지에서 추운 줄도 모르고 눈싸움하고 눈사람도 만들었답니다. 아마 오늘 가시는 분이나 내일 가실 분들도 저희가 만든 저수지에 덩그러니 홀로 서 있는 이상한 눈사람 보실 수 있을 거예요.

원래는 몸통 부분이랑 머리가 있었는데 오늘 나올 때 보니깐 머리가 날아가고 몸통만 있던데…. 오늘 또 눈이 온다니 녹지는 않고 이상한 모습으로 남아 있을 거 같네요.

앗!! 두서없이 이것저것 썼죠? 결론은 퓨전 가시는 분들 후회는 없을 거라는 사실!

오늘도 있었으면 했지만 오늘은 예약이 예전에 끝났더라구요. 오늘 가시는 분들 정말 이쁜 새해 맞이하고요. 여러분들도 새해 복 많이 받으세요.

안성 퓨전 펜션에서…

조회수 [180]

1월 23~25일까지 남자 친구랑 다녀왔는데요~. 동서울터미널에서 장을 보고 12시 50분 차를 타고 갔지요. 저희 방은 취사가 가능한 1층이었어요. 정말 사진에서 보던 것처럼 이쁘고 직접 보니까 아담하고 둘이 있기 딱 좋았습니다. 취사시설도 완벽하고 수저며, 포크 또 일기장도 있더라구요~. 저도 친구와 함께 글을 좀 남겼지요~. 근데 주위엔 놀거리가 없기 때문에 정말 쉬러 간다는 말이 딱! 맞을 거에요.

우린 밥 해먹고, TV 보고, 또 라면 끓여 먹구…그렇게 첫날이 후딱 지나갔어요. 둘째 날은 거기서 할 수 있는 모든 놀이를 했지요…^^. 우선 그 추운 날 자전거를 빌려서 탔는데 저수지를 넓게 한 바퀴 돌았어요. 1시간 정도 걸렸어요. 어찌나 춥던지…. 전 자전거 타면 땀 날 거라고 잠바도 안 입었는데…남자 친구는 끝까지 안 벗어주더군요——; 그러고 나서 배드민턴을 치러 또 나갔지요…^^. 바람이 불어서 좀 힘들긴 했지만 꿋꿋하게 놀았답니다.

아주머니가 지나가시다가 사진도 찍어주셨어요. 넘 좋았지요. 사람들이 추워 모두 방에만 있어서 같이 사진 찍을 수 있을까 생각했거든요. 그 날 저녁엔 바비큐를 해먹었는데 정말~~~ 맛있었어요. 그리고 햄도 가져갔었거든요 정말 죽여요~ ^^.

안성을 다녀와서 ··· 조회수 [342]

저와 제 남자 친구는 24~25일에 안성을 다녀왔답니다. 죽산행 버스가 남부터미널에서 있는데, 20분 정도마다 있더군요. 가격은 4500원!! 한 시간 정도 가니까 죽산역에 도착. 그 곳에서 조금 올라가서 장을 봤습니다. 마트가 있는데요 고기도 두껍게(강조) 사고 기타 과자와 음료 등 바리바리 싸들고 갔죠^^;;. 택시 타고 한 5~10분 정도 구불구불 가니까 펜션이 보이더라구요. 절대 걸어서는 못 갈 듯--;. 정말 좋아 보였답니다. 예쁘고 경치도 좋고.

펜션 입구에 순둥이 진돗개, 펜션으로 들어가니 참 신기하게 생긴 장난꾸러기 아기 강아지가 있었습니다. 물고 늘어지고 난리--;;;; 하여튼 귀여웠어요~. 그리고 저희는 조리할 수 있는 방을 예약해서 들어갔는데, 달방이라고 했던 것 같아요. 들어가서 오른쪽 문을 여니까 사진과 똑같은 방이 있었죠. 사람들이 하도 작다고들 해서 걱정하고 갔지만 생각보다 방은 아주 만족스러웠죠^^. 솥도 있는데 (전기) 밥도 맛있게 되고, 컵도 두 개씩, 수저랑 밥그릇도 두 개씩 있답니다. 신혼부부가 된 듯한 느낌이었답니다. 저녁에는 바비큐 고기도 먹었는데(1만 원) 정말 맛있더라구요. 아참, 저희는 둘이 목살로 두껍게 썰어 1근 샀거든요. 처음엔 모자랄 것 같았는데 먹다 보니 무지 배불렀어요(밥이랑 같이 맛있게).

날씨가 추우니까 바비큐 파티 때(베란다 같은 곳에서 먹어요~)는 물을 뜨겁게 끓인 후 주전자를 가지고 나가 따라서 먹으면 몸이 따뜻해진답니다. 밥도 미리 해놓고 한 그릇만 가득 퍼가지고 나가셔서 서로 먹여주세요~. 숟가락도 하나만--;; 재미있더라구요^^;;; 방에 들어와서는 냉장고에 넣어둔 맥주를 마셨는데 냉장고가 얼마나 성능이 좋은지 꽁꽁 얼었더라구요. 따뜻한 곳에서 시원한 맥주 마시니 정말 좋았답니다!! 호수도 생각만큼 크지는 않았지만 그래도 쉬었다 오기는 정말 좋답니다. 저희는 못했지만 자전거도 타보시구 산책도 많이 하세요~. 방은 새벽까지도 따뜻해요. 남자 친구는 조금 썰렁하다고 하는데 솔직히 그 정도면 충분히 따뜻한 거죠. 전 이불도 막 차버리고 잤으니까^^;;.

⚽ 객실 형태

• 객실수 : 7실   • 수용 인원 : 36명

구분	형태	실수	평형	인원 기준	최대 수용	별도 회장실	별도 주방	취사 도구	침대
	A	5	10평	4명	4명	○	○	○	○
훼밀리룸	성인 2인이 이용 가능하며, 인원 추가시 1인 당 1만 원 추가금이 가산됩니다(성인 2인 이상 이용은 금지합니다).								

• 펜션 이용시 애완견 동반이 금지됩니다.

✿ 요금안내

- 훼밀리룸A : 주중 8만 원 / 주말 10만 원
- 겨울 성수기(2001년 12월 1일~2002년 1월 31일)에는 주중에도 주말 요금이 적용됩니다.

✿ 부대 시설

- 바비큐장 / 서비스룸

✿ 특징

- 양평군 용문면 덕촌계곡에 있는 에버그린 펜션은 모든 객실이 남쪽을 향하고 있어 돌들과 어우러져 흐르는 아름다운 물을 한 눈에 바라볼 수 있을 뿐 아니라 밤하늘 쏟아지는 별들과 대화도 나눌 수 있답니다. 특히 벽난로가 설치되어 있는 홈바에서는 어디에서도 맛볼 수 없는 분위기 있는 시간을 한껏 느낄 수 있습니다.

✿ 훼밀리룸 안내

- 데크가 설치되어 있는 원룸형의 객실로 1층과 2층에 각각 2실이 있고 개별 욕실과 취사도구가 모두 갖추어져 있습니다.
- 침대 / TV / 냉장고 / 티테이블 / 화장대 / 헤어드라이 / 취사도구 식탁 / 에어컨

✿ 서비스룸 안내

- 1층의 넓은 공동거실로 이용고객 누구나 자유로운 장소가 될 수 있습니다.

• 테이블, 오디오, 전자레인지, 벽난로가 준비되어 있고 인터넷 이용
  도 가능합니다.

⚙ 바비큐 이용
• 바비큐 그릴, 참숯, 번개탄 : 1만 원
  *바비큐 이용은 유료서비스이며, 이용하실 때 펜션 점주님께 말씀
   해 주세요.

에델바이스 펜션

⊛ 객실 현황

• 객실수 : 7실　　　　　　　　　　• 수용 인원 : 36명

구분	형태	실수	평형	인원 기준	최대 수용	별도 화장실	별도 주방	취사 도구	침대
커플룸	A	3	6평	2명	3명	○	○	○	○
	성인 2인, 어린이 1인까지 이용이 가능하며, 인원 추가시 1만 원 추가요금이 가산됩니다(성인 2인 이상 이용은 금지합니다).								
훼밀리룸	A	2	8평	4명	6명	○	○	○	○
	가족형 객실로 성인 2인까지 이용이 가능하며 5인 가족 여행에 좋은 객실입니다.								

• 펜션 이용시 애완견 동반이 금지됩니다.

⊛ 요금 안내

• 커플룸 A : 주중 5만 5,000원 / 주말 7만 원

• 훼밀리룸 A : 주중 8만 원 / 주말 10만 원

　*주중(월~목) / 주말(금~일)

• 겨울 성수기(2001년 12월 1일 ~ 2002년 1월 31일)에는 주중에도 주말 요금이 적용됩니다(추가 요금 1인당 1만 원).

⊛ 부대 시설

• 바비큐장

⊛ 특징

• 기암괴석과 울창한 숲속이 조화를 이룬 흥정 계곡 앞에 위치한 에델바이스는 자연의 아름다움과 펜션의 편안함이 어우러진 곳이다.

✿ 커플룸 안내

• 원룸형 객실로 개별 욕실과 취사 도구가 모두 갖춰져 있다.

• 에델바이스 전경 사진의 왼편에 보이는 3개의 개별 객실이 커플룸 객실이다.

• 침대 / TV / 화장대 / 냉장고 / 헤어드라이 / 티테이블

✿ 훼밀리룸 안내

• 에델바이스 전경 사진의 오른쪽에 위치한 2층이 훼밀리룸이며 원룸 형식의 객실로 개별 욕실과 취사 도구가 모두 갖춰져 있다.

• 침대 / TV / 화장대 / 냉장고 / 헤어드라이 / 티테이블 / 식탁

✿ 바비큐 이용

• 바비큐 그릴, 참숯, 번개탄 : 1만 원

*바비큐 이용은 유료 서비스이며, 이용하실 때 펜션 점주님께 말씀 해주세요.

환상의 에델바이스 펜션!

지난 17일부터 19일까지 있다가 왔는데…컴이 고장나서 이제야 후기 올립니다. 펜션은 처음이었는데…가보구는 정말 탁월한 선택이었다고 같이 간 친구와 여행 내내 감탄했습니다.

아름다운 펜션이 환상의 계곡 앞에 그림처럼 있고,

게다가 펜션은 너무 깨끗해서 왠만한 호텔보다 훨씬 좋았다고 생각합니다.

날씨가 추워서 저녁에는 있는 옷 다 껴입고.

정말 친절한 주인부부와 함께 바비큐를 해먹고….

바비큐는 서울서 사가는 것보다는 그곳에서 주인 아줌마가 알려주시는 곳 (봉평에 있는 고깃집)에서 산 돼지고기가 정말 맛있었구요.

느즈막히 일어나서 아침 먹구 커피 타서 몇 걸음 안 되는 계곡에 가 앉아 있으면 그대로 망중한이 되더군요…아름다운 단풍과 함께….

둘째 날엔 오대산을 다녀왔는데…그곳 전나무 숲 산책길도 환상이었습니다.

차를 가지고 가서 이곳저곳 들러보길 잘했다는 생각입니다.

에델바이스 펜션에서 나올 땐 주인 아줌마가 펜션 앞에서 배추를 그냥 주셔서 차 트렁크에 한가득 싣고 왔습니다. 흐뭇함과 함께….

서울와서 생각해보니 꿈이었나 싶을 정도네요.

같이 갔던 친구와 함께 11월에 한번 더 갈 예정입니다.

다시 한번 친절한 주인 부부에게 감사의 말씀을 드립니다.

귀여운 두 딸도 지금 학교 잘 다니구 있겠지요…?

빨리 또 가구 싶다!!!

에델바이스 정말 좋아여! … 조회수 [1005]

　　에델바이스에서 오붓한 시간을 보내고 왔습니다. 12시에 강변에서 출발하는 장평행 고속버스를 타면서 짧지만 아름다운 여행이 시작되었습니다. 맑은 날씨에 높고 푸른 하늘. 차창 밖으로 보이는 노란색, 빨간색 옷을 입은 나무들. 우리는 그렇게 깊어가는 가을 속으로 들어가고 있었습니다. 2시간여를 달려 우리는 장평 역에 내렸습니다. 작은 건물 하나에 버스가 석 대 정도 서면 꽉 찰 정도의 좁은 마당(?)이 전부인 소박한 역이었습니다. 에델바이스 펜션에 전화를 걸었습니다. 마중을 나오신다는 사장님의 말씀에 공중전화박스(4대 정도 붙어 있는) 앞에서 기다리기로 했습니다. 앞에 보이는 옛날짜장집, 건강원, 정육점…. 바삐 돌아가는 서울과는 전혀 다른 그런 푸근한 느낌이 들었습니다. 10여 분이 흐르고 검정색 프린스(맞는지?) 한 대가 우리 앞에 섰습니다. 선글라스에 깍두기머리(혹시 조폭?? *^.^*) 사장님께서 직접 마중을 나오셨습니다. 외모와는 다르게 무척 친절하신 분이었습니다(사장님 죄송합니다. ㅋㅋㅋ).

　　펜션 주변의 가볼 만한 곳을 하나하나 친절하게 설명해주셨습니다. 펜션의 입구에서는 사모님께서 활짝 웃으시며 우리를 맞아주셨습니다. 펜션의 오른쪽으로는 종을 알 수 없는 강아지 세 마리와 닭이라고는 할 수 없는 새(?)들이 있었습니다. 펜션은 인터넷에 올라와 있는 그 모습 그대로…. (중략) 창문 앞에는 저물어가는 계절을 느끼기에 충분한 나무 테이블(?)과 의자가 마련되어 있으니까 따뜻한 커피나 차 꼭 준비하세요. 참… 저희는 할머니께서 부침개를 부쳐주셔서 맛나게 먹었거든요. 글솜씨가 없어서 길게 쓰는 게 너무 어렵네요. 암튼 짱입니다요. 와보시면 절대로 후회하지 않으실 거예요.

다시 가고 싶은 에델바이스…조회수 [305]

　　결혼하고 처음으로 친구들만의 여행을 떠났다. 후배가 흥정계곡이 좋다는 말에 무작정 그 쪽으로 향했다. 도착하니 우와~. 주변이 온통 눈으로 뒤덮인 아름다운 설경에 우리는 탄성이 절로 나왔다. 숙박할 곳을 찾던 중 우리는 정말 그림 같은 집을 발견했다. 정말 잡지책에서나 봤던 하얀 집을 발견했다. 원래는 미리 예약을 하고 와야 하는데, 다행히 주말이 아닌지라 방이 하나 남았다고 한다. 룸으로 들어가니 또 한 번 우리는 놀랐다. 온통 하얀색으로 장식한 깨끗함에….

　　우리는 『우리 신혼 여행 다시 한 번 온 느낌이다…. ㅎㅎㅎ』 근처에 허브나라에 가서 근사한 차도 마시고 온갖 야채에 비벼먹는 송어회는 정말 잊을 수 없는 맛이었다. 휘닉스 파크에서 스키도 탈 수 있으니 더더욱 좋았다

　　에델바이스에서 본 밤하늘은 정말 도시 밤하늘과는 달랐다. 주변의 까만 밤과 설경, 하얀 집이 너무나 근사하고 운치가 있었다. 아쉬움에 하루가 가고…. 아침에 주인 아주머니께서 방금 낳았다며 온기가 채 가시지도 않은 계란을 주시는 친절함에 다시 오고 싶은 맘이 절로 들었다. 무엇보다 주인 분들이 우리와 같은 또래라서 더더욱 좋았다. 여름에 오면 마당에서의 숯불 바비큐가 일품이라는 주인 분들의 말에 우리는 여름 휴가를 꼭 이 곳에서 보내자라고 일제히 약속을 했다. 다음에는 미리 예약을 하고 가족끼리 다시 한번 오고 싶다.

　　1박 2일의 짧은 여행이었지만 에델바이스 덕분에 잊을 수 없는 친구들만의 겨울 여행을 만들었다. 다시 한번 꼭 가고 싶은 에델바이스…. 여행을 즐기시는 분들에게 강력히 추천하고픈 에델바이스…. 주인 아주머니 잘 놀다 왔어요. 그리고요 그 달걀… 너무 맛있었어요. 고마워요. 다음에 꼭 다시 가고 싶어요..

작 성 자　[임어진] 2002년 01월 28일 오후 5시 30분에 남기신 글

좋아 좋아~ 에델바이스 후기… 조회수 [417]

　　서울을 벗어난다는 단 하나의 이유만으로 어린애마냥 신나 하는 그 여느 때와는 달리 왠지 무건 맘을 갖고 출발한 여행길…. 우중충한 날씨 탓일까… 아님, 허기진 탓일까…. 토요일 오전근무를 마치고 우린 『출발!』을 외쳤다. 지친 몸과 맘으로 살며시 두드린 작은 공간 에델바이스~. 조폭 모습의(?) 주인 아저씨 외모에 약간은 얼어버린 듯한 나와 어린 딸아이…. 우린 몇 분 지나지 않아 주인 아저씨와 주인 언니, 그리고 하얀 집… 에델바이스의 마력에 빠지지 않을 수 없었다. 단순한 드라마 속 광경으로 치부하던 「겨울 연가」의 그 어떤 영상보다도 멋지고 아름다운 설경…. 주인 언니 도움으로 세상에 태어나 처음으로 보았던 달무리…. 꽁꽁 언 얼음 사이로 생명의 고귀함을 일깨워주며 흐르던 시냇물…. 동화책 속에서만 존재하던 그림 같은 하얀 집 안에서의 숯불 바비큐와 야채 비빔 송어회 파티…. 아무도 밟지 않은 하얀 눈 위를 발자국을 내며 거닐던 사랑하는 사람과의 새벽녘 밀어….

　　도시 생활에 찌든 우리로서는 모처럼의 평화로움을 만끽할 수 있었다.

　　시설과 주위경치…GOOD~!! 무엇보다도 주인아저씨♡ 언니의 몸에 배어 있는 듯한 친절함에 우린 더없이 행복하기만 했다. 여기서 한 마디~ 『아저씨 ♡ 언니 감사드립니다~!!』

　　꿈 속에 그리던 예쁜 집 에델바이스 그 곳을 알게 해준 친구 단무에게도 감사하다는 말 전하고 싶다.

　　마지막으로 겨울을 즐기는 모든 분들게 한 말씀. 휘닉스 파크와 너무도 가깝다는 중요한 사실을 알려드리며 정겨움과 아름다움이 넘치는 하얀 집 에델바이스를 강추합니다~!! (어느덧 에델바이스 예찬론자가 되었음! ^^*) 여운을 남기고 돌아오는 길…. 우린 하나의 꿈을 싹틔우고 있었다. 담에 우리도 저런 그림 같은 집을 짓고 행복을 키우며, 나누며 살 거라는~.

작 성 자 [장수연] 2002년 02월 05일 오후 5시 12분에 남기신 글

에델바이스를 다녀와서…

조회수 [354]

지난 주 토요일에 1박 2일로 에델바이스 펜션을 다녀왔습니다. 오전에 출발해서 휘닉스에서 오후에 스키를 타고 출발했는데 생각보다 가까웠습니다. 승용차로 10~15분 정도 걸리더군요…. 찾아가는 길도 무척 쉬웠구요…. 도착했을 때 하얀 외관이 너무나 예뻤습니다. 커플룸이 예약이 끝나서 패밀리룸으로 했는데 젊은 주인 아주머니께서 2층으로 특별 배려(?)를 해주셨습니다. 패밀리 룸은 정말 환상! 그 자체였습니다. 정말 그림 속에서나 봄직한 예쁜 구조가 너무나도 기분을 좋게 했습니다.

더군다나 조미료를 미처 준비해가지 못했는데 싱크대를 열어보니, 글쎄 다시다·소금·식용유 등이 모두 비치되어 있었습니다. 저희는 여행이 취미인 부부라 그 동안 많은 숙소를 다녀봤지만 이렇게 깔끔하고 정성 어린 숙소는 처음이었습니다(토요일은 더군다나 제 생일이었거든요!). 저녁 무렵 저녁을 해먹고 쉬고 있는데 누군가 방문을 두드리더군요…. 신랑이 놀라서 문을 열었는데 주인 아저씨께서 먹으라며 군고구마와 계란을 주셨습니다. 정말 너무 세심한 곳까지 신경 써주셔서 너무 감사했습니다. 그리고 또 한 가지! 주인 내외분께서 너무 젊고 다정하고 친절하셔서 너무너무 마음이 따뜻해졌습니다.

아름다운 추억을 선물해주셔서 정말 감사합니다!!!!!

흐르는 강물처럼 펜션

⚽ 객실 현황

- 객실수 : 7실
- 수용 인원 : 26명

구분	형태	실수	평형	인원 기준	최대 수용	별도 화장실	별도 주방	취사 도구	침대
커플룸	A	4	6평	2명	3명	○	○	○	○
훼밀리룸	A	2	8평	3명	4명	○	○	○	○
그룹룸	A	1	14평	4명	6명	○	○	○	○

- 펜션 이용시 애완견 동반이 가능합니다.
- 애완견 동반시 회원님의 각별한 주의 부탁드립니다.

⚙ 요금 안내

- 커플룸 A : 주중 5만 원 / 주말 6만 원
- 훼밀리룸 A : 주중 7만 원 / 주말 8만 원
- 그룹룸 A : 주중 12만 원 / 주말 14만 원
  *주중(월~목) / 주말(금~일)
- 겨울 성수기(2001년 12월 1일 ~ 2002년 1월 31일)에는 주중(월~목)에도 주말 요금이 적용됩니다(추가 요금 1인당 1만 원).

⚙ 부대 시설

- 바비큐장 / 모닥불장

⚙ 특징

- 거울을 들여다보는 듯 맑은 물이 흐르는 「어성전 법수치 계곡!」 한 폭의 그림처럼 산과 바다, 그리고 계곡이 어우러진 자연의 특별함이 있다.

⚙ 커플룸 A

- 1층에 3개 객실, 2층에 1개 객실이 있다.
- 침대 / TV / 냉장고 / 티테이블 / 헤어드라이 / 에어컨 / 취사도구

⚙ 훼밀리룸 A

- 1층에 위치한 두 훼밀리룸은 별장과 같이 한 가족이 이용하기에 안성맞춤이다.
- 침대 / TV / 화장대 / 냉장고 / 헤어드라이 / 티테이블 / 에어컨 / 취

사도구

⚙그룹룸 A

- 2층에 위치한 객실이며, 부모님과 자녀를 동반한 가족 여행에 좋다.
- 침대 / TV / 화장대 / 냉장고 / 헤어드라이 / 티테이블 / 에어컨 / 취

  사도구

⚙바비큐 이용

- 바비큐 그릴, 참숯, 번개탄 : 1만 원

  *바비큐 이용은 유료 서비스이며, 이용하실 때 펜션 점주님께 말씀

  해주세요.

흐.강.처에 다녀왔어요…

조회수 [241]

20~21일에 다녀왔는데 지금 회사에서 이렇게 글을 남깁니다(그 때 계셨던 분들 중엔 제가 처음인 것 같군요^^). 늘 가보던 콘도, 민박——;;;(가끔은 방을 못 잡을때도 있죠). 저도 처음으로 펜션이란 데를 다녀왔습니다. 그냥 맨몸만 갔더니만 너무나도 아쉽더라고요. 아무래도 처음 가시는 분들 여기서 정보 많이 얻으실 텐데 저처럼 무작정 가시지 마세요. 아침 일~찍 일어나서 장도 보시고(고기, 조개, 소시지, 감자, 고구마…). 입에 들어가는 건 다 사세요——;(어떻게든 들어갑니다). 저희는 너무 늦게 도착한데다가, 아무것도 준비 안 해서 아주머니께 얻어서 먹었습니다ㅠ.ㅠ. 그래도! 여러 사람들과 어울려 먹는 고기와 술과 맑은 공기가 너무나도 좋았습니다. 수희 양과 요셉 커플, 그리고 엄청난 혀꼬임과 함께 불구덩이에 들어가신 호영씨 친구들~(괜찮으시죠? ^^)

인사도 못 하고 그냥 나왔어요(노는데 방해될까봐——;). 이튿날 저희는 속초까지 갔었어요. 속초 방파제에서 회 먹고 핸드폰을 두고 와서 다시 흐강처에 갔었죠^^;;(제 와이프가요~). 저는 말주변이 없어서, 제가 느꼈던 즐거움들을 글로 담아낼 순 없지만 여기 글 남기는 많은 분들의 말씀대로 정말정말~ 즐거운 휴가였습니다.

다시 한번 점주님과 아주머님, 고맙습니다(핸드폰 찾아주셔서…^^;;).

환상적인 「흐강처」를 댕겨와서…

조회수 [406]

저희 커플은 지난 12~13일까지 흐강처를 다녀왔습니다. 너무도 유쾌하고 정겨운 일들이 많아 어디서부터 얘기를 꺼내야 할지…호호. 아침 9시 동서울에서 속초로 가는 버스를 탔습니다. 우린 속초터미널에서 내려 곧장 「동명항」(잘모르실 거예요)을 갔습니다. 대포항도 생각을 했지만 요즘은 예전 같지 않게 너무 비싼 관계로…. 그리고 속초에서는 동명항이 더 가까워요.

저희는 이것저것 바리바리 싸들고 아리따운 미모의 반장님 차를 타고 들어가게 됐답니다. 허나 그 길이 그리도 험난할 줄이야. 점주 아저씨의 출타관계로 반장님이 마중을 오셨는데 처음 몰아보셨다는 반장님의 코란도 실력이란 상상을 초월했습니다.

20여 분 간 스피드를 즐기고 도착한 그 곳의 시설이랑 아름다움은… 카~. 세계 언어 중에 가장 표현력이 뛰어나다는 한글로도 표현할 수 없는 그런 아름다움이 거기에 있었습니다. 그 날 저녁 모닥불 앞에서의 만찬이란 가히 환상적이었습니다. 처음엔 멋쩍게 모여들던 커플들도 몇 잔의 술잔이 오간 30여 분 후 거의 MT 분위기를 방불케 하는 유쾌하고 편한 파티가 되었답니다. 정말 즐거웠어요. 그 날 끝말잇기 열전을 저희는 결코 잊지 못할 거예요. 너무도 감사드리고 이 글 보시면 꼭 글 남겨주세요. 우기기 대장 오빠!!

너무 좋았어요! 흐르는강물처럼…

조회수 [293]

1층 5호실에 있던 방명록에 기재를 못 했어요. 아시죠? 사실 저희가 늦게 도착해 그 늦은 시간까지 저희 함께 모닥불에…. 그로 인해 방명록에 글도 못 남기고 와 정말 아쉬워요.

점주님 다음에도 꼭 5호실로 해주세요.

앞으로 흐르는강물처럼에 가실 모든 분들께 이 글을 남겨요. 이 흐르는강물처럼은 그 어떤 민박집? 콘도? 펜션? 보다 더 아름다운 곳이지만 그 점주님께서 베풀어주신 사랑, 정말 세심해요.

흐르는강물처럼 점주님께서는 저희가 내려가기 전에 눈꽃을 구경시켜 주셨는데요, 정말 전 지금까지 살아오면서 눈꽃이 어떻게 생겼는지도 몰랐어요.

점주님 덕분에 정말 감사합니다. 여러분 후회 없는 선택이에요

흐르는강물처럼 고민하지 마시고 선택하세요.

동강 한울 펜션

⚙ 객실 현황

• 객실수 : 3실   • 수용 인원 : 18명

구분	형태	실수	평형	인원 기준	최대 수용	별도 화장실	별도 주방	취사 도구	침대
훼밀리룸	A	3	17평	4명	6명	○	○	○	○

• 펜션 이용시 애완견 동반이 가능합니다.
• 애완견 동반시 회원님의 각별한 주의 부탁드립니다

⚽ 요금 안내

- 훼밀리룸 A : 주중 10만 원 / 주말 12만 원
  *주중(월~목) / 주말(금~일)
- 겨울 성수기(2001년 12월 1일 ~ 2002년 1월 31일)에는 주중(월~목)에도 주말 요금이 적용됩니다(추가 요금 1인당 1만 원).

⚽ 부대 시설

- 바비큐장 / 모닥불장

⚽ 특징

- 단양팔경을 품은 절경에 자리한 펜션으로 앞으로는 동강이 있어 견질 낚시가 일품이며 동굴탐사, 수영 레프팅, 페러글라이딩, 경비행기 활공 등 사계절 내내 레저스포츠의 활력과 즐거움을 만끽할 수 있는 곳이다. 빼어난 절경과 명승 고적 등 볼거리가 풍부하며 청정 지역 동강의 물안개가 환상적인 곳이다.

⚽ 훼밀리룸 안내

- 1,2층 모두 훼밀리룸으로 별장과 같이 한 가족이 이용하기에 안성맞춤이다.
- 객실 구조는 방 1개, 화장실 1, 거실이 갖추어진 구조이며 모든 취사 도구가 갖춰져 있다.
- 침대 / TV / 화장대 / 냉장고 / 헤어드라이 / 티테이블 / 취사도구

• 바비큐 그릴, 참숯, 번개탄 : 1만 원

 *바비큐 이용은 유료 서비스이며, 이용하실 때 펜션 점주님께 말씀

 해주세요.

레인포그 펜션

⚽ 객실 현황

• 객실수 : 2실   • 수용 인원 : 30명

구분	형태	실수	평형	인원 기준	최대 수용	별도 화장실	별도 주방	취사 도구	침대
그룹룸 (1층)	A	1	36평	12명	18명	○	○	○	○
그룹룸 (2층)	B	1	36평	12명	18명	○	○	○	○

• 펜션 이용시 애완견 동반이 금지됩니다.
• 그룹룸(1,2층)은 단체, 모임, 친구들과 함께 하는 여행에 적합하며, 수용인원 초과시 1인당 1만 원의 추가 요금이 가산되며 최대 수용인원 이상 이용은 어렵습니다. 최대수용 인원(어린이 · 유아 포함) 초과시 입실이 제한될 수 있습니다.

⚽ 요금 안내

• 그룹룸A(1층): 주중 13만 원 / 주말 16만 원

• 그룹룸B(2층) : 주중 13만 원 / 주말 16만 원

  *주중(월~목) / 주말(금~일)

• 겨울 성수기(2001년 12월 1일 ~ 2002년 1월 31일)에는 주중(월~목)에도 주말 요금이 적용됩니다(추가 요금 1인당 1만 원).

⚽ 부대 시설

• 바비큐장 / 캠프파이어장 / 산악자전거

⚽ 특징

• 그룹룸A

  침대 / 식탁 / TV / 벽난로 / 냉장고 / 에어컨

- 그룹룸B

  침대 / 식탁 / TV / 벽난로 / 냉장고 / 에어컨

⊛ 레저 스포츠

- 산악자전거(6시간 : 5,000원)

⊛ 기타 판매용품

- 캠프파이어용 장작 : 1만~3만 원
- 바비큐 그릴, 숯 : 1만 원

미호산방 펜션

⚽객실 현황

• 객실수 : 4실 　　　　　　　　　　• 수용 인원 : 22명

구분	형태	실수	평형	인원 기준	최대 수용	별도 화장실	별도 주방	취사 도구	침대
훼밀리룸	A	1	10평	2명	4명	○	○	○	×
	B	2	10평	2명	4명	○	○	○	○
	훼밀리룸 A, B는 성인 2인, 어린이 2인까지 이용 가능하며, 인원 추가시 1인당 1만 원 추가금이 가산됩니다(성인 2인 이상 이용은 금지합니다).									
그룹룸	A	1	20평	6명	10명	○	○	○	×
	단체, 모임, 친구들과 함께 하는 여행에 적합하며, 수용인원 초과시 1인당 1만 원의 추가 요금이 가산되며 최대 수용인원 이상 이용은 어렵습니다. 최대 수용인원(어린이 · 유아 포함) 초과시 입실이 제한될 수 있습니다.									

• 펜션 이용시 애완견 동반이 금지됩니다.

⚽요금 안내

• 훼밀리룸A : 주중 6만 원 / 주말 8만 원

• 훼밀리룸B : 주중 8만 원 / 주말 10만 원

• 그룹룸 : 주중 13만 원 / 주말 15만 원

　*주중(월~목) / 주말(금~일)

• 겨울 성수기(2001년 12월 1일 ~ 2002년 1월 31일)에는 주중(월~목)에도 주말 요금이 적용됩니다(추가 요금 1인당 1만 원).

⚽부대 시설

• 바비큐장 / 캠프파이어장 / 등산 코스(50분 − 5코스)

⚙특징

- 경주 외동에 위치한 미호 산방 펜션은 나무와 흙이 함께 어우러진 경주의 아름다운 문화 유산 속에 자리잡고 있다.

⚙훼밀리룸

- 방갈로 형태로 1동(원룸)으로 한 가족이 지내기에 편한 구조로 되어 있다(에어컨 완비).

⚙그룹룸

- 귀틀집[큰 통나무를 우물 정(井)자 모양으로 층층이 맞추어 얹고 그 틈을 흙으로 메워 지은 집]으로 초가 지붕에 흙과 나무가 조화를 이룬 단독형 객실이다(에어컨 완비).
- 바비큐 이용
- 바비큐 그릴, 참숯, 번개탄 : 1만 원

진짜 좋은 미호 펜션을 다녀왔습니다^○^

먼저 펜션의 안주인이신 이모님~~

연락이 넘 늦었습니다…. 정말 죄송하구여.

출근해서 밀린 회사일 정리하느라 쬐끔 정신이 없었어여-.-;

전 8월 17~19일에 미호 펜션을 다녀왔습니다.

첨 펜션 입구로 들어서는 순간~~ 떡하니 벌어진 입을 다물 수가 없었습니다.

TV에서나 볼 수 있을 듯한 이~쁜 통나무집!!

칭구와 전 다른 건 볼 필요조차 없음을 직감했져^^

문을 열고 방으로 들어서는 순간… 또 한 번의 놀라움….

다른 말이 필요없었겠죠? ^^

아담한 방에 깔끔한 식기류들, 깨끗한 침구류, 햇볕도 은은하게 스며드는

격자무늬 큰 창…. 점주님 배려로 도착 시간에 맞춰 먼저 틀어놓은 에어컨.

그리구~~

주인아저씨의 배려로 (여자 둘이서 휴가 온 것이 안쓰러우셨던지)

펜션 뒷쪽에 있는 원원사라는 절도 구경시켜주셨구여~

너무나 편하게 대해주시는 안주인님에게 저희는 이모님이란 호칭으로 불렀고

직접 기르시는 토종닭이 낳은 달걀도 맛볼 수 있었구여~

이틀 간의 휴가 중 하루는 방이 없어 본채의 방을 하루 이용할 수있는 배려에~, 둘째날엔 이모님과 함께 만들고 맥주 한 잔을 곁들인 저녁 만찬~ 오므라이스~, 정말 잊을 수 없는 휴가였습니다.

미호 펜션을 다녀와서 !!!!

안녕하세여!!!

인사가 넘 늦어서 죄송하구여.

너무 열심히 놀았는지 쬐금 피곤해서 이제 글올립니다.

사랑하는 사람이랑 여행을 가기로 했었는데 막상 갈려니

마땅치가 않아서 고민을 했었답니다.

근데 제 애인이 인터넷에서 펜션을 봤다고 가자고 하더군요.

조금 기대를 하고 떠난 여행이라 맘이 설레이기도 하구요.

입구에 들어서면서 길도 잘되어 있었고 단지 차가 다니기엔

조금 좁다는 생각은 들더군요.

헌데 펜션에 도착한 순간~~~

입을 다물수가 없었읍니다. 왜냐구여???

너무 좋아서죠.*_*

너무 이뿐 통나무집에다. 격자무늬의 큰 창이랑 거기에다

흰색의 로만 세이드가 너무 맘이 들었답니다.

깨끗하게 정리된 침구랑 그리구 식기, 화장실….

모든 것이 지내기엔 불편함이 없었답니다.

첨엔 하루만 묵기로 하고 간 여행이었는데 넘 좋아서

하루 더 쉬었다 왔답니다.

사랑하는 사람이 있다면 꼭 같이 가보세여 ~~~

그리구 저녁에 주인아저씨랑 아주머니 바비큐 넘 맛있었답니다.

인사가 넘 늦었지용~~~

그리구요, 한 가지 더요 ^O^

부산에서 오는 사람도 많던데여.

조금 약도에 대한 배려가 있었음 좋겠네여.

정말 즐거운 여행이었습니다.

담에 기회가 되면 꼭 한번 더 가보고 싶은 곳이에여.

미라지 펜션

객실 현황

• 객실수 : 4실　　　　　　　　　　• 수용 인원 : 16명

구분	형태	실수	평형	인원 기준	최대 수용	별도 화장실	별도 주방	취사 도구	침대
커플룸	A	2	6평	2명	4명	○	×	×	○
	B	2	6평	2명	4명	○	○	○	○

• 펜션 이용시 애완견 동반이 금지됩니다.
• 커플룸 A, B는 성인 2인, 어린이 2인까지 이용 가능하며, 인원 추가시 1인당 1만원 추가금이 가산됩니다(성인 2인 이상 이용은 금지합니다).

⊛**요금 안내**

- 커플룸A : 6만 원
- 커플룸B : 7만 원

  *추가 요금 1인당 1만 원

⊛**부대 시설**

- 홈바 / 자전거 하이킹 / 바비큐장

⊛**특징**

- 북제주군에 위치한 미라지 펜션은 예쁜 목조 주택으로 1층에 로얄룸B 2실, 2층에 로얄룸A 2실로 되어 있다. 서비스룸에서는 작은 무대가 설치되어 라이브 음악이 가능하며 간단한 음료, 식사를 즐길 수 있다.

⊛**커플룸A 안내**

침대 / TV / 냉장고 ㅣ티테이블 / 화장대 / 헤어드라이

⊛**커플룸B 안내**

침대 / TV / 냉장고 / 티테이블 / 화장대 / 헤어드라이 / 취사 도구

⊛**바비큐 이용**

- 바비큐 그릴, 참숯, 번개탄 : 1만 원

  *바비큐 이용은 유료 서비스이며, 이용하실 때 펜션 점주님께 말씀해주세요.

즐거운 제주도 여행…미라지에서

　펜션이란 개념에 대해 잘 모르고 무심코 깨끗하고 잼있을 것 같아서 펜션을 선택했습니다.

　여자친구랑 당분간 떨어져 지낼 것 같아서 여행지로 잡았던 제주도. 불과 이틀 전에 제주도 여행을 계획했지만 평소에 여행을 좋아해서 자주 다녔던 우리 커플은 계획이 잡히자 마자 숙박, 교통, 음식에 대한 준비를 금방 마쳤습니다. 금전이나 시간적으로 다소 무리였지만 좋은 추억을 쌓고 싶어서 부푼 맘을 안고서 갔습니다. 서울과 달리 유난히 따뜻했던 제주도의 가을을 만끽하며 2박 3일의 짧은 여행이었지만 많은 곳을 돌아다니며 여행의 즐거움을 충분히 느꼈지요.

　숙소로 잡았던 제주 미라지는 저의 예상과는 달리 단순 숙식의 공간이 아닌 새로운 사람들과 어울려 맛의 즐거움과 음악의 즐거움을 느낄 수 있는 곳이었습니다. 그곳에서 주인 아저씨, 아줌마와 바비큐도 먹고 술도 마시고 간만에 피아노 연주와 노래도 했습니다. 주인 아저씨의 노래와 연주 실력은 프로급이였구요. 이제 서울에 온 지 이틀밖에 안 되었지만 추억이 새롭네요.

　여행 참 즐거웠구요. 담에 또 기회되면 갈 께요~~

11월 3일 미라지 펜션 이용한 사람입니다…

조회수 [174]

너무 늦게 글을 남기는 거라 먼저 미안한 마음이 드는군요^^*. 만년 소년 같으신 사장님과 소녀 같으신 사모님, 또 두 분의 예쁜 두 따님도 잘 지내고 있는지 궁금하네요. 지난 11월 3일(토요일) 미라지펜션에 다녀와서 후회 없는 판단이었다는 생각이 드네요, 다녀 오기 전 생각했던 이미지와 도착해서의 이미지가 거의 같았어요. 그리고 사장님과 사모님의 따뜻한 마음씨와 배려도 생각보다 더 좋았고요^^*. 제가 나중에 나이 들어서 가족들과 같이 살고 싶은 모습이었답니다. 그리고 꼭 나중에 시간을 내서 다시 찾아야겠다는 생각도 하게 되었답니다. 나중에 자리가 없어도 마당에 텐트 칠 수 있게 해주신다던 약속 잊으시면 아니 됩니다. 그럼 항상 건강하시고 미라지 펜션의 무궁한 발전을 기원하며 이만 줄입니다.

2001년 11월 28일 장효원 드림.

가을날의 추억 ···제주도 미라지 펜션

어디론가 훌쩍 떠나고 싶다는 생각에 나도 모르게 인터넷에 들어와 검색을 하였다.

제주도를 보는데 미라지 펜션만 방이 있었다.

예약을 했다.

친한 형과 함께 제주 공항에서 차를 렌트하고 미라지를 찾아 떠났다.

찾기가 힘들었다. 조금은 짜증이 날 때쯤 한 통의 전화가 왔다.

사장님에게서 말이다. 전화 연락이 없어서 걱정을 했다고 한다.

그 마음에 짜증스러운 마음이 다소 가셨다.

짜증스러운 마음에 여길 오기 위해 그렇게 찾았나 하고 실망을 했다.

그런데 우리를 반기는 다미와 초미의 반가운 인사에 짜증은 확 가시기 시작했다. 너무도 다정한 아이들의 미소에 난 집에 온 기분까지 느꼈다.

약간의 휴식의 시간을 가진 후 제주도 관광에 나섰다.

저녁 10시가 다 되어 갈 무렵 들어오니 다른 손님들이 사장님과 함께 바비큐 파티를 하고 있었다. 우린 술과 고기를 가지고 나가서 함께 어울렸다.

저녁에 본 미라지는 너무 경치가 아름다웠다. 멀리 보이는 제주도의 밤바다···.

그보다 더 좋은 건 사장님 내외분의 따뜻하고 친절한 미소···.

결국 술 한두 잔에 우린 형님, 동생이 되었다.

사장님은 우리가 미라지에 온 손님들 중에 최초로 남자끼리 온 손님이라고 하였다. 우린 좀 늦은 시간까지 함께 술을 마시며 제주도의 밤을 즐겼다.

제주도의 밤보다도 사장님 내외분의 따뜻함을 더 즐긴 것 같다.

방 예약을 늦게 해 하루밖에 묵지는 못했지만 그 따뜻함은 너무도 좋았다.

꼭 다시 가보고 싶은 곳이다.

『형님, 다음엔 신혼여행 가서 꼭 들를께요!』

감사하다는 맘을 이렇게 서툰 글로 올립니다.

제주 미라지 펜션을 다녀와서 …

조회수 [198]

안녕하세요. 1월 4일부터 7일까지 3박 4일로 제주 미라지 펜션을 다녀간 이지은, 최홍석이라고 합니다. 미라지 펜션은 제가 가본 어떤 숙소보다 맘에 들었어요. 여기저기 여행하면서 호텔, 민박 등 많은 숙소를 이용해 보았지만 미라지 펜션처럼 가족적인 분위기는 드물 거예요. 일단 주인아저씨, 아줌마께서 너무 친절하시고 구수한 부산사투리로 말씀하시는데…. ㅎㅎ… 친근해요. 그리고 제가 있었던 3박 4일 중 첫번째 날 저녁엔 주인장 아저씨랑 아줌마, 그리고 딸 초민이, 숙소에 계신 분들 이렇게 10명 정도 모여서 따뜻한 커피 한 잔과 함께 라이브 무대도 가졌답니다.

숙소가 숲 속에 있어서 경치 좋고 공기 좋은 건 기본이었고요. 게다가 카페에 온 것 같은 기분도 들었던 것이 주인장 아저씨의 라이브 실력 때문이죠~. 예전에 라이브 카페를 운영하신 적이 있다니 실력 알 만하죠? 제가 듣기론 박학기 목소리랑 음색이 비슷한 거 같았는데 옆에 사람은 아니라네요. 그리고 아줌마의 음식 솜씨도 대단한데 아침, 저녁으로 백반 드시면 속이 든든하실 거예요. 아저씨, 아줌마께서 인정이 많으셔서 앞으로 더욱 유명해질 거라는 생각이…. 저만 알기엔 너무 아까운 숙소라서 친구들한테 다 가르쳐주려고요.

아저씨, 제 친구들이 가서 제 이름 대면 아는 척 해주세요~.

산언덕 작은숲속 제주미라지입니다 ^^*···

조회수 [96]

　　반갑군요!!!! 홍석씨와 지은씨~. 다시 여기서 인사드릴 수 있어서요. 먼저 여러 가지 칭찬 고맙고 더 열심히 해야겠다는 생각이 드는군요. 두 분 잘 쉬고 가셨다니 다행이고, 인터넷 음악 자키를 하신 실력 때문에 해박한 음악지식과 컴퓨터 다루는 솜씨가 보통이 아니신 홍석씨의 배려로 가시기 전 우리 집 컴퓨터에 음악 들으라고 소리바다와 여러 가지 프로그램도 깔아주시고 점검도 해주신 덕에 요즘 다양한 음악 많이 듣고 있습니다. 홍석씨와 지은씨의 멋지고도 특이한 만남과 사랑얘기도 들을 수 있었고(전 다 알고 있죠~). 좋은 인연이었던 것 같습니다.

　　홍석씨 이름 대면 당연히 기억하죠. ㅎㅎㅎ 또 한 번 좋은 만남이 이루어지기를 기대해야겠네요. 그리고 지은씨, 우리 초민이, 다민이 과자랑 아이스크림도 사주고 했는데 제대로 인사도 못 드리고···. 아무쪼록 지은씨 지금 하시는 공부 열심히 해서 훌륭한 의사 되시기를 바라겠고 홍석씨와의 사랑도 지금처럼 예쁘게 가꿔나가시기를 빌어 드리겠습니다. 오늘도 두 분 좋은 하루 되십시오! (제주 미라지에서)

Let' s go 펜션

•

지은이 / 이학순
펴낸이 / 김 경 태
펴낸곳 / 한국경제신문 한경BP
등록 / 제 2−315(1967. 5. 15)
홈페이지 / http://bp.hankyung.com
제1판 1쇄 인쇄 / 2002년 3월 30일
제1판 4쇄 발행 / 2003년 8월 1일
주소 / 서울특별시 중구 중림동 441
홈페이지 / http://bp.hankyung.com
전자우편 / bp@hankyung.com
기획출판팀 / 3604−553~6
영업마케팅팀 / 3604−561~2, 595
FAX / 3604-599

•

* 파본이나 잘못된 책은 바꿔 드립니다.
ISBN 89−475−2377−1

•

값 12,000원